Rechtsgrenzen überörtlicher
Einzelhandelssteuerung

Europäische Hochschulschriften

European University Studies

Publications Universitaires Européennes

Reihe II **Rechtswissenschaft**

Series II Law

Série II Droit

Band/Volume **5922**

Kristina Meyer

Rechtsgrenzen überörtlicher Einzelhandelssteuerung

Eine Untersuchung am Beispiel regionaler Einzelhandelskonzepte

PL ACADEMIC RESEARCH

Bibliografische Information der Deutschen Nationalbibliothek
Die Deutsche Nationalbibliothek verzeichnet diese Publikation in der Deutschen Nationalbibliografie; detaillierte bibliografische Daten sind im Internet über http://dnb.d-nb.de abrufbar.

Zugl.: Bochum, Univ., Diss., 2016

D 294
ISSN 0531-7312
ISBN 978-3-631-72110-0 (Print)
E-ISBN 978-3-631-72163-6 (E-PDF)
E-ISBN 978-3-631-72164-3 (EPUB)
E-ISBN 978-3-631-72165-0 (MOBI)
DOI 10.3726/b11062

PL Academic Research ist ein Imprint der Peter Lang GmbH.
Peter Lang – Frankfurt am Main · Bern · Bruxelles · New York · Oxford · Warszawa · Wien

Diese Publikation wurde begutachtet.

www.peterlang.com

Vorwort

Die vorliegende Arbeit wurde im Sommersemester 2016 von der Juristischen Fakultät der Ruhr-Universität Bochum als Dissertation angenommen.

Mein besonderer Dank gilt Herrn Prof. Dr. Klaus Joachim Grigoleit für die Betreuung der Arbeit, seine jederzeitige Gesprächsbereitschaft und die stets angenehme Arbeitsatmosphäre am Fachgebiet Raumplanungs- und Umweltrecht der Technischen Universität Dortmund.

Herrn Prof. Dr. Wolfram Cremer danke ich für die zügige Erstellung des Zweitgutachtens.

Dortmund, im August 2016 Kristina Meyer

Inhaltsübersicht

Inhaltsverzeichnis

Literaturverzeichnis

Acocella, Donato/Junker und Kruse. *Regionales Einzelhandelskonzept für die Region München. Bericht.* Lörrach/Dortmund, 2006 (zit.: Acocella/Junker und Kruse, S.).

Arbeitsgemeinschaft der Regionalverbände in Ballungsräumen und Regionalverband Ruhr, Hrsg. *Regionalverbände: Starke Partner für die Zukunftsgestaltung in den Ballungsräumen.* Essen, 2006 (zit.: Arbeitsgemeinschaft der Regionalverbände in Ballungsräumen und Regionalverband Ruhr, S.).

ARL. *Arbeitsprogramm 2013/2014.* Hannover, 2013 (zit.: ARL/Stefansky, Arbeitsprogramm, S.).

—. *http://www.arl-net.de/lexica/de/verflechtungsbereich?lang=en.* 2003. 09. August 2015 (zit.: Webseite ARL).

—. *Raumordnerische Verträge zielorientiert und aufgabengerecht einsetzen.* Hrsg. ARL. Hannover, 2011 (zit.: ARL, Raumordnerische Verträge zielorientiert und aufgabengerecht einsetzen, S.).

—. *Regionaler Flächennutzungsplan. Rechtlicher Rahmen und Empfehlungen zur Umsetzung.* Hrsg. ARL. Hannover, 2000 (zit.: ARL, Regionaler Flächennutzungplan, S.).

Bartram, Gesa. *Die Ziele der Raumordnung. Ein Planungsinstrument im Spannungsfeld zwischen gewachsenem Steuerungsanspruch und verfassungsrechtlichen Anforderungen.* Baden-Baden, 2012 (zit.: Bartram, S.).

Battis, Ulrich. *Öffentliches Baurecht und Raumordnungsrecht.* Stuttgart, 2014 (zit.: Battis, Öffentliches Baurecht und Raumordnungsrecht, Rn.).

—. „Zentrale Versorgungsbereiche." *DVBl.* 2011: 196 ff. (zit.: Battis, DVBl. 2011, 196, S.).

Battis, Ulrich/Kersten, Jens. „Die Raumordnung nach der Föderalismusreform." *DVBl.* 2007: 152 ff. (zit.: Battis/Kersten, DVBl. 2007, 152, S.).

—. „Europäische Raumentwicklung." *EuR* 2009: 3 ff. (zit.: Battis/Kersten, EuR 2009, 3, S.).

Battis, Ulrich/Krautzberger, Michael/Löhr, Rolf-Peter. *Baugesetzbuch – Kommentar.* München, 2014 (zit.: Bearbeiter in: B/K/L, BauGB, §, Rn.).

—. „Die Änderungen des Baugesetzbuchs durch das Europarechtsanpassungsgesetz Bau (EAG Bau 2004)." *NJW* 2004: 2553 ff. (zit.: Battis/Krautzberger/Löhr, NJW 2004, 2553, S.).

Battis, Ulrich/Mitschang, Stephan/Reidt, Olaf. „Stärkung der Innenentwicklung in den Städten und Gemeinden.“ *NVwZ* 2013: 961 (zit.: Battis/Mitschang/Reidt, NVwZ 2013, 961, S.).

Bezirksregierung Düsseldorf. *http://www.brd.nrw.de/planen_bauen/regionalentwicklung/REHK.html*. 2014. 09. März 2015 (zit.: Webseite Bezirksregierung Düsseldorf).

Bielenberg, Walter/Runkel, Peter/Spannowsky, Willy/Reitzig, Frank/Schmitz, Holger. *Raumordnungs- und Landesplanungsrecht des Bundes und der Länder – Kommentar*. Bd. II. Berlin, 2012 (zit.: Bearbeiter in: Bielenberg/Runkel/Spannowsky, ROG, Kennzahl, Rn.).

Bienek, Heinz G. „Steuerung der Ansiedlung von Einzelhandelsbetrieben im Bauplanungs- und Raumordnungsrecht.“ *UPR* 2008: 370 ff. (zit.: Bienek, UPR 2008, 370, S.).

Birk, Hans-Jörg. „Kommunale Selbstverwaltungshoheit und überörtliche Planung.“ *NVwZ* 1989: 905 ff. (zit.: Birk, NVwZ 1989, 905, S.).

Bischopink, Olaf. „Götterdämmerung oder Sturm im Wasserglas – Einzelhandelssteuerung kontra Niederlassungsfreiheit -.“ *BauR* 2009: 1688 ff. (zit.: Bischopink, BauR 2009, 1688, S.).

Blotevogel, Hans Heinrich. „Zentrale Orte.“ *Handwörterbuch der Raumordnung*. Hannover, 2005. 1307 ff. (zit.: Blotevogel, Zentrale Orte, S.).

Blotevogel, Hans Heinrich, Hrsg. *Fortentwicklung des Zentrale-Orte-Konzepts*. Hannover, 2002 (zit.: Blotevogel, Fortentwicklung des Zentrale-Orte-Konzepts, S.).

Boeddinghaus, Gerhard/Grigoleit, Klaus Joachim. *BauNVO – Baunutzungsverordnung – Kommentar*. Heidelberg – München – Landsberg – Berlin, 2014 (zit.: Bearbeiter in: Boeddinghaus/Grigoleit, BauNVO, §, Rn.).

Borchard, Klaus. „Strukturveränderungen im Einzelhandel – Zum Wandel der Standortfaktoren.“ *Einzelhandel in Nordrhein-Westfalen planvoll steuern!* Hrsg. Heinz Konze und Michael Wolf. Hannover, 2012. 15 ff. (zit.: Borchard, S.).

Brockes, Sebastian. *Interkommunale Kooperation – Eine empirische Untersuchung anhand regionaler Einzelhandelskonzepte in Nordrhein-Westfalen*. Dortmund, 2010 (zit.: Brockes, S.).

Brohm, Winfried. „Gemeindliche Selbstverwaltung und staatliche Raumplanung.“ *DÖV* 1989: 429 ff. (zit.: Brohm, DÖV 1989, 429, S.).

—. „Verwirklichung überörtlicher Planungsziele durch Bauleitplanung.“ *DVBl.* 1980: 653 ff. (zit.: Brohm, DVBl. 1980, 653, S.).

Bunzel, Arno. „Bebauungspläne für die Erhaltung und Entwicklung “zentraler Versorgungsbereiche”.“ *KommJur* 2009: 449 ff. (zit.: Bunzel, KommJur 2009, 449, S.).

Bunzel, Arno. „Steuerung von Einzelhandelsstandorten durch Raumordnungsplanung.“ *Handbuch Einzelhandel.* Hrsg. Stefan Kruse. Bonn, 2012. 89 ff. (zit.: Bunzel, Steuerung von Einzelhandelsstandorten durch Raumordnungsplanung, S.).

Bunzel, Arno/Hanke, Stefanie. *Grenzen der Regelungskompetenz der Raumordnungsplanung im Verhältnis zur kommunalen Planungshoheit.* Wiesbaden, 2011 (zit.: Bunzel/Hanke, S.).

Bureiasi, Achmed El. *Landesplanerische Beurteilung großflächigen Einzelhandels. Eine Untersuchung am Beispiel des nordrhein-westfälischen Landesrechts.* Berlin, 2005 (zit.: El Bureiasi, S.).

Butt, Mark. „Möglichkeiten und Grenzen der Steuerung von Einzelhandel durch Kommunen.“ *KommJur* 2007: 369 ff. (zit.: Butt, KommJur 2007, 369, S.).

Callies, Christian. *Kommunale Einzelhandelskonzepte und ihre Anwendung als Steuerungsinstrument der städtischen Einzelhandelsentwicklung – Ziele, Ansätze, Wirkungsweise und Erfahrungen aus der Praxis.* Dortmund, 2004 (zit.: Callies, S.).

Calliess, Christian/Ruffert, Matthias. *EUV/AEUV. Das Verfassungsrecht der Europäischen Union mit Europäischer Grundrechtecharta – Kommentar.* München, 2011 (zit.: Bearbeiter in: Calliess/Ruffert, Art., Rn.).

Christaller, Walter. *Die zentralen Orte in Süddeutschland. Eine ökonomisch-geographische Untersuchung über die Gesetzmäßigkeit der Verbreitung und Entwicklung der Siedlungen mit städtischer Funktion.* Jena, 1933 (zit.: Christaller, S.).

CONVENT/gesa. *Regionales Einzelhandelskonzept für den Großraum Hannover. Endbericht.* Hamburg, 2000 (zit.: CONVENT/gesa, S.).

Dauses, Manfred, Hrsg. *Handbuch des EU-Wirtschaftsrechts.* Bd. I. München, 2014 (zit.: Bearbeiter in: Dauses, Art., Rn.).

Domhardt, Hans-Jörg, Hrsg. *Regionaler Flächennutzungsplan (RegFNP) im Ballungsraum Frankfurt/Rhein-Main. Bisherige Erfahrungen bei der Aufstellung und Hinweise zur künftigen Handhabung.* Hannover, 2010 (zit.: Domhardt, S.).

Domhardt, Hans-Jörg/Hilligardt, Jan. „Der Regionale Flächennutzungsplan als Lösungsansatz für die Herausforderungen in metropolitanen Stadtregionen? Überlegungen zur Aufstellung im Ballungsraum Frankfurt/Rhein-Main.“ *RuR* 2011: 397 ff. (zit.: Domhardt/Hilligardt, RuR 2011, 397, S.).

Durinke, Peter. „Das Verbandsgebiet eines Planungsverbandes nach § 205 BauGB.“ *LKV* 2012: 343 ff. (zit.: Durinke, LKV 2012, 343, S.).

Durner, Wolfgang. *Konflikte räumlicher Planungen.* Tübingen, 2005 (zit.: Durner, Konflikte räumlicher Planungen, S.).

Durner, Wolfgang. „Raumordnung auf der europäischen Ebene." *Grundriss der Raumordnung und Raumentwicklung*. Hrsg. ARL. Hannover, 2011. 395 ff. (zit.: Durner, Raumordnung auf der europäischen Ebene, S.).

Dziallas, Olaf. „Großflächige Einzelhandelsbetriebe: Das deutsche Planungsrecht auf dem europäischen Prüfstand." *NZBau* 2010: 618 ff. (zit.: Dziallas, NZBau 2010, 618, S.).

EHI Retail Institute. *http://www.ehi.org/presse/pressemitteilungen/detailanzeige/article/mehr-supermaerkte-weniger-discounter-1.html*. 2013. 06. März 2015 (zit.: Webseite EHI).

Epping, Volker/Hillgruber, Christian, Hrsg. *Beck'scher Online-Kommentar Grundgesetz*. München, 2013 (zit.: Bearbeiter in BeckOK, GG, Art., Rn.).

Erbguth, Wilfried. „Factory-Outlet-Center: Landesplanungs- und städtebaurechtliche Fragen, verfassungs- wie verwaltungsrechtliche Aspekte." *NVwZ* 2000: 969 ff. (zit.: Erbguth, NVwZ 2000, 969, S.).

—. „Regionalplanung und Bauleitplanung." *RuR* 1997: 270 ff. (zit.: Erbguth, RuR 1997, 270, S.).

Ernst, Kathleen. *Standortsteuerung durch Landesplanung und kommunale Bauleitplanung. Hoheitliche Einflussnahme auf die Standortwahl Privater, dargestellt am Beispiel der Factory Outlet Center*. Berlin, 2006 (zit.: Ernst, S.).

Ernst, Werner/Zinkahn, Willy/Bielenberg, Walter/Krautzberger, Michael. *Baugesetzbuch – Kommentar*. München, 2015 (zit.: Bearbeiter in: E/Z/B/K, BauGB, §, Rn.).

Evert, Jürgen. „Einzelhandelsplanung besser "bottom up"." *Städte- und Gemeinderat* 2007: 14 f. (Evert, Städte- und Gemeinderat 2007, 14, S.).

Fürst, Dietrich. „Steuerung auf regionaler Ebene versus Regional Governance." *IzR* 2003: 441 ff. (zit.: Fürst, IzR 2003, 441, S.).

Gärditz, Klaus Ferdinand. *Europäisches Planungsrecht*. Tübingen, 2009 (zit.: Gärditz, S.).

Gatawis, Siegbert. „Legislative Kompetenzen der Europäischen Gemeinschaft im Bereich der Raumordnung." *DÖV* 2002: 858 ff. (zit.: Gatawis, DÖV 2002, 858, S.).

Gawron, Thomas. *Formen der überörtlichen Kooperation zur Steuerung der Ansiedlung und Erweiterung von großflächigen Einzelhandelsvorhaben*. Berlin, 2009 (zit.: Gawron, S.).

Geiger, Rudolf/Khan, Daniel-Erasmus/Kotzur, Markus. *EUV/AEUV – Vertrag über die Europäische Union und Vertrag über die Arbeitsweise der Europäischen Union – Kommentar*. München, 2010 (zit.: Bearbeiter in: Geiger/Khan/Kotzur, Art., Rn.).

Gloy, Wolfgang/Loschelder, Michael/Erdmann, Willi, Hrsg. *Handbuch des Wettbewerbsrechts*. München, 2010 (zit.: Bearbeiter in: Gloy/Loschelder/Erdmann, UWG, §, Rn.).

Gnest, Holger/Priebs, Axel. „Raumplanung in der Zukunft. Anforderungen, künftig bedeutsame Themen und Aufgaben aus Sicht der Praxis." *RuR* 2006: 486 ff. (zit.: Gnest/Priebs, RuR 2006, 486, S.).

Goppel, Konrad. „Die notwendige Unschärfe der Raumplanung: ein Aspekt ihres Selbstverständnisses." *UPR* 2009: 51 f. (zit.: Goppel, UPR 2009, 51, S.).

Götschel, Julia. *Verbindlichere Steuerung großflächigen Einzelhandels auf regionaler Ebene. Empfehlungen zum "regionalen Einzelhandelskonzept für das östliche Ruhrgebiet und angrenzende Bereiche"*. Dortmund, 2001 (zit.: Götschel, S.).

Grabitz, Eberhard/Hilf, Meinhard/Nettesheim, Martin. *Das Recht der Europäischen Union. Bd. I. EUV/AEUV*. München, 2015 (zit.: Bearbeiter in: Grabitz/Hilf/Nettesheim, Art., Rn.).

Greiving, Stefan. „Der Raumordnerische Vertrag als Instrument zur Absicherung von Kooperationen im zentralörtlichen System." *RuR* 2003: 371 ff. (zit.: Greiving, RuR 2003, 371, S.).

Greiving, Stefan. „Regionale Flächennutzungsplanung in Nordrhein-Westfalen – ein geeigneter Regionalisierungsansatz?" *Neue Regionalisierungsansätze in Nordrhein-Westfalen*. Hrsg. Bernd Mielke und Angelika Münter. Hannover, 2010. 104 ff. (zit.: Greiving, Regionale Flächennutzungsplanung in NRW, S.).

Greiving, Stefan/David, Carl-Heinz/Blotevogel, Hans-Heinrich. *Evaluierung des Planungsinstruments Regionaler Flächennutzungsplan (RFNP) – durchgeführt am Vorentwurf des RFNP der Regionalen Planungsgemeinschaft "Städteregion Ruhr" im Auftrag des Ministeriums für Wirtschaft, Mittelstand und Energie des Landes NRW*. Dortmund, 2008 (zit.: Greiving et al., Evaluierung des Planungsinstruments Regionaler Flächennutzungsplan, S.).

Grooterhorst, Johannes. „Die Aufstellung von Bebauungsplänen zur Verwirklichung von flächenfreihaltenden Zielen der Raumordnung und Landesplanung." *DVBl.* 1985: 703 ff. (zit.: Grooterhorst, DVBl. 1985, 703, S.).

Hager, Gerd. „Grundfragen des raumordnerischen Zielsystems in Deutschland. Das IKEA Urteil des Bundesverwaltungsgerichts (BVerwG) und seine europarechtliche Einordnung." *BauR* 2011: 1093 ff. (zit.: Hager, BauR 2011, 1093, S.).

Halama, Günter. „Durchsetzung und Abwehr von Zielen der Raumordnung und Landesplanung auf der Gemeindeebene." *Planung und Plankontrolle. Entwicklungen im Bau- und Fachplanungsrecht. Otto Schlichter zum 65. Geburtstag*. Hrsg. Jörg Berkemann et al. 1995. 201 ff. (zit.: Halama, S.).

HDE. *http://www.einzelhandel.de/index.php/presse/zahlenfaktengrafiken/item/110188-verkaufsflaechenentwicklung*. 2015. 06. März 2015 (zit.: Webseite HDE).

Heemeyer, Carsten. *Flexibilisierung der Erfordernisse der Raumordnung. Aktuelle Rechtslage und Ausblick auf alternative Steuerungsmodelle*. Berlin, 2006 (zit.: Heemeyer, S.).

Hendler, Reinhard. „Raumordnungsziele und Eigentumsgrundrecht." *DVBl.* 2001: 1233 ff. (zit.: Hendler, DVBl. 2001, 1233, S.).

—. „Regionaler Flächennutzungsplan." *ZfBR* 2005: 229 ff. (zit.: Hendler, ZfBR 2005, 229, S.).

Hessisches Ministerium für Wirtschaft, Verkehr und Landesentwicklung, Hrsg. *Gemeinschaftsinitiative Stadtumbau in Hessen. Interkommunale Kooperation*. Wiesbaden, 2006 (zit.: HMWVL, S.).

Hoppe, Werner. „"Ziele der Raumordnung" (§ 3 Nr. 2 ROG 1998) und "Allgemeine Ziele der Raumordnung und Landesplanung" im Landesentwicklungsplan – LEPro – des Landes Nordrhein-Westfalen." *NWVBl.* 1998: 461 ff. (zit.: Hoppe, NWVBl. 1998, 461, S.).

—. „Das raumordnungsrechtliche Kongruenzgebot für Einzelhandelsvorhaben – Ein „horizontales Beeinträchtigungsverbot" als Bestandteil einer Kongruenzgebot und Beeinträchtigungsverbot verbindenden normativen Aussage?" *NVwZ* 2006: 1345 ff. (zit.: Hoppe, NVwZ 2006, 1345, S.).

—. „Das zentralörtliche Gliederungsprinzip: Keine Basis für Gemeindenachbarklagen und für ein klagebewehrtes raumordnungsrechtliches Kongruenzgebot – Gegen die Erweiterung der interkommunalen Klagebefugnisse durch § 2 II 2 und § 34 III BauGB 2004-Entwurf." *NVwZ* 2004: 282 ff. (zit.: Hoppe, NVwZ 2004, 282, S.).

—. „Raumordnungsrechtliche Beschränkungen großflächiger Einzelhandelsbetriebe." *DVBl.* 2000: 293 ff. (zit.: Hoppe, DVBl. 2000, 293, S.).

Hoppe, Werner/Bönker, Christian/Grotefels, Susan, Hrsg. *Öffentliches Baurecht*. München, 2002 (zit.: Bearbeiter in: Hoppe/Bönker/Grotefels, §, Rn.).

Hoppe, Werner/Otting, Olaf. „Verfassungsrechtliche Anforderungen an raumordnungsrechtliche Beschränkungen großflächiger Einzelhandelsbetriebe. Faktisches Totalverbot von Factory Outlet Centern im ländlichen Raum verfassungswidrig." *Der Landkreis* 2000: 376 ff. (zit.: Hoppe/Otting, Der Landkreis 2000, 376, S.).

—. „Zur Erweiterung der Planungshoheit und der gemeindenachbarlichen Klagebefugnisse in § 2 Abs. 2 Satz 2 BauGB 2004 um raumordnungsrechtliche Belange." *DVBl.* 2004: 1125 ff. (zit.: Hoppe/Otting, DVBl. 2004, 1125, S.).

IHK Osnabrück. *http://www.osnabrueck.ihk24.de/servicemarken/branchen/Handelsstandort/Kommunale_Einzelhandelskonzepte/416970/Exkurs_Regionale_Einzelhandelskonzepte.html*. kein Datum. 19. Juni 2013 (zit.: Webseite IHK Osnabrück).

ILS, Hrsg. *Kolloquium Umsetzung von regionalen Einzelhandelskonzepten durch landesplanerischen Vertrag.* Dortmund, 2000 (zit.: ILS/Autor, S.).

Jahn, Ralf. „Agglomeration von Einzelhandelsbetrieben im Rahmen der Bauleitplanung – Entscheidung des BVerwG vom 10.11.2011, 4 CN 9.10." *ThürVBl.* 2012: 97 ff. (zit.: Jahn, ThürVBl. 2012, 97, S.).

Janning, Heinz/Grotefels, Susan. „Rechtliche Anforderungen an raumordnerische Festlegungen zur Einzelhandelssteuerung." *Einzelhandel in Nordrhein-Westfalen planvoll steuern!* Hrsg. Heinz Konze und Michael Wolf. Hannover, 2012. 55 ff. (zit.: Janning/Grotefels, S.).

Jung, Wolfgang. „Systematisierung der Instrumente räumlicher Planung." *Räumliche Planung im Wandel – Welche Instrumente haben Zukunft?* Hrsg. Susanne Bieker et al. Hannover, 2007. 140 ff. (zit.: Jung, S.).

Kadelbach, Stefan. „Der Einfluß des Europarechts auf das deutsche Planungsrecht." *Planung. Festschrift für Werner Hoppe zum 70. Geburtstag.* Hrsg. Wilfried Erbguth, Janbernd Oebbecke, Hans-Werner Rengeling und Martin Schulte. München, 2000. 897 ff. (zit.: Kadelbach, S.).

Kaltenborn, Jens/Würtenberger, Thomas D. „Die Verfassungswidrigkeit raumordnungsrechtlicher Ansiedlungsverbote für großflächigen Einzelhandel." *NVwZ* 2010: 236 ff. (zit.: Kaltenborn/Würtenberger, NVwZ 2010, 236, S.).

Kment, Martin. „Unionsrechtliche Fesseln für die planerische Koordination des Einzelhandels? Eine Betrachtung unter besonderer Berücksichtigung der unionsrechtlichen Niederlassungsfreiheit." *EuR* 2011: 269 ff. (zit.: Kment, EuR 2011, 269, S.).

—. „Ziele der Raumordnung – Anforderungen an ihre Bestimmtheit." *DVBl.* 2006: 1336 ff. (zit.: Kment, DVBl. 2006, 1336, S.).

Knöbl, Jan. „Die Agglomerationsregelung in der Regionalplanung." *ZfBR* 2014: 331 ff. (zit.: Knöbl, ZfBR 2014, 331, S.).

Koch, Eva. „Diskussionszusammenfassung." *Einzelhandel und Planungsrecht. Symposien des Zentralinstituts für Raumplanung an der Universität Münster am 22. Juni 2010 und am 31. August 2010.* Hrsg. Hans D. Jarass. Berlin, 2011. 94 ff. (zit.: Koch/Diskussionsteilnehmer, S.).

Koch, Hans-Joachim/Hendler, Reinhard. *Baurecht, Raumordnungs- und Landesplanungsrecht.* Stuttgart – München – Hannover – Berlin – Weimar – Dresden, 2009 (zit.: Koch/Hendler, §, Rn.).

Konze, Heinz/Osterhage, Frank. „Regionale Einzelhandelskonzepte – Steuerungsinstrument mit Zukunft." *Einzelhandel in Nordrhein-Westfalen planvoll steuern!* Hrsg. Heinz Konze und Michael Wolf. Hannover, 2012. 135 ff. (zit.: Konze/Osterhage, S.).

Kopf, Hannes. *Rechtsfragen bei der Ansiedlung von Einzelhandelsgroßprojekten.* Berlin, 2002 (zit.: Kopf, S.).

Koschny, Ralf-Peter/Mensing, Klaus/Rohr, Götz H.-G. v. „Weiterentwicklung der Zentrenstruktur in Verdichtungsräumen. Das Beispiel Nordraum Hannover." *STANDORT* 1998: 12 ff. (zit.: Koschny/Mensing/v. Rohr, STANDORT 1998, 12, S.).

Krautzberger, Michael/Stüer, Bernhard. „BauGB 2007: Stärkung der Innenentwicklung." *DVBl.* 2007: 160 ff. (zit.: Krautzberger/Stüer, DVBl. 2007, 160, S.).

—. „BauGB-Novelle 2013. Gesetz zur Stärkung der Innenentwicklung in den Städten und Gemeinden und weiteren Entwicklung des Städtebaurechts." *DVBl.* 2013: 805 ff. (zit.: Krautzberger/Stüer, DVBl. 2013, 805, S.).

Kuschnerus, Ulrich. „Das interkommunale Abstimmungsgebot in der Rechtsprechung." *Interkommunale Abstimmung in der Bauleitplanung. Symposium des Zentralinstituts für Raumplanung am 26. September 2003 in Münster*. Hrsg. Hans D. Jarass. Münster, 2003. 1 ff. (zit.: Kuschnerus, Das interkommunale Abstimmungsgebot in der Rechtsprechung, S.).

—. „Die Steuerung des Einzelhandels durch landesplanerische Ziele der Raumordnung." *ZfBR* 2010: 324 ff. (zit.: Kuschnerus, ZfBR 2010, 324, S.).

Landmann/Rohmer. *Umweltrecht – Kommentar.* Bd. I. München, 2015 (zit.: Bearbeiter in: Landmann/Rohmer, Art., Rn.).

Langguth, Niklas. „Die Grenzen der Raumordnungsplanung – Zur Abgrenzung der Gesetzgebungskompetenzen für Raumordnung und Landesplanung -." *ZfBR* 2011: 436 ff. (zit.: Langguth, ZfBR 2011, 436, S.).

Martic, Andrej. *Zentrale Orte und Einzelhandelsgroßprojekte.* Hamburg, 2008 (zit.: Martic, S.).

Maunz, Theodor/Dürig, Günter et al. *Grundgesetz – Kommentar.* München, 2014 (zit.: Bearbeiter in: Maunz/Dürig, GG, Art., Rn.).

Michallik, Florian. *Instrumentarien zur Steuerung von Einzelhandel in Deutschland und Spanien.* Frankfurt am Main, 2010 (zit.: Michallik, S.).

Moench, Christoph/Sandner, Wolfram. „Die Planung und Zulassung von Factory Outlet Centern." *NVwZ* 1999: 337 ff. (zit.: Moench/Sandner, NVwZ 1999, 337, S.).

Moeskes, Michael. „Die Planungshoheit der Gemeinden." *Bau- und Fachplanungsrecht. Festschrift für Bernhard Stüer zum 65. Geburtstag.* Hrsg. Michael Krautzberger, Hans-Werner Rengeling und Klaus Saerbeck. München, 2013. 531 ff. (zit.: Moeskes, S.).

Nonnenmacher, Carol. „Kommunen und Raumordnung (1. Teil)." *VBlBW* 2008: 161 ff. (zit.: Nonnenmacher, VBlBW 2008, 161, S.).

Osterhage, Frank. *Kommunale Einzelhandels- und Zentrenkonzepte/Zentrale Versorgungsbereiche. Eine Umfrage unter den Städten und Gemeinden des Landes NRW. Ergebnisüberblick zur Umfrage.* Dortmund, 2006 (zit.: Osterhage, S.).

Otto, Christian W. „Auswirkungen der Dienstleistungsrichtlinie der EG (Richtlinie 2006/123/EG)." *Aktuelle Fragestellungen des Städtebau- und Umweltrechts. Ansatzpunkte für eine BauGB- und BauNVO-Novelle.* Hrsg. Stephan Mitschang. Frankfurt am Main, 2011. 119 ff. (zit.: Otto, S.).

Paßlick, Hermann. *Die Ziele der Raumordnung und Landesplanung. Rechtsfragen von Begriff, Wirksamkeit insbesondere im Außenbereich gemäß § 35 Abs. 1 BBauG und Darstellungsprivileg.* Münster, 1986 (zit.: Paßlick, S.).

Paul, Matthias/Pfeil, Julia. „Rechtliche Aspekte regionaler Einzelhandelskonzepte." *UPR* 2006: 260 ff. (zit.: Paul/Pfeil, UPR 2006, 260, S.).

Pieroth, Bodo/Schlink, Bernhard/Kingreen, Thorsten/Poscher, Ralf. *Grundrechte. Staatsrecht II.* Heidelberg – München – Landsberg – Frechen – Hamburg, 2014 (zit.: Pieroth/Schlink/Kingreen/Poscher, Rn.).

Preibisch, Wolfgang. „Bericht über aktuelle Entwicklungen im Bau- und Raumordnungsrecht des Bundes." *Einzelhandel und Planungsrecht. Symposien des Zentralinstituts für Raumplanung an der Universität Münster am 22. Juni 2010 und am 31. August 2010.* Hrsg. Hans D. Jarass. Berlin, 2011. 1 ff. (zit.: Preibisch, S.).

Priebs, Axel. „Verbindliche Rahmensetzung für den großflächigen Einzelhandel. Regionales Einzelhandelskonzept für die Region Hannover." *RP* 2004: 78 ff. (zit.: Priebs, RP 2004, 78, S.).

Region Frankfurt. *http://www.region-frankfurt.de/index.php?La=1&NavID=2005.50&object=tx|2005.97.1&kat=&kuo=1&sub=0#A4.* o. J. 25. Juli 2015 (zit. Webseite Region Frankfurt).

Region Hannover, Hrsg. *Jahresbericht 2009.* Hannover, 2010 (zit.: Region Hannover, Jahresbericht 2009, S.).

—. *Regionalplanung in der Region Hannover.* Hrsg. Region Hannover. Hannover, 2005 (zit.: Region Hannover, Regionalplanung in der Region Hannover, S.).

Region Hannover, Hrsg. *Regionales Einzelhandelskonzept für den Grossraum Hannover – Gutachten -.* o. J. (zit.: Region Hannover, Regionales Einzelhandelskonzept für den Grossraum Hannover – Gutachten -, S.).

Region Hannover. *http://www.hannover.de/Leben-in-der-Region-Hannover/Planen,-Bauen,-Wohnen/Raumordnung-Regionalentwicklung/Regionales-Raumordnungsprogramm-2005.* o. J. 25. Juli 2015 (zit.: Webseite Region Hannover).

Reidt, Olaf/Wahlhäuser, Jens. „Die "Indienstnahme" von Gemeinden bei der Festlegung von Raumordnungszielen – Anmerkungen zur (fehlenden) Zielqualität des § 24a LEPro NRW -." *UPR* 2008: 169 ff. (zit.: Reidt/Wahlhäuser, UPR 2008, 169, S.).

Rojahn, Ondolf. „Verkaufsflächenobergrenzen in Bebauungsplänen." *Einzelhandel und Planungsrecht. Symposien des Zentralinstituts für Raumplanung an der Universität Münster am 22. Juni 2010 und am 31. August 2010.* Hrsg. Hans D. Jarass. Berlin, 2011. 43 ff. (zit.: Rojahn, S.).

Runkel, Peter. „Factory-Outlet-Center – Eine neue Dimension von Einkaufszentren als Bedrohung lebendiger Innenstädte -." *UPR* 1998: 241 ff. (zit.: Runkel, UPR 1998, 241, S.).

Sachs, Michael (Hrsg.). *Grundgesetz – Kommentar.* München, 2014 (zit.: Bearbeiter in: Sachs, GG, Art., Rn.).

Säcker, Franz Jürgen/Rixecker, Roland, Hrsg. *Münchener Kommentar zum Bürgerlichen Gesetzbuch.* München, 2013 (zit.: Bearbeiter in: MüKo, §, Rn.).

Schlesinger, Ivonne. „Aktuelle Fragen zur kommunalen Einzelhandelsentwicklung." *RP* 2013: 21 f. (zit.: Schlesinger/Referent, RP 2013, 21, S.).

Schlesinger, Ivonne-Kerstin. „Aktuelle Fach- und Rechtsfragen zur Einzelhandelsentwicklung in den Gemeinden." *NVwZ* 2013: 628 f. (zit.: Schlesinger/Referent, NVwZ 2013, 628, S.).

Schmidt-Aßmann, Eberhard. „Die Stellung der Gemeinden in der Raumplanung – Systematik und Entwicklungstendenzen -." *VerwArch* 1980: 117 ff. (zit.: Schmidt-Aßmann, VerwArch 1980, 117, S.).

Schmidt-Eichstaedt, Gerd. „Der Regionale Flächennutzungsplan." *Interkommunale Abstimmung in der Bauleitplanung. Symposium des Zentralinstituts für Raumplanung am 26. September 2003 in Münster.* Hrsg. Hans D. Jarass. Münster, 2003. 37 ff. (zit.: Schmidt-Eichstadt, Der Regionale Flächennutzungsplan, S.).

—. „Ist in der Regionalplanung Parzellenschärfe erforderlich?" *LKV* 2012: 49 ff. (zit.: Schmidt-Eichstaedt, LKV 2012, 49, S.).

Schmitz, Gottfried. „Aktuelle und künftige Anforderungen an die Regionalplanung." *Landes- und Regionalplanung in Baden-Württemberg.* Hrsg. Stefan Köhler, Ulrich Schulze und Volker Wille. Hannover, 2008. 32 ff. (zit.: Schmitz, S.).

Schmitz, Holger. „Die Sicherung zentraler Versorgungsbereiche und der verbrauchernahen Versorgung." *ZfBR* 2007: 532 ff. (zit.: Schmitz, ZfBR 2007, 532, S.).

Schmitz, Holger/Federwisch, Christof. *Einzelhandel und Planungsrecht.* Berlin, 2005 (zit.: Schmitz/Federwisch, S.).

Schmitz, Holger/Haselmann, Cosima. „Gutachten zu einzelnen Festlegungen des Landesentwicklungsplans Nordrhein-Westfalen (Teilplan Einzelhandel) – sachlicher Teilplan Großflächiger Einzelhandel für Staatskanzlei des Landes Nordrhein-Westfalen." 2013. *https://land.nrw/sites/default/files/asset/*

document/lep_nrw_26.11.2013_gesamtgutachten_zum_lep-entwurf.pdf. 27. Juli 2015 (zit.: Schmitz/Haselmann, S.).

Schneider, Johan. *Bauplanungsrechtliche Zulässigkeit von Factory-Outlet-Centern*. Kiel, 2003 (zit.: Schneider, S.).

Schoch, Friedrich (Hrsg.). *Besonderes Verwaltungsrecht*. Berlin, 2013 (zit.: Bearbeiter in: Schoch, S.).

Schöller, Peter. „Überlegungen und Thesen zu Entwicklung und Gegenwartsproblemen der Siedlungszentralität." *Tendenzen und Probleme der Entwicklung von Bevölkerung, Siedlungszentralität und Infrastruktur in Nordrhein-Westfalen*. Hrsg. ARL. Hannover, 1981. 65 ff. (zit.: Schöller, S.).

Schröer, Thomas/Kullick, Christian. „Schutz des Einzelhandelsbestandes versus Niederlassungsfreiheit." *NZBau* 2011: 349 ff. (zit.: Schröer/Kullick, NZBau 2011, 349, S.).

Schumacher, Jochen/Werk, Klaus/Albrecht, Juliane. *Raumordnungsgesetz – Kommentar*. Wiesbaden, 2012 (zit.: Bearbeiter in: Schumacher/Werk/Albrecht, ROG, §, Rn.).

Schütz, Peter. „Großflächiger Einzelhandel – neue Akzente bei der Auslegung und Anwendung des § 11 Abs. 3 BauNVO." *UPR* 2006: 169 ff. (zit.: Schütz, UPR 2006, 169, S.).

Söfker, Wilhelm. „Fortentwicklung des Raumordnungsrechts im Bauplanungsrecht und Raumordnungsgesetz – Zum Baugesetzbuch und Gesetz zur Verbesserung des Umweltschutzes in der Raumordnung und im Fernstraßenbau." *DVBl.* 1987: 597 ff. (zit.: Söfker, DVBl. 1987, 597, S.).

Spannowsky, Willy. „Allgemeine Anforderungen der Raumordnungsplanung im Lichte der Niederlassungsfreiheit." *EurUP* 2012: 216 ff. (zit.: Spannowsky, EurUP 2012, 216, S.).

—. „Ansiedlung großflächiger Einzelhandelsbetriebe und raumordnerischer Vertrag." *UPR* 1999: 241 ff. (zit.: Spannowsky, UPR 1999, 241, S.).

Spannowsky, Willy. „Die Niederlassungsfreiheit und die Einzelhandelsentwicklung in den Städten im Recht der Europäischen Union." *Einzelhandelsentwicklung in den Gemeinden – Aktuelle Fach- und Rechtsfragen*. 2013. 11 ff. (zit.: Spannowsky, Die Niederlassungsfreiheit und die Einzelhandelsentwicklung in den Städten im Recht der Europäischen Union, S.).

—. „Raumordnungsrechtliche Steuerung der Ansiedlung großflächiger Einzelhandelsbetriebe." *NdsVBl.* 2001: 32 ff. (zit.: Spannowsky, NdsVBl. 2001, 32, S.).

Spannowsky, Willy/Holl, Stefan. *Die Steuerung der Einzelhandelsentwicklung in Deutschland im Lichte der europäischen Niederlassungsfreiheit*. Kaiserslautern, 2012 (zit.: Bearbeiter in: Spannowsky/Holl, S.).

Spannowsky, Willy/Runkel, Peter/Goppel, Konrad. *Raumordnungsgesetz – Kommentar*. München, 2010 (zit.: Spannowsky/Runkel/Goppel/Bearbeiter, §, Rn.).

Spannowsky, Willy/Uechtritz, Michael, Hrsg. *Beck'scher Online-Kommentar Öffentliches Baurecht*. München, 2015 (zit.: Bearbeiter in: BeckOK, BauGB, §, Rn.).

Sparwasser, Reinhard. „Einzelhandelssteuerung in der Regionalplanung." *VBlBW* 2008: 171 ff. (zit.: Sparwasser, VBlBW 2008, 171, S.).

—. „Stadtplanung und Raumplanung – Herausforderung Einzelhandel oder: Braucht der Einzelhandel mehr Steuerung?" *NVwZ* 2006: 264 ff. (zit.: Sparwasser, NVwZ 2006, 264, S.).

Sparwasser, Reinhard/Edelbluth, Markus. „Raumordnerische Steuerung des Einzelhandels." *Aktuelle Fragestellungen des Städtebau- und Umweltrechts. Ansatzpunkte für eine BauGB- und BauNVO-Novelle*. Hrsg. Stephan Mitschang. Frankfurt am Main, 2011. 79 ff. (zit.: Sparwasser/Edelbluth, S.).

Specht, Christian. „Arbeitsgruppe "Verwirklichung der Regionalpläne sowie Mitwirkung bei regional bedeutsamen Angelegenheiten"." *Landesplanungsgesetz und Landesentwicklungsplan Baden-Württemberg. Aufgaben und Chancen für die Regionen*. Hrsg. ARL. Hannover, 2006. (zit.: Specht, S.).

Statistisches Bundesamt. *Statistisches Jahrbuch 1990 für die Bundesrepublik Deutschland*. Wiesbaden, 1990 (zit.: Statistisches Jahrbuch 1990, S.).

—. *Statistisches Jahrbuch Deutschland 2014*. Wiesbaden, 2014 (zit.: Statistisches Jahrbuch 2014).

Steinberg, Rudolf/Steinwachs, Jennifer. „Infrastrukturprojekte als Ziele der Raumordnung im Landesentwicklungsplan – Zugleich eine Besprechung des Urteils des VGH Kassel vom 16. 8. 2002." *NVwZ* 2004: 530 ff. (zit.: Steinberg/Steinwachs, NVwZ 2004, 530, S.).

Stelkens, Paul/Bonk, Joachim/Sachs, Michael, Hrsg. *Verwaltungsverfahrensgesetz – Kommentar*. 2014, München (zit.: Bearbeiter in: Stelkens/Bonk/Sachs, VwVfG, §, Rn.).

Stern, Klaus. *Staatsrecht der Bundesrepublik Deutschland. Band 1: Grundbegriffe und Grundlagen des Staatsrechts, Strukturprinzipien der Verfassung*. München, 1984 (zit.: Stern, S.).

Tünnesen-Harmes, Christian. „Grenzen planerischer Beschränkungen von Einzelhandelsprojekten und Voraussetzungen für die Neuentwicklung zentraler Versorgungsbereiche." *NVwZ* 2012: 1298 ff. (zit.: Tünnesen-Harmes, NVwZ 2012, 1298, S.).

Uechtritz, Michael. „Agglomerationsregelungen in der Regionalplanung zur Steuerung des Einzelhandels." *Regionalplanerische Steuerung des großflächigen Einzelhandels*. Hrsg. Gerd Hager. Hannover, 2010. 17 ff. (zit.: Uechtritz,

Agglomerationsregelungen in der Regionalplanung zur Steuerung des Einzelhandels, S.).

—. „Die Bedeutung informeller Planungen für die Bauleitplanung und für Genehmigungsentscheidungen.“ *ZfBR* 2010: 646 ff. (zit.: Uechtritz, ZfBR 2010, 646, S.).

Uechtritz, Michael. „Einzelhandelsgroßprojekte: Planung und Rechtsschutz.“ *Bau- und Fachplanungsrecht. Festschrift für Bernhard Stüer zum 65. Geburtstag*. Hrsg. Michael Krautzberger, Hans-Werner Rengeling und Klaus Saerbeck. München, 2013. 589 ff. (zit.: Uechtritz, Einzelhandelsgroßprojekte: Planung und Rechtsschutz, S.).

—. „Großflächige Einzelhandelsbetriebe und Regionalplanung.“ *NVwZ* 2007: 1337 ff. (zit.: Uechtritz, NVwZ 2007, 1337, S.).

Uechtritz, Michael. „Großflächiger Einzelhandel und interkommunales Abstimmungsgebot.“ *Interkommunale Abstimmung in der Bauleitplanung. Symposium des Zentralinstituts für Raumplanung am 26. September 2003 in Münster*. Hrsg. Hans D. Jarass. Münster, 2003. 59 ff. (zit.: Uechtritz, Großflächiger Einzelhandel und interkommunales Abstimmungsgebot, S.).

—. „Interkommunales Abstimmungsgebot und gemeindliche Nachbarklage.“ *NVwZ* 2003: 176 ff. (Uechtritz, NVwZ 2003, 176, S.).

—. „Neues zur raumordnerischen Einzelhandelssteuerung: Zulässigkeit von Kongruenzgeboten als Soll-Ziele – zugleich Anmerkung zu BVerwG, Urt. v. 16.12.2010 – 4 C 8.10 -.“ *ZfBR* 2011: 648 ff. (zit.: Uechtritz, ZfBR 2011, 648, S.).

—. „Neuregelungen im EAG Bau zur “standortgerechten Steuerung des Einzelhandels”.“ *NVwZ* 2004: 1025 ff. (zit.: Uechtritz, NVwZ 2004, 1025, S.).

Vallée, Dirk. „Landesplanung als Politikgestaltung – Die Umsetzung in der Region Stuttgart in den Neunzigerjahren.“ *Landes- und Regionalplanung in Baden-Württemberg*. Hrsg. Stefan Köhler, Ulrich Schulze und Volker Wille. Hannover, 2008. 21 ff. (zit.: Vallée, Landesplanung und Politikgestaltung – Die Umsetzung in der Region Stuttgart in den Neunzigerjahren, S.).

—. *Regionales Einzelhandelskonzept für die Region Stuttgart*. Hrsg. Institut für Städtebau Berlin. Berlin, 2004 (zit.: Vallée, Regionales Einzelhandelskonzept für die Region Stuttgart, S.).

Verband Region Stuttgart, Hrsg. *Regionalplanung in der Region Stuttgart*. Stuttgart, o. J. (zit.: Verband Region Stuttgart, S.).

Wahl, Rainer. „Einige Grundprobleme im europäischen Raumplanungsrecht.“ *Planung. Festschrift für Werner Hoppe zum 70. Geburtstag*. Hrsg. Wilfried Erbguth, Janbernd Oebbecke, Hans-Werner Rengeling und Martin Schulte. München, 2000. 913 ff. (zit.: Wahl, S.).

Wiese-von Ofen, Irene. „Einleitende Gedanken zur allgemeinen Bedeutung des Einzelhandels für die Stadtentwicklung." *Einzelhandel in Nordrhein-Westfalen planvoll steuern!* Hrsg. Heinz Konze und Michael Wolf. Hannover, 2012. 9 ff. (zit.: Wiese-von Ofen, S.).

Wiggers, Christian. „Agglomeration von Einzelhandelsbetrieben." *NJW-Spezial* 2012: 172 ff. (zit.: Wiggers, NJW-Spezial 2012, 172, S.).

—. „Ansiedlung von Einzelhandelsbetrieben und EU-Niederlassungsfreiheit." *NJW-Spezial* 2011: 556 ff. (zit.: Wiggers, NJW-Spezial 2011, 556, S.).

Zierau, Egle. „Das Gebot der interkommunalen Abstimmung als Rechtsprinzip." *DVBl.* 2009: 693 ff. (zit.: Zierau, DVBl. 2009, 693, S.).

ZRK. *http://www.zrk-info.de/zrk/index.php/fnp/funktion*. o. J. 25. Juli 2015 (zit.: Webseite Zweckverband Raum Kassel).

Zuhse, Heike/Stelmacher, Kerstin. *DSSW-Dokumentation. Formen der interkommunalen Kooperation zur Steuerung von Einzelhandelsvorhaben unter Berücksichtigung der Novellierungen des BauGB 2004 und 2007. Werkstattgespräche in Bonn, Zwickau, Frankfurt/Main und Oranienburg. Teil 2*. Hrsg. DSSW. Berlin, 2008 (zit.: Zuhse/Stelmacher/Vortragender, Folie).

Abkürzungsverzeichnis

ARL	Akademie für Raumforschung und Landesplanung
DSSW	Deutsches Seminar für Städtebau und Wirtschaft im Deutschen Verband für Wohnungswesen, Städtebau und Raumordnung e.V.
HDE	Handelsverband Deutschland
HMWVL	Hessisches Ministerium für Wirtschaft, Verkehr und Landesentwicklung
ILS	Institut für Landes- und Stadtentwicklungsforschung des Landes Nordrhein-Westfalen
ZRK	Zweckverband Raum Kassel

Abkürzungen nach Kirchner, Hildebert/Pannier, Dietrich; Abkürzungsverzeichnis der Rechtssprache; 6. Auflage; Berlin 2013

1. Teil: Einleitung

A. Ausgangspunkt: Strukturwandel des Einzelhandels

Seit den 1960-er Jahren ist ein Strukturwandel des Einzelhandels weg vom „Tante-Emma-Laden nebenan“ hin zu großflächigen Betriebsformen, die zunächst auf der „grünen Wiese“ und später auch in den Innenstädten entstanden sind, eingetreten.

So hat beispielsweise die Anzahl der Einzelhandelsunternehmen in Deutschland in den fünfundzwanzig Jahren von 1987 bis 2012 um 20 % abgenommen,[1] während die Verkaufsfläche der Betriebe in den Jahren von 2001 bis 2013 insgesamt um zehn Prozent angestiegen ist.[2] Die von einem Einzelhandelsgeschäft versorgte Zahl der Einwohner hat also stark zugenommen.[3] Im Bereich des Lebensmitteleinzelhandels wird das kleine, inhabergeführte Geschäft mit Bedienung vielerorts von großen Filialisten wie Rewe, Edeka oder Kaiser (Vollsortimenter) bzw. Aldi, Lidl oder Netto (Discounter) mit einem Selbstbedienungskonzept verdrängt. Die Anzahl kleiner Lebensmittelgeschäfte ist allein in den Jahren von 2008 bis 2012 um 28 % zurückgegangen.[4]

Die neu entstandenen Betriebsformen des Einzelhandels tragen Bezeichnungen wie Shopping Mall, Factory Outlet oder Urban Entertainment Center. Die Betriebsstandorte sind zunächst – häufig autokundenorientiert – außerhalb der gewachsenen städtischen Zentren errichtet worden. Für den Verbraucher ist der Weg, die „Anreise“ zum Einzelhandelsgeschäft dadurch deutlich weiter geworden.

Dieser Wandel im Handel hat erhebliche Konsequenzen nach sich gezogen: Verkaufsflächen in einzelnen Stadtteilen stehen leer. Die Besucherfrequenz – auch für andere Nutzungen – sinkt.[5] Lebendige Siedlungsbereiche mit identitätsstiftender Wirkung veröden.[6] Kaufkraft fließt dann aus den Zentren an periphere Standorte ab. Investitionen in den zentralen Lagen bleiben aus.[7] Das hat nachteilige

---

1 Vgl. Statistisches Jahrbuch 1990, S. 120; vgl. Statistisches Jahrbuch 2014, S. 505.

2 Vgl. Webseite HDE.

3 Vgl. auch Borchard, S. 16.

4 Webseite EHI; vgl. zur Entwicklung des Einzelhandels: Wiese-von Ofen, S. 10 f.

5 Holl in: Spannowsky/Holl, S. 8.

6 Sparwasser, NVwZ 2006, 264 f.; so auch Borchard, S. 17; Holl in: Spannowsky/Holl, S. 22.

7 Holl in: Spannowsky/Holl, S. 8.

Auswirkungen auf die Sicherheit und Aufenthaltsqualität in dem betroffenen Bereich.[8] Die Attraktivität der Zentren und Erreichbarkeit gerade von Grund- und Nahversorgungseinrichtungen für alle Bevölkerungsgruppen – auch für ältere Menschen und solche ohne privaten Pkw – geht verloren.

Dies gilt insbesondere für Kleinstädte, die im Gegensatz zu Groß- und Mittelstädten in der Regel kein so vielfältiges Angebotsspektrum bieten können und nicht von der in den letzten Jahren gestiegenen Nachfrage nach innerstädtischen Einkaufszentren profitiert haben.[9]

Die Komplexität der dargestellten Probleme erfordert ein Planungsinstrumentarium, das die Forderung nach ausgeglichener Ansiedlung umfassend berücksichtigt und die Interessen aller Beteiligten so weit wie möglich in Einklang bringt.

Bei guter Planung und richtiger Standort- und Sortimentswahl können sich zwischen Innenstädten und diesen vorgelagerten Standorten intensive Kundenaustauschbeziehungen ergeben.[10]

Dem deutlich erhöhten Steuerungsbedarf bei der Ansiedlung von – insbesondere großflächigem – Einzelhandel wird unter anderem durch die Aufstellung unterschiedlichster regionaler Einzelhandelskonzepte Rechnung getragen.

Dabei verfolgen alle regionalen Einzelhandelskonzepte trotz ihrer Verschiedenartigkeit dasselbe Ziel: Die Gewährleistung einer ausgewogenen und nachhaltigen Ansiedlung(spolitik) von großflächigem Einzelhandel in benachbarten Gemeinden. Ein „Wettlauf" (sog. Windhundrennen) der Gemeinden um Investoren und Gewerbesteuereinnahmen soll vermieden werden.

Aufgrund eines von vornherein vorgegebenen regionalen Einzelhandelskonzeptes sollen ansiedlungswillige Unternehmen an die gewünschten Standorte gelenkt werden. Dies bringt Vorteile sowohl für die Kommunen als auch die potentiellen Investoren mit sich: Die Gemeinden erhalten eine verlässlichere Grundlage für ihre eigene Ansiedlungssteuerung und die der Nachbargemeinden. Für potentielle Investoren tragen regionale Einzelhandelskonzepte zu einer Transparenz der planerischen Absichten der Gemeinden, zur Investitionssicherheit[11] sowie in der Folge zu einer Beschleunigung der Genehmigungspraxis bei.

---

8 Ggfs. zurückhaltender Holl in: Spannowsky/Holl, S. 8, der nur von „Rückwirkungen auf Sicherheit und Aufenthaltsqualität" spricht.

9 Borchard, S. 16, 18; Holl in: Spannowsky/Holl, S. 4 f.

10 Holl in: Spannowsky/Holl, S. 20.

11 Zuhse/Stelmacher/Gawron, Folie 2.

B. Fragestellung und Abgrenzung

Regionale Einzelhandelskonzepte sind zu unterschiedlichen Zeitpunkten und aus jeweils verschiedenen konkreten Anlässen erstellt worden. Sie weisen eine große Regelungs- und Formenvielfalt auf.

Mit den regionalen Einzelhandelskonzepten beispielsweise der Regionen Hannover und Stuttgart auf der einen und dem des Östlichen Ruhrgebiets und angrenzender Bereiche auf der anderen Seite stehen sich zwei Systeme gegenüber, die im Hinblick auf ihre Verbindlichkeit unterschiedlicher nicht sein könnten. So ist in Hannover und Stuttgart das regionale Einzelhandelskonzept in das Regionale Raumordnungsprogramm bzw. den Regionalplan integriert und erlangt daher über die Anpassungspflicht der Bauleitplanung an die Ziele der Raumordnung rechtliche Verbindlichkeit (vgl. § 1 Abs. 4 BauGB), während es im Östlichen Ruhrgebiet lediglich als interkommunale Vereinbarung ausgestaltet ist, die eine geringere rechtliche Bindungswirkung entfaltet.

Die Brisanz dieser Unterscheidung ergibt sich unter anderem daraus, dass bei einer Verankerung in einem Regionalplan sowohl die beteiligten Kommunen als auch die Wirtschaft davon ausgehen können, dass ein „Ausscheren" einzelner Gemeinden aus dem gemeinsamen Konzept rechtlich verhindert werden kann.[12] Wenn das regionale Einzelhandelskonzept im Gegensatz dazu nur in die Form einer interkommunalen Vereinbarung gegossen wird, sind zwar die Möglichkeiten einer politischen Selbstbindung der teilnehmenden Gemeinden durch Ratsbeschlüsse und deren Umsetzung in der Bauleitplanung gegeben; allerdings kann jeder Rat, der trotz Entgegenstehen des vereinbarten Konzeptes „bei einer sich bietenden lukrativen Neuansiedlung zu neuen Erkenntnissen kommt",[13] seine Beschlüsse durch neue ersetzen (sog. Sündenfall).[14]

Regelungen in regionalen Einzelhandelskonzepten sind nur im Rahmen des geltenden Rechts möglich. In der vorliegenden Untersuchung wird es darum gehen, die rechtlichen Grenzen – die Steuerungsgrenzen – für fünf verschiedene regionale Einzelhandelskonzepte aufzuzeigen. Die Rechtsgrenzen überörtlicher Einzelhandelssteuerung sind in der Vergangenheit oftmals Gegenstand gerichtlicher Entscheidungen gewesen.[15]

12 Konze/Osterhage, S. 143.

13 Ibid.

14 Ibid.

15 Siehe insb. BVerwG, Urt. v. 22.06.2011 – 4 CN 4/10 (Strelapark Stralsund); BVerwG, Urt. v. 16.12.2010 – 4 C 8/10 (IKEA Rastatt); BVerwG, Beschl. v. 14.04.2010 – 4 B 78/09; OVG Münster, Urt. v. 30.09.2009 – 10 A 1676/08; OVG Münster, Urt. v.

Im Mittelpunkt der Entscheidungen stand häufig die Frage, inwieweit eine Steuerung großflächigen Einzelhandels auf überörtlicher Ebene erfolgen kann, ohne gemeindliche Belange zu verletzen. Der Konflikt zwischen überörtlicher Raumordnungs- und örtlicher Bauleitplanung wird in diesem Zusammenhang deutlich. Art. 28 Abs. 2 S. 1 GG bestimmt, dass den Gemeinden das Recht gewährleistet sein muss, alle Angelegenheiten der örtlichen Gemeinschaft im Rahmen der Gesetze in eigener Verantwortung zu regeln. Die kommunale Bauleitplanung gehört zu den grundgesetzlich geschützten Angelegenheiten der örtlichen Gemeinschaft im Sinne von § 1 Abs. 1 BauGB.[16] Sämtliche verbindlichen überörtlichen Regelungen zum großflächigen Einzelhandel bewegen sich damit im Spannungsfeld zwischen Raumordnung und Bauleitplanung und müssen sich an Art. 28 Abs. 2 S. 1 GG messen lassen.

Hieraus ergeben sich vielfältige Fragestellungen: Wie detailliert dürfen raumordnerische Festlegungen sein? Muss sich die Raumordnung auf übergemeindliche und gemeindescharfe Ausweisungen beschränken? Darf sie auch gebiets- oder gar parzellenscharf ausweisen und ist dies im Einzelfall vielleicht sogar erforderlich? Darf die Regionalplanung zentrale Versorgungsbereiche bzw. Vorrang- und Ausschlussgebiete für großflächigen Einzelhandel innerhalb von Gemeinden festlegen? In welchem Umfang sind regionalplanerische Agglomerationsregelungen zulässig?

Anforderungen an regionale Einzelhandelskonzepte ergeben sich darüber hinaus auch aus dem Recht der Europäischen Union, dem übrigen Verfassungsrecht sowie einfachem Bundes- und Landesrecht: Verletzen Regelungen in Einzelhandelskonzepten die Niederlassungsfreiheit (Art. 49 AEUV), die Eigentumsgarantie (Art. 14 GG) oder das Grundrecht auf Berufsfreiheit (Art. 12 GG) von Einzelhandelsunternehmern? Sind die Vorschriften des Raumordnungsgesetzes eingehalten?

Mit einer Untersuchung dieser Fragestellungen anhand exemplarisch ausgewählter regionaler Einzelhandelskonzepte möchte diese Arbeit einen Diskussionsbeitrag zur Zulässigkeitsproblematik einzelhandelsrelevanter Festsetzungen leisten.

30.09.2009 – 10 D 8/08.NE; VerfGH NRW, Urt. v. 26.08.2009 – 18/08 (jeweils zu Factory Outlet Center Ochtrup); OVG Münster, Urt. v. 06.06.2005 – 10 D 148/04.NE (CentrO Oberhausen).

16 Hellermann in: BeckOK, GG, Art. 28, Rn. 40.5; Mehde in: Maunz/Dürig, GG, Art. 28 Abs. 2, Rn. 59.

C. Gang der Untersuchung

Aus vorstehenden Erwägungen ergibt sich folgender Gang der Untersuchung:

Nach der Einführung in die Problemstellung in diesem ersten Teil der Arbeit soll im zweiten Teil zunächst die Einordnung regionaler Einzelhandelskonzepte in den Planungskontext erfolgen.

Hier wird der Begriff der regionalen Einzelhandelskonzepte definiert und die historische Entwicklung dieser Konzepte dargestellt. Außerdem soll auf die Ziele von Einzelhandelskonzepten eingegangen werden.[17] Im Anschluss werden ihre Voraussetzungen, Anforderungen und Inhalte erläutert. Auch die Organisationsformen, in denen regionale Einzelhandelskonzepte ausgestaltet sein können, sollen betrachtet werden. Auf diese Grundlagen kann später zurückgegriffen werden.

Zudem werden im zweiten Teil die verschiedenen regionalen Einzelhandelskonzepte, die im weiteren Verlauf der Arbeit auf ihre Vereinbarkeit mit geltendem Recht hin untersucht werden, jeweils anhand einer kurzen Beschreibung ihrer Entstehung und einer problembezogenen Darlegung ihrer Inhalte vorgestellt. Der besseren Übersicht halber orientiert sich die Reihenfolge der Darstellung der Konzepte am Grad ihrer Institutionalisierung. So ist in den Regionen Hannover und Stuttgart eine rechtliche Verbindlichkeit aufgrund der Integration in das Regionale Raumordnungsprogramm bzw. den Regionalplan gewährleistet. Im Ballungsraum Frankfurt/Rhein-Main erfolgt eine Einbindung des Einzelhandelskonzeptes in den regionalen Flächennutzungsplan, der Regionalplan und gemeinsamer Flächennutzungsplan zugleich ist. Der Zweckverband Raum Kassel integriert sein Konzept in den „normalen“ Flächennutzungsplan. Die Einzelhandelskonzepte mit geringerem Institutionalisierungsgrad in Form der interkommunalen Vereinbarung bzw. des raumordnerischen Vertrages am Beispiel des Östlichen Ruhrgebiets und angrenzender Bereiche bilden den Schluss dieser Ausführungen.

Der dritte Teil der Arbeit behandelt die Regeln, die bei der Schaffung regionaler Einzelhandelskonzepte beachtet werden müssen, damit diese zulässig, wirksam und verbindlich werden.

---

17 Diese haben sich für Nordrhein-Westfalen bis zum 31.12.2011 vor allem aus § 24a Abs. 6 LEPro a. F. ergeben. Der neue Landesentwicklungsplan NRW – Sachlicher Teilplan Großflächiger Einzelhandel – der Landesregierung Nordrhein-Westfalen vom 12. Juli 2013 regelt in Plansatz 9 als Grundsatz der Raumordnung lediglich, dass regionale Einzelhandelskonzepte bei der Aufstellung und Änderung von Regionalplänen in die Abwägung einzustellen sind.

Hier lässt sich eine knappe Einordnung regionaler Einzelhandelskonzepte in das System der Raumordnung anhand der Rechtsgrundlagen, die für Einzelhandelskonzepte gelten, vornehmen. Der Schwerpunkt der Untersuchung wird insoweit aber auf den Anforderungen liegen, die einzelhandelsrelevante Regelungen erfüllen müssen, um (gerade noch) zulässig zu sein.

Diese Anforderungen ergeben sich aus Unions-, Verfassungs- sowie einfachem Bundes- und Landesrecht. In Bezug auf das Europäische Recht ist vorwiegend die Niederlassungsfreiheit relevant. Das nationale Verfassungsrecht enthält insbesondere mit der kommunalen Selbstverwaltungsgarantie aus Art. 28 Abs. 2 GG und den entsprechenden landesverfassungsrechtlichen Regelungen sowie mit den Art. 14 und 12 GG weitere wesentliche Erfordernisse, denen Einzelhandelskonzepte genügen müssen. Aus dem einfachen Bundesrecht ist das Raumordnungsgesetz einschlägig. Da sich die Arbeit vorwiegend mit der überörtlichen Einzelhandelssteuerung befasst, wird auf die örtliche Steuerung nach Baugesetzbuch und Baunutzungverordnung nur am Rande eingegangen. Landesrechtlich werden – soweit erforderlich – u.a. Landesplanungsgesetze, Landesentwicklungsprogramme und -pläne, Einzelhandelserlasse sowie Verwaltungsvorschriften in die Untersuchung miteinbezogen.

Der vierte Teil widmet sich der Prüfung der Zulässigkeit von regionalen Einzelhandelskonzepten: In Anwendung und Übertragung der in Teil 3 gewonnenen Erkenntnisse und des dort erarbeiteten Prüfungsmaßstabes sollen ausgewählte, besonders problematische Festlegungen in Einzelhandelskonzepten auf ihre Rechtmäßigkeit hin überprüft werden. Es soll deutlich werden, welche Festlegungen konkret zulässig sind und welche nicht (mehr). Dabei wird – wie auch schon im dritten Teil – der Frage nach der Einhaltung der Garantie der gemeindlichen Selbstverwaltung ausschlaggebende Bedeutung beizumessen sein.

Die Arbeit schließt im fünften Teil mit einer Konklusion.

2. Teil: Einzelhandelssteuerung durch regionale Einzelhandelskonzepte

Das Instrument der regionalen Einzelhandelskonzepte beruht auf dem Gedanken, dass die einzelfallbedingten Genehmigungsentscheidungen bzw. Vorhabenszulassungen einzelner Gemeinden mit dem überörtlichen Interesse an einer sachgerechten Einzelhandelsentwicklung bisweilen nicht mehr in Einklang zu bringen sind. Der Ansatzpunkt der regionalen Einzelhandelskonzepte besteht deswegen darin, die Steuerung nicht einer Gemeinde allein zu überlassen, sondern alle an der Ansiedlung von Einzelhandel Beteiligten von Anfang an in die Planung miteinzubinden.

A. Regionale Einzelhandelskonzepte – Begriff und Bedeutung

I. Definition

Eine einheitliche bauplanungs- bzw. raumordnungsrechtliche (Legal-)Definition des Begriffes „regionales Einzelhandelskonzept" gibt es nicht. Das Baugesetzbuch verwendet die Begriffe der „städtebaulichen Entwicklungskonzepte" (vgl. §§ 1 Abs. 6 Nr. 11, 171b – 171f BauGB) und der „städtebaulichen Maßnahmen" (vgl. §§ 165 ff. BauGB), das Raumordnungsgesetz den Begriff der „regionalen Entwicklungskonzepte" (vgl. § 13 Abs. 2 Nr. 2 ROG).[18] Diese Begriffe können Orientierung geben bei der Definition des Begriffes des regionalen Einzelhandelskonzeptes.

Gem. § 1 Abs. 6 Nr. 11 BauGB sind bei der Aufstellung der Bauleitpläne die Ergebnisse eines von der Gemeinde beschlossenen städtebaulichen Entwicklungskonzeptes oder einer von ihr beschlossenen sonstigen städtebaulichen Planung zu berücksichtigen. Damit sind sog. Entwicklungs- oder Rahmenplanungen gemeint, die eine Art Zwischenstufe zwischen Flächennutzungs- und Bebauungsplan bilden.[19]

Städtebauliche Entwicklungskonzepte enthalten Aussagen zur beabsichtigten städtebaulichen Entwicklung des Gemeindegebiets in den verschiedensten

18 So auch Gawron, S. 21.

19 Dirnberger in: BeckOK, BauGB, § 1, Rn. 126; Krautzberger in: B/K/L, BauGB, § 1, Rn. 77, 79; Söfker in: E/Z/B/K, BauGB, § 1, Rn. 174.

städtebaulichen Angelegenheiten.[20] Hierunter fallen neben Stadtteilkonzepten auch fachliche Teilkonzepte wie die Einzelhandelskonzepte.[21]

Sie sind in die bauleitplanerische Abwägung einzustellen und können für die Frage der Erforderlichkeit einer förmlichen Bauleitplanung nach § 1 Abs. 3 BauGB relevant werden.[22] Sinn und Zweck des § 1 Abs. 6 Nr. 11 BauGB ist es demzufolge, eine Verbindung zwischen Einzelhandelskonzepten und Bauleitplanung herzustellen und auf deren Umsetzung durch die förmliche Planung hinzuwirken.[23]

Sonstige städtebauliche Planungen hingegen sind – negativ definiert – nur solche, die keine städtebaulichen Entwicklungskonzepte sind.[24] Einzelhandelskonzepte werden von diesem Begriff also nicht erfasst.

Wenn Einzelhandelskonzepte als städtebauliche Entwicklungskonzepte beschlossen werden, stellen sie keine die Bauleitplanung bindenden Vorentscheidungen dar.[25] Je mehr sich ihre Aufstellung in Bezug auf materiell- und verfahrensrechtliche Gesichtspunkte den an die förmliche Bauleitplanung zu stellenden Anforderungen annähert, desto mehr Gewicht kann ihnen in der Abwägung eingeräumt werden.[26] Je häufiger und umfangreicher aber von einem bestehenden Konzept abgewichen wird, desto geringer ist sein Gewicht in der Abwägung.[27]

Das Baugesetzbuch erwähnt städtebauliche Entwicklungskonzepte unmittelbar oder mittelbar in seinen §§ 3 Abs. 1 S. 2 Nr. 3 (frühzeitige Öffentlichkeitsbeteiligung), 33 Abs. 3 S. 2 (Zulässigkeit von Vorhaben während der Planaufstellung) und 140 Nr. 4 (Vorbereitung der Sanierung).[28] Die dort genannten Voraussetzungen können durch entsprechende städtebauliche Entwicklungskonzepte erfüllt werden.[29]

Damit sind Bedeutung und Wortgebrauch regionaler Einzelhandelskonzepte jedoch noch nicht hinreichend gekennzeichnet.[30]

---

20 Söfker in: E/Z/B/K, BauGB, § 1, Rn. 174.

21 Dirnberger in: BeckOK, BauGB, § 1, Rn. 126; Söfker in: E/Z/B/K, BauGB, § 1, Rn. 174.

22 Dirnberger in: BeckOK, BauGB, § 1, Rn. 129; Krautzberger in: B/K/L, BauGB, § 1, Rn. 81; Söfker in: E/Z/B/K, BauGB, § 1, Rn. 175.

23 Söfker in: E/Z/B/K, BauGB, § 1, Rn. 173, 175.

24 Ders., a. a. O., Rn. 174.

25 Söfker in: E/Z/B/K, BauGB, § 1, Rn. 175; Uechtritz, ZfBR 2010, 646 f.

26 Söfker in: E/Z/B/K, BauGB, § 1, Rn. 175.

27 BVerwG, Urt. v. 29.01.2009 – 4 C 16/07, zit. nach juris, Rn. 28.

28 So auch Söfker in: E/Z/B/K, BauGB, § 1, Rn. 177.

29 Söfker in: E/Z/B/K, BauGB, § 1, Rn. 177.

30 Gawron, S. 21.

Regionale Einzelhandelskonzepte weisen – wenngleich mit einem regionalen Bezugspunkt – gemeinsame Schnittmengen mit „klassischen" städtebaulichen Entwicklungskonzepten auf. Sie sind vom Gesetzgeber nicht näher ausdrücklich ausgestaltet bzw. beschrieben worden. Dies erklärt die große Bandbreite ihrer Erscheinungsformen. So können regionale Einzelhandelskonzepte in Regionalplänen, Regionalen Raumordnungsprogrammen, regionalen Flächennutzungsplänen, Flächennutzungsplänen oder interkommunalen Vereinbarungen enthalten sein.

Trotz teilweise sehr unterschiedlicher tatsächlicher und rechtlicher Ausgestaltung weisen regionale Einzelhandelskonzepte eine ganze Reihe von Gemeinsamkeiten – insbesondere hinsichtlich der ihnen zugrunde liegenden Zielsetzungen – auf.

Im Ergebnis ist daher von einer weiten Definition des Begriffs des regionalen Einzelhandelskonzepts auszugehen. Regionale Einzelhandelskonzepte sind jedenfalls überörtliche Konzepte zur Steuerung der Einzelhandelsentwicklung und von rein lokalen Konzepten abzugrenzen. Die städtebauliche Steuerung der Ansiedlung von Einzelhandel wird von der kommunalen auf die regionale Ebene übertragen. Ein regionales Einzelhandelskonzept beinhaltet die „Rahmenbedingungen einer geordneten Entwicklung des Einzelhandels unter Berücksichtigung der Anforderungen des Städtebaus und der Raumordnung".[31]

II. Ziele und Zentrale-Orte-Konzept

Ziel regionaler Einzelhandelskonzepte ist es, durch eine der konkreten Ansiedlungsentscheidung vorgelagerte interkommunale Verständigung einem dysfunktionalen Standortwettbewerb vorzubeugen, Transparenz, Prognostizierbarkeit und Akzeptanz gemeindlicher Planungsentscheidungen für potentielle, aber auch bereits ortsansässige Investoren zu gewährleisten[32] sowie dem gemeinsam beschlossenen Konzept eine – wie auch immer geartete – rechtliche Verbindlichkeit zu verleihen.[33]

Einzelhandelskonzepte wollen zudem eine Stärkung und Verbesserung der Zentrenstruktur erreichen,[34] in deren Rahmen zum Beispiel zwischen Ober-, Mittel- und Grundzentren unterschieden wird.[35]

Zentraler Ort ist dabei „eine Standortagglomeration („Cluster") von Einrichtungen, die Güter (Waren und Dienste) für räumlich begrenzte Marktgebiete

31 Webseite Bezirksregierung Düsseldorf.

32 Calliess, S. 235 f.

33 Acocella/Junker und Kruse, S. 3.

34 Calliess, S. 241; Webseite IHK Osnabrück; Zuhse/Stelmacher/Gawron, Folie 5.

35 Blotevogel, Fortentwicklung des Zentrale-Orte-Konzepts, S. XXIV.

anbieten".[36] Diese Begriffsbestimmung lässt sich auch auf den großflächigen Einzelhandel übertragen.[37]

Blotevogel definiert Oberzentren zutreffend als „Standortcluster hochwertiger, spezialisierter Einrichtungen im wirtschaftlichen, kulturellen, sozialen und politischen Bereich mit großräumiger Bedeutung", Mittelzentren als „Standortcluster mit vielfältigem Infrastrukturangebot für Bevölkerung und Wirtschaft mit regionaler Bedeutung" und Grundzentren als „Standortcluster mit allen elementaren Versorgungseinrichtungen zur Grundversorgung der Bevölkerung".[38]

Die Landesplanung legt die den Zentralen Orten zugehörigen Verflechtungsbereiche (Nah-, Mittel- und Oberbereiche) in ihren Raumordnungsplänen fest.[39]

Das Zentrale-Orte-Konzept geht auf die von Walter Christaller im Jahr 1933 entwickelte Zentrale-Orte-Theorie[40] zurück.[41] Es ist „ein normatives Planungsmodell der Raumordnung und Landesplanung für die siedlungs- und versorgungsstrukturelle Entwicklung des Gesamtraumes (…), das in allen Bundesländern durch Festlegung ausgewählter Gemeinden als Zentraler Orte unterschiedlicher Hierarchiestufen jeweils als flächendeckendes Netz etabliert wurde".[42] Das Konzept ist Anknüpfungspunkt vieler raumordnerischer Festlegungen und gesetzlich in den §§ 2 Abs. 2 Nr. 3 und 8 Abs. 5 ROG verankert.[43] Es dient der Gewährleistung der Versorgung der Bevölkerung auf definiertem Mindestniveau und in zumutbarer Entfernung.[44]

Das Zentrale-Orte-Konzept ist also ein den regionalen Einzelhandelskonzepten vorgeordnetes Raster. Dadurch, dass großflächiger Einzelhandel nur in Zentralen Orten einer bestimmten Stufe für zulässig erklärt wird, soll die Funktionsfähigkeit des jeweiligen Zentralen Ortes gesichert werden.[45]

Auf die vielfach geäußerte Kritik am Zentrale-Orte-Konzept und die Frage, ob es taugliche Bewertungsgrundlage für die Ansiedlung großflächigen Einzelhandels

---

36 Blotevogel, Zentrale Orte, S. 1307.

37 Ibid.

38 Blotevogel, Fortentwicklung des Zentrale-Orte-Konzepts, S. XXVII.

39 Webseite ARL.

40 Christaller, S. 63 ff.

41 Bunzel/Hanke, S. 19; vgl. Hoppe, DVBl. 2000, 293.

42 Martic, S. 2.

43 Bunzel/Hanke, S. 18.

44 Bunzel/Hanke, S. 19; Martic, S. 50 m. w. N.

45 Gawron, S. 14.

ist[46] soll hier nicht näher eingegangen werden, da die Praxis dieses Konzept – zumindest derzeit (noch) – anwendet und als tragfähig erachtet. In Nordrhein-Westfalen soll das Zentrale-Orte-Konzept bei der beabsichtigten Zusammenlegung des derzeit gültigen Landesentwicklungsplans von 1995 und des Ende 2011 außer Kraft getretenen Landesentwicklungsprogramms NRW auch in den neuen Landesentwicklungsplan übernommen werden.[47] Besonderheiten ergeben sich jetzt schon für die Europäische Metropolregion Rhein-Ruhr, weil sie die landesplanerischen und raumordnerischen Voraussetzungen oberzentraler Funktionen erfüllt (Plansatz B.I.3.1 Abs. 2 S. 2 LEP NRW).

Ziel regionaler Einzelhandelskonzepte ist es schließlich auch, einen sparsamen, schonenden Umgang mit Flächen zu gewährleisten sowie Infrastrukturfolgekosten, die durch Zersiedelung entstehen können, zu vermeiden bzw. einzudämmen.[48]

Ein positiver Nebeneffekt regionaler Einzelhandelskonzepte kann in einer Beschleunigung der Genehmigungserteilungsverfahren liegen, weil von vornherein feststeht, welche Standorte überhaupt für die Ansiedlung großflächigen Einzelhandels in Betracht kommen, weniger Anfragen für nicht „konzeptkonforme" Standorte gestellt werden[49] und die Häufigkeit der Einlegung von Rechtsbehelfen zurückgeht. Folge davon ist ein Einsparungspotential in finanzieller und personeller Hinsicht.[50]

Die Erarbeitung von regionalen Einzelhandelskonzepten kann die Funktion haben, einen möglichst großen Kreis von Akteuren zu einem möglichst frühen Zeitpunkt in die Ansiedlungssteuerung miteinzubeziehen.[51] Dadurch entsteht ein gewisser Druck, einen eigenen Standpunkt zu entwickeln bzw. sich (kritisch) mit der eigenen Position und der benachbarter Gemeinden auseinanderzusetzen (Sensibilisierung), und sich einer gemeinsamen Planung nicht zu entziehen.[52]

---

46 Vgl. nur Blotevogel, Fortentwicklung des Zentrale-Orte-Konzepts, S. XXIV; Goppel in: Spannowsky/Runkel/Goppel, ROG, § 8, Rn. 58 ff.; Koschny/Mensing/v. Rohr, STANDORT 1998, 12, 16; Schlesinger/Schreiber, NVwZ 2013, 628; Schlesinger/Schreiber, RP 2013, 21.

47 ARL/Stefansky, Arbeitsprogramm, S. 29 f.

48 Calliess, S. 243 f.; Schlesinger/Spannowsky, RP 2013, 74.

49 Vgl. Acocella/Junker und Kruse, S. 14.

50 Vgl. Acocella/Junker und Kruse, S. 14.

51 Acocella/Junker und Kruse, S. 4.

52 Ibid.

III. Interkommunale Konflikte

Die Entstehung regionaler Einzelhandelskonzepte ist eine Folge interkommunaler Konflikte in der Einzelhandelssteuerung. Die ersten regionalen Konzepte entstanden Ende der 80-er Jahre in Osnabrück und Mitte der 90-er Jahre in Bremen/Niedersachsen und Koblenz/Neuwied.[53] Sie stellen also ein relativ neues Instrument dar. Heute sind sie weit verbreitet.[54]

Bedingt durch die Entwicklung der letzten Jahrzehnte, dass gerade großflächige Anbieter nicht nur lokale, sondern vielmehr regionale Absatzmärkte erschließen wollen, besteht bei lokalen Einzelhandelskonzepten die Gefahr, dass ihre Zielsetzung durch die Nachbarkommunen und deren Ansiedlungsverhalten konterkariert wird.[55]

Paradebeispiel hierfür ist die Ablehnung eines Vorhabens durch Gemeinde A mit darauf folgender Ansiedlung desselben Vorhabens durch Gemeinde B direkt an der Gemarkungsgrenze.[56] Gemeinde A ist jetzt (fast) denselben negativen Wirkungen (Kaufkraftabzug, Verödung der Innenstadt, etc.) ausgesetzt wie bei einer Ansiedlung auf eigenem Gebiet und Gemeinde B profitiert von den (vermeintlich) positiven Auswirkungen, die in der Schaffung bzw. dem Erhalt von Arbeitsplätzen und steigenden Gewerbesteuereinnahmen bestehen können.[57]

Diese Auswirkungen der Ansiedlung großflächigen Einzelhandels auf die benachbarte(n) Kommune(n) waren und sind häufig Gegenstand von Rechtsstreitigkeiten.[58] Kernbestimmung für die Planungstätigkeit der Gemeinden im Verhältnis zueinander ist § 2 Abs. 2 S. 1 BauGB, wonach die Bauleitpläne benachbarter Gemeinden aufeinander abzustimmen sind (sog. interkommunales Abstimmungsgebot).[59] Diese notwendige Abstimmung gestaltet sich in der Praxis wegen zum

53 Acocella/Junker und Kruse, S. 3.

54 Siehe insoweit die regionalen Einzelhandelskonzepte der Regionen Berlin/Brandenburg, Bonn/Rhein-Sieg/Ahrweiler, Heidelberg/Mannheim, Mittlerer Oberrhein, Ostwestfalen-Lippe, Westliches Ruhrgebiet und Düsseldorf u. v. m.

55 Acocella/Junker und Kruse, S. 1.

56 Beispiel entnommen aus: Acocella/Junker und Kruse, S. 1; vgl. auch Uechtritz, Großflächiger Einzelhandel und interkommunales Abstimmungsgebot, S. 77.

57 Acocella/Junker und Kruse, S. 1.

58 Vgl. insb. BVerwG, Urt. v. 01.08.2002 – 4 C 5/01 (FOC Zweibrücken); BVerwG, Urt. v. 17.09.2003 – 4 C 14/01 (Mülheim-Kärlich); OVG Münster, Urt. v. 06.06.2005 – 10 D 148/04.NE; BVerwG, Beschl. v. 28.12.2005 – 4 BN 40/05 (jeweils zum CentrO Oberhausen); Paul/Pfeil, UPR 2006, 260.

59 Paul/Pfeil, UPR 2006, 260.

Teil stark divergierender Interessen der einzelnen betroffenen Gemeinden oftmals schwierig.[60] „Gemeinden werden von Menschen gesteuert und geführt. Dementsprechend ist ihrem Verhalten nichts fremd, was auch sonst menschliches Verhalten gelegentlich kennzeichnet, nämlich Eigennutz und das Bemühen, Belastungen möglichst von sich fern zu halten und so weit wie möglich auf andere abzuschieben."[61] Folge davon kann unter anderem eine unattraktive Angebotsstruktur sein,[62] die es – bestenfalls im Sinne aller Gemeinden – zu vermeiden gilt.

Aufgrund dieser Problematik ist es sinnvoll, ein Planungsinstrument zu schaffen, das Konflikte zwischen den Gemeinden überwindet. Allein konsensuale regionale Einzelhandelskonzepte sind nicht in der Lage, überörtliche Planungen gegen Widerstände durchzusetzen.

IV. Akteure

An der Erarbeitung der Konzepte können außer den Städten und Gemeinden selbst auch die Genehmigungsbehörden (z.B. Bezirksregierungen, regionale Planungsverbände als Träger der Regionalplanung und Kreise), Industrie- und Handelskammern, Handwerkskammern, Einzelhandelsverbände und Wirtschaftsförderungsgesellschaften beteiligt sein.[63]

V. Voraussetzungen und Anforderungen

Voraussetzung für die Aufstellung regionaler Einzelhandelskonzepte ist ein gewisser Handlungsdruck, der sich beispielsweise aus entgegengesetzten Planungen benachbarter Gemeinden, konfliktträchtigen Ansiedlungsfällen oder Anfragen von Investoren ergeben kann.[64] Die Bereitstellung öffentlicher Fördermittel zur Verwirklichung gemeinsamer Planungsziele kann ebenfalls Anlass für die Aufstellung von Einzelhandelskonzepten sein.

Anforderungen an die Erarbeitung von Einzelhandelskonzepten bestehen zum einen in einer sinnvollen Abgrenzung der „Region", also des Gebietes, auf das sich die Konzepte beziehen, bei konsensualen Konzepten zum anderen in weitgehend sich ergänzenden Interessen der beteiligten Gemeinden, einer Bereitschaft zur

60 Ibid.

61 Kuschnerus, Das interkommunale Abstimmungsgebot in der Rechtsprechung, S. 2.

62 Paul/Pfeil, UPR 2006, 260.

63 Acocella/Junker und Kruse, S. 3.

64 Callies, S. 251 f.; Konze/Osterhage, S. 136; Webseite IHK Osnabrück.

Einhaltung der getroffenen Vereinbarungen und – perspektivisch – einer an die fortschreitende Marktentwicklung angepassten regelmäßigen Fortschreibung.[65]

VI. Gemeinsame Inhalte

Allen regionalen Einzelhandelskonzepten liegen typischerweise dieselben wesentlichen inhaltlichen Merkmale zugrunde.

1. Grundlagen

Die Konzepte basieren zunächst auf einer – in der Regel gutachtengestützten – Bestandsaufnahme.[66] Diese umfasst zum Beispiel eine Beschreibung der aktuellen Marktsituation auf Angebots- und Nachfrageseite in der betreffenden Region, eine Definition der Standortprofile, die Durchführung von Haushaltsbefragungen und Modellberechnungen zu den Kaufkraftverflechtungen sowie eine Analyse des Baurechtsstatus.[67] Danach wird die zukünftige Entwicklung des Einzelhandels anhand der schon bestehenden Planungen, der zu erwartenden Kaufkraftentwicklung und des Flächenbedarfs prognostiziert.[68] Hierbei dürfte auch der demographische Wandel zu berücksichtigen sein.

Schließlich folgen eine Formulierung gemeinsamer Entwicklungsperspektiven sowie eine Übereinkunft im Hinblick auf Ziele und (Abstimmungs-)Verfahren, welche zukünftig bei Fragen der Ansiedlung großflächigen Einzelhandels beachtet werden sollen.[69]

2. Regelungsgegenstand: Großflächiger Einzelhandel

Dem Regelungsgegenstand nach beziehen sich regionale Einzelhandelskonzepte insbesondere auf den großflächigen Einzelhandel, da dieser im Hinblick auf Einzugsbereich, Kaufkraftbündelung und Flächeninanspruchnahme deutlich stärkere – gegebenenfalls städtebaulich nachteilige – Auswirkungen auf die Region hat als sonstige Einzelhandelsnutzungen und sie um ein Vielfaches intensiver prägt. Dies macht eine Klärung des Begriffs „großflächiger Einzelhandel“ bzw. „Einzelhandelsgroßprojekt“ erforderlich. Eine Legaldefinition hierfür gibt es nicht.[70]

---

65 Webseite IHK Osnabrück.

66 Callies, S. 237; Paul/Pfeil, UPR 2006, 260; vgl. Tünnesen-Harmes, NVwZ 2012, 1298 f.; Zuhse/Stelmacher/Gawron, Folie 4.

67 Calliess, S. 247; so Paul/Pfeil, UPR 2006, 260; Webseite IHK Osnabrück.

68 So Paul/Pfeil, UPR 2006, 260.

69 Acocella/Junker und Kruse, S. 3 f.

70 Uechtritz, Einzelhandelsgroßprojekte: Planung und Rechtsschutz, S. 589.

a) Abgrenzung vom Großhandel

Der Einzelhandel ist zunächst vom Großhandel zu unterscheiden.

Großhändler ist, wer Wiederverkäufer beliefert, die die Ware – gegebenenfalls nach einer Bearbeitung – weiterverkaufen.[71] Auch die Veräußerung an gewerbliche und berufliche Verwender sowie institutionelle Großverbraucher wird vom Begriff des Großhandels erfasst.[72] Einzelhändler ist im Gegensatz dazu derjenige, der „überwiegend Letztverbraucher oder branchenfremde Gewerbetreibende für deren Privatbedarf beliefert".[73]

b) Abgrenzung vom „kleinflächigen" Einzelhandel

Der Begriff des „Einzelhandels" ist nicht auf bestimmte Betriebsformen wie beispielsweise Supermärkte oder Warenhäuser beschränkt.[74] Vielmehr hat er „den Einzelhandel in seinen funktionellen Eigenschaften und in Bezug auf seine städtebaulichen und raumordnerischen Auswirkungen" zum Gegenstand.[75]

Der Begriff des „großflächigen" Einzelhandels lässt sich weitergehend anhand von § 11 Abs. 3 S. 1 Nr. 1-3 BauNVO bestimmen. Er schließt Einkaufszentren, großflächige Einzelhandelsbetriebe sowie sonstige großflächige Handelsbetriebe ein, die außer in Kerngebieten (vgl. § 7 BauNVO) nur in für sie festgesetzten Sondergebieten (vgl. § 11 Abs. 1 u. 2 BauNVO) zulässig sind und daher insbesondere nicht in Gewerbegebieten (vgl. § 8 BauNVO) angesiedelt werden dürfen[76].

Die Baunutzungsverordnung verweist großflächige Einzelhandelsbetriebe nur dann in Kern- und eigens für sie festgesetzte Sondergebiete, wenn sie sich nach Art, Lage oder Umfang auf die Verwirklichung der Ziele der Raumordnung und Landesplanung oder auf die städtebauliche Entwicklung und Ordnung nicht nur unwesentlich auswirken können (§ 11 Abs. 3 S. 1 Nr. 2 BauNVO); sonstige großflächige Handelsbetriebe müssen im Hinblick auf den Verkauf an Letztverbraucher und auf ihre Auswirkungen den in Nummer 2 bezeichneten Einzelhandelsbetrieben vergleichbar sein (§ 11 Abs. 3 S. 1 Nr. 3 BauNVO).

Das Vorliegen dieser Auswirkungen (d. h. insbesondere schädliche Umwelteinwirkungen sowie Auswirkungen auf die infrastrukturelle Ausstattung,

---

71 Helm in: Gloy/Loschelder/Erdmann, UWG, § 59, Rn. 438.

72 Ibid.

73 Helm in: Gloy/Loschelder/Erdmann, UWG, § 59, Rn. 439.

74 Söfker in: E/Z/B/K, BauGB, § 11, Rn. 51.

75 Ibid.

76 Goppel/Runkel in: Spannowsky/Runkel/Goppel, ROG, § 4, Rn. 193; Runkel in: Bielenberg/Runkel/Spannowsky, ROG, L § 4, Rn. 310.

den Verkehr, die Versorgung der Bevölkerung, die Entwicklung zentraler Versorgungsbereiche, das Orts- und Landschaftsbild und den Naturhaushalt, vgl. § 11 Abs. 3 S. 2 BauNVO) wird vermutet, wenn die Geschossfläche 1.200 qm überschreitet (§ 11 Abs. 3 S. 3 BauNVO). Diese Regelvermutung ist jedoch in zwei Richtungen widerlegbar: Entweder können die beschriebenen Auswirkungen auch bei einem Vorhaben mit weniger als 1.200 qm Geschossfläche gegeben (z.B. in kleineren Gemeinden[77]) oder trotz Überschreitung der 1.200 qm nicht gegeben sein (§ 11 Abs. 3 S. 4 BauNVO).

aa) Einkaufszentrum gem. § 11 Abs. 3 S. 1 Nr. 1 BauNVO

Einkaufszentrum im Sinne der Baunutzungsverordnung ist zunächst ein einheitlich geplanter, finanzierter, gebauter und verwalteter Gebäudekomplex, in dem Einzelhandelsbetriebe verschiedener Art und Größe – meist verbunden mit verschiedenen Dienstleistungsbetrieben – räumlich konzentriert sind.[78] Darunter fallen in der Regel Factory-Outlet-Center (Herstellerdirektverkaufszentren),[79] Shopping Malls und sog. Value Center (Kombination mit Freizeiteinrichtungen)[80].

Ein Einkaufszentrum kann aber auch ohne einheitliche Planung entstehen, wenn mehrere Betriebe auf engem Raum konzentriert sind und aus Kundensicht ein Minimum an nach außen hin erkennbarer gemeinsamer Organisation, Konzeption und Kooperation aufweisen, die die Ansammlung als „planvoll gewachsene[s] und aufeinander bezogene[s] Ganze[s]"[81] erscheinen lassen.[82] Die organisatorische Zusammenfassung ergibt sich aus äußerlich erkennbaren Merkmalen wie gemeinsamer Werbung oder einer verbindenden Sammelbezeichnung, das heißt einem verbindenden „Namen" für das „Zentrum".[83]

---

77 Grigoleit in: Boeddinghaus/Grigoleit, BauNVO, § 11, Rn. 29.

78 BVerwG, Urt. v. 27.04.1990 – 4 C 16/87, zit. nach juris, Rn. 21; BVerwG, Beschl. v. 18.12.2012 – 4 B 3/12, zit. nach juris, Rn. 3; Grigoleit in: Boeddinghaus/Grigoleit, BauNVO, § 11, Rn. 13; Söfker in: E/Z/B/K, BauGB, § 11, Rn. 49.

79 Runkel, UPR 1998, 241, 244.

80 Goppel/Runkel in: Spannowsky/Runkel/Goppel, ROG, § 4, Rn. 195; Runkel in: Bielenberg/Runkel/Spannowsky, ROG, L § 4, Rn. 312.

81 BVerwG, Urt. v. 27.04.1990 – 4 C 16/87, zit. nach juris, Leitsatz.

82 BVerwG, Urt. v. 27.04.1990 – 4 C 16/87, zit. nach juris, Leitsatz; BVerwG, Beschl. v. 18.12.2012 – 4 B 3/12, zit. nach juris, Rn. 3; Goppel/Runkel in: Spannowsky/Runkel/Goppel, ROG, § 4, Rn. 195; Runkel in: Bielenberg/Runkel/Spannowsky, ROG, L § 4, Rn. 312.

83 BVerwG, Urt. v. 27.04.1990 – 4 C 16/87, zit. nach juris, Rn. 21; BVerwG, Beschl. v. 18.12.2012 – 4 B 3/12, zit. nach juris, Rn. 3.

Da Einkaufszentren – anders als großflächige Einzelhandelsbetriebe und sonstige großflächige Handelsbetriebe – unabhängig von (schädlichen) Auswirkungen der in § 11 Abs. 3 S. 2 BauNVO genannten Art außer in Kerngebieten nur in für sie festgesetzten Sondergebieten zulässig sind, muss ihre Größe deutlich über der großflächiger Einzelhandelsbetriebe liegen.[84]

bb) Großflächiger Einzelhandelsbetrieb gem. § 11 Abs. 3 S. 1 Nr. 2 BauNVO

Großflächige Einzelhandelsbetriebe im Sinne von § 11 Abs. 3 S. 1 Nr. 2 BauNVO haben die Kriterien „Einzelhandelsbetrieb“, „Großflächigkeit dieses Betriebes“ und „wesentliche städtebauliche oder raumordnerische Auswirkungen“ zur Voraussetzung.

Maßstab für die Großflächigkeit ist die Verkaufs- und nicht die Geschossfläche, weil sich die Attraktivität eines Betriebes sowie seine raumordnerischen und städtebaulichen Auswirkungen eher in der Präsentationsfläche für Waren und Angebote als in der Gesamtgröße der baulichen Anlage widerspiegeln.[85]

Zur Verkaufsfläche zählen – dagegen hatten sich Einzelhandelsunternehmen gewehrt, um die Grenze zur Großflächigkeit zu unterschreiten und damit das (strenge) Sonderregime des § 11 Abs. 3 BauNVO zu vermeiden – bei einem Betrieb des Lebensmitteleinzelhandels auch der Windfang, der Kassenvorraum sowie die Käse-, Fleisch- und Wursttheke einschließlich des dahinter liegenden Bereiches, in dem das Personal für den Kunden sichtbar die Ware zerkleinert, abwiegt und verpackt.[86] Lagerflächen fallen nicht darunter.[87]

Während das Bundesverwaltungsgericht früher die Verkaufsflächenobergrenze für Einzelhandelsbetriebe der wohnungsnahen Versorgung bei „nicht wesentlich unter 700 qm, aber auch nicht wesentlich darüber“ angesetzt hat,[88] geht es heute davon aus, dass die Großflächigkeit erst dann beginnt, wenn die Verkaufsfläche 800 qm überschreitet.[89] Schon mit Beschluss vom 22.07.2004 hatte das Gericht angenommen, dass eine Überschreitung des Richtwertes von

---

84 Vgl. Kopf, S. 37, der in Bezug auf Factory Outlet Center eine Gesamtverkaufsfläche von mindestens 5.000 qm annimmt; Schütz, UPR 2006, 169, 173; Söfker in: E/Z/B/K, BauGB, § 11, Rn. 50.

85 BVerwG, Urt. v. 24.11.2005 – 4 C 10/04, zit. nach juris, Rn. 14.

86 BVerwG, a. a. O., zit. nach juris, Rn. 27 f.

87 BVerwG, a. a. O., zit. nach juris, Rn. 28.

88 BVerwG, Urt. v. 22.05.1987 – 4 C 19/85, zit. nach juris, Rn. 12.

89 BVerwG, Urt. v. 24.11.2005 – 4 C 10/04, zit. nach juris, Rn. 12; Goppel/Runkel in: Spannowsky/Runkel/Goppel, ROG, § 4, Rn. 196; Runkel in: Bielenberg/Runkel/Spannowsky, ROG, L § 4, Rn. 313; Söfker in: E/Z/B/K, BauGB, § 11, Rn. 53c.

700 qm um bis zu 100 qm nicht zwingend zu einer Verneinung des Merkmals der Großflächigkeit führe.[90]

Bei einer Geschossfläche von 1200 qm (vgl. § 11 Abs. 3 S. 3 BauNVO) nimmt man eine Mindest-Verkaufsfläche von 800 qm an (Verhältnis 3:2).[91]

Überprüft werden soll laut einer Aufforderung des Deutschen Bundestages an die Bundesregierung mit Hilfe einer Studie, ob die Regelvermutung des § 11 Abs. 3 BauNVO und die Geschossfläche von 1200 qm zu einer baurechtlichen Benachteiligung einzelner Handelstypen führen.[92]

cc) Gleichstellung von Einzelhandelsagglomerationen

Fraglich und umstritten ist, ab wann sog. Einzelhandelsagglomerationen mit großflächigen Einzelhandelsbetrieben gleichgestellt werden können.[93] Eine Agglomeration in diesem Sinne ist die räumlich konzentrierte Ansiedlung mehrerer, für sich gesehen nicht großflächiger Einzelhandelsbetriebe, die aber dieselben raumordnerischen Auswirkungen wie ein Einkaufszentrum oder ein großflächiger Einzelhandelsbetrieb hat bzw. haben kann.[94] Nach herrschender und überwiegender Auffassung wird angenommen, dass man mehrere Betriebe nur dann als eine Einheit ansehen und behandeln kann, wenn *ein* Einzelhandelsbetrieb als „Hauptbetrieb" prägend ist (z.B. Lebensmitteleinzelhandel) und auf baulich davon abgetrennten Flächen Waren als untergeordnete, die „Hauptleistung" abrundende „Nebenleistung" (z.B. Backshop und Laden für Toto/Lotto, Zeitschriften und Schreibwaren) angeboten werden, wobei aber ein innerer Zusammenhang mit der Hauptleistung bestehen muss.[95] Bei der Beurteilung dieser Frage kann auch auf die Sicht des Kunden abgestellt werden.[96]

Das Oberverwaltungsgericht Lüneburg hat im Jahr 2014 offen gelassen, ob für raumbedeutsame Agglomerationen nicht großflächigen Einzelhandels eine Verkaufsfläche von 800 qm genügt oder ein gewisser Aufschlag vorzunehmen

---

90 BVerwG, Beschl. v. 22.07.2004 – 4 B 29/04, zit. nach juris, Rn. 8.

91 Goppel/Runkel in: Spannowsky/Runkel/Goppel, ROG, § 4, Rn. 204.

92 BT-Drs. 17/13281, S. 2; Krautzberger/Stüer, DVBl. 2013, 805, 810.

93 Goppel/Runkel in: Spannowsky/Runkel/Goppel, ROG, § 4, Rn. 196.

94 Wiggers, NJW-Spezial 2012, 172.

95 BVerwG, Urt. v. 24.11.2005 – 4 C 8/05, zit. nach juris, Rn. 10; BVerwG, Urt. v. 24.11.2005 – 4 C 14/04, zit. nach juris, Rn. 16, 21; OVG Münster, Urt. v. 03.02.2011 – 2 A 1416/09, zit. nach juris, Rn. 99; Goppel/Runkel in: Spannowsky/Runkel/Goppel, ROG, § 4, Rn. 196; Runkel in: Bielenberg/Runkel/Spannowsky, ROG, L § 4, Rn. 313.

96 BVerwG, Urt. v. 24.11.2005 – 4 C 8/05, zit. nach juris, Rn. 10; OVG Münster, Urt. v. 03.02.2011 – 2 A 1416/09, zit. nach juris, Rn. 99.

ist.[97] Dafür, dass ein Aufschlag vorzunehmen ist, spricht, dass „ein einzelner großflächiger Einzelhandelsbetrieb in Bezug auf Marketing und Flächenausnutzung bessere Möglichkeiten haben dürfte, Kaufkraft anzuziehen als mehrere kleine Betriebe mit in der Summe gleicher Verkaufsfläche".[98]

dd) Sonstiger großflächiger Handelsbetrieb gem. § 11 Abs. 3 S. 1 Nr. 3 BauNVO

Der Begriff der sonstigen großflächigen Handelsbetriebe in § 11 Abs. 3 S. 1 Nr. 3 BauNVO bezieht sich nicht auf den reinen Großhandel.[99] Nach § 6a Abs. 2 UWG a. F. hatte die Eigenschaft eines Großhändlers derjenige, der überwiegend an Wiederverkäufer veräußert oder überwiegend gewerbliche Verbraucher beliefert.[100] Die Vorschrift der Nr. 3 erfasst also solche großflächigen Handelsbetriebe, die teilweise auch an Letztverbraucher veräußern.[101] Die Bestimmung dient der Vermeidung von Abgrenzungsschwierigkeiten zwischen Groß- und Einzelhandel im Hinblick auf sich ständig verändernde Vertriebsformen.[102]

3. *Mögliche Regelungsbereiche*

Der Regelungsbereich der regionalen Einzelhandelskonzepte erstreckt sich beispielhaft auf einzelhandelsbezogene Festsetzungsmöglichkeiten für Bebauungspläne (vor allem in Gewerbegebieten),[103] auf Anweisungen zur Überplanung von Standorten im unbeplanten Innenbereich oder zur Anpassung alter Bebauungspläne an die Baunutzungsverordnung ab 1990.[104]

Gerade letzteres ist von besonderer Relevanz, weil die Raumordnungsklausel des § 11 Abs. 3 BauNVO auf Gebiete anwendbar ist, die sich im Geltungsbereich eines Bebauungsplans befinden, der ein Baugebiet nach den §§ 2 bis 10 BauNVO

97 OVG Lüneburg, Urt. v. 10.07.2014 - 1 KN 121/11, zit. nach juris, Rn. 37.

98 Ibid.

99 Goppel/Runkel in: Spannowsky/Runkel/Goppel, ROG, § 4, Rn. 197; Söfker in: E/Z/B/K, BauGB, § 11, Rn. 54.

100 Goppel/Runkel in: Spannowsky/Runkel/Goppel, ROG, § 4, Rn. 197; Runkel in: Bielenberg/Runkel/Spannowsky, ROG, L § 4, Rn. 314; Söfker in: E/Z/B/K, BauGB, § 11, Rn. 54.

101 Runkel in: Bielenberg/Runkel/Spannowsky, ROG, L § 4, Rn. 313; Söfker in: E/Z/B/K, BauGB, § 11, Rn. 54.

102 Grigoleit in: Boeddinghaus/Grigoleit, BauNVO, § 11, Rn. 24.

103 Tünnesen-Harmes, NVwZ 2012, 1298 f.

104 So Paul/Pfeil, UPR 2006, 260.

festsetzt (vgl. § 11 Abs. 1 BauNVO).[105] Einschlägig ist die jeweils geltende Fassung der Baunutzungsverordnung von 1962, 1968, 1977 oder 1990, wobei zwischen den verschiedenen Fassungen deutliche Unterschiede bezüglich der Zulässigkeit großflächiger Einzelhandelsbetriebe zu verzeichnen sind.[106] Für Bebauungspläne vor Inkrafttreten der Baunutzungsverordnung von 1977 gelten die mit der BauNVO 1977 eingeführten Beschränkungen für großflächigen Einzelhandel nicht. Aus diesem Grund wird von den Gemeinden – ihrer (restriktiven) Ansiedlungspolitik folgend – oftmals eine Anpassung alter Bebauungspläne an die aktuelle Baunutzungsverordnung angestrebt, wenn sie nicht schon durchgeführt worden ist. Dabei geht es insbesondere um die Überführung von Gewerbe- und Industriegebieten „alten Rechts“ (Baunutzungsverordnungen von 1962 und 1968)[107] in Sondergebiete mit Flächenbeschränkungen nach „neuem Recht“.[108]

Regionale Einzelhandelskonzepte können zudem Regelungen über zulässige bzw. unzulässige Sortimente in Form von Sortimentslisten mit zentrenrelevanten Sortimenten und Beschränkungen für Randsortimente enthalten.[109]

Teilweise geben sie sogar (verbindlich) vor, wo großflächiger Einzelhandel stattfinden oder ausgeschlossen sein soll.[110]

Auf den genauen materiellen Gehalt der zu untersuchenden Einzelhandelskonzepte wird im Rahmen der Vorstellung dieser Konzepte[111] noch näher eingegangen werden.

VII. Organisationsformen

Interkommunale Kooperation kann in einer Vielzahl unterschiedlicher Formen stattfinden.[112]

---

105 Goppel/Runkel in: Spannowsky/Runkel/Goppel, ROG, § 4, Rn. 193; Runkel in: Bielenberg/Runkel/Spannowsky, ROG, L § 4, Rn. 310.

106 Ibid.

107 Calliess, S. 247.

108 Borchard, S. 20.

109 Brockes, S. 37; so Paul/Pfeil, UPR 2006, 260; Zuhse/Stelmacher/Gawron, Folie 7.

110 Paul/Pfeil, UPR 2006, 260.

111 Siehe dazu 2. Teil B.

112 Beispiele hierfür sind im öffentlich-rechtlichen Bereich kommunale Arbeitsgemeinschaft, Zweckverband, Planungsverband, öffentlich-rechtliche Vereinbarung, Anstalt des öffentlichen Rechts, Regional- und Umlandverbände, im privatrechtlichen Bereich GmbH, AG, Stiftung und e. V. sowie im informellen Bereich Projektbeiräte, Runde Tische/Gesprächsforen und Koordinierungsbüros (HMWVL, S. 18 ff.); zu verschiedenen Formen interkommunaler Kooperation auch Götschel, S. 53 ff.

Diese lassen sich vor allem anhand des Kriteriums des Institutionalisierungsgrades,[113] d. h. des Grades der rechtlichen Bindungswirkung (formell/rechtlich durchsetzbar oder informell/konsensual[114]) voneinander abgrenzen.

Einzelhandelskonzepte können unter anderem in Regionale Raumordnungsprogramme bzw. Regionalpläne (Bsp.: Hannover und Stuttgart) und regionale Flächennutzungspläne (Bsp.: Frankfurt/Rhein-Main) integriert sein. Hier findet die interkommunale Zusammenarbeit auf gesetzlicher Grundlage hierarchisch angeordnet statt.[115] Möglich ist aber auch eine freiwillige Einbindung in Flächennutzungspläne (Bsp.: Kassel) sowie eine Ausgestaltung nur als interkommunale Vereinbarung (Bsp.: Östliches Ruhrgebiet).

B. Klassifizierung und Inhalt der untersuchten regionalen Einzelhandelskonzepte

Die fünf zu untersuchenden regionalen Einzelhandelskonzepte sind aus verschiedenen Bundesländern – Niedersachsen, Nordrhein-Westfalen, Hessen und Baden-Württemberg – beispielhaft ausgewählt worden. Sie beziehen sich jeweils auf dicht besiedelte Gebiete.

Die Darstellung der unterschiedlichen Einzelhandelskonzepte erfolgt abgestuft nach dem Grad ihrer rechtlichen Bindungswirkung. Der Grad der rechtlichen Bindungswirkung kann deswegen als maßgebliches Unterscheidungskriterium herangezogen werden, weil er „Ausdruck für organisatorische Komplexität, Formalisierung und Verbindlichkeit“[116] einer Kooperation ist. Im Hinblick auf den Inhalt der Konzepte werden schwerpunktmäßig die Festlegungen dargestellt, bei denen eine Verletzung von Rechtsgrenzen überhaupt in Betracht kommen könnte.

I. Integration in ein Regionales Raumordnungsprogramm bzw. einen Regionalplan

Eine Einbindung des regionalen Einzelhandelskonzeptes in ein Regionales Raumordnungsprogramm bzw. einen Regionalplan verleiht dem Einzelhandelskonzept wegen der Bindung der Bauleitplanung an raumordnerische Zielfestlegungen eine im Vergleich zu anderen Konzepten weitgehende Verbindlichkeit.

---

113 Vgl. Fürst, IzR 2003, 441 ff.; Gawron, S. 6.

114 Gnest/Priebs, RuR 2008, 486, 495; kritisch: Jung, S. 149; Konze/Osterhage, S. 137; vgl. Osterhage, S. 10 ff.; Schmitz, S. 46.

115 Gawron, S. 29.

116 Ders., S. 6, allerdings unter Bezugnahme auf den Institutionalisierungsgrad.

1. *Region Hannover*

Die Region Hannover hat ihr regionales Einzelhandelskonzept im Jahr 2001 in das Regionale Raumordnungsprogramm (RROP) als zentralem Steuerungsinstrument der Regionalplanung[117] aufgenommen.

Damit ist sie die bundesweit erste Region, die ein Einzelhandelskonzept über die Anpassungspflicht der Bauleitplanung an Ziele der Raumordnung mit rechtlicher Verbindlichkeit gegenüber den Gemeinden ausgestattet hat.

a) Rechtsgrundlagen

Rechtsgrundlage für die Aufstellung des aktuell gültigen Regionalen Raumordnungsprogramms Hannover aus dem Jahr 2005 sind die §§ 7 und 8 des Niedersächsischen Gesetzes über Raumordnung und Landesplanung (NROG) in der Fassung von 2003. Danach ist im Regionalen Raumordnungsprogramm die angestrebte räumliche und strukturelle Entwicklung des Planungsraumes darzustellen (§ 7 Abs. 1 NROG), wobei das Regionale Raumordnungsprogramm (Regionalplanung) aus dem Landes-Raumordnungsprogramm (Landesplanung) entwickelt werden muss (§ 7 Abs. 2 S. 1 NROG). Das Regionale Raumordnungsprogramm hat die Ziele der Raumordnung des Landes-Raumordnungsprogramms zu übernehmen und, soweit erforderlich, zu konkretisieren (§ 7 Abs. 2 S. 2 NROG).

Das Regionale Raumordnungsprogramm bildet den rechtlichen Rahmen für die Bauleitplanung der regionsangehörigen Städte und Gemeinden.[118] Es ist vom Träger der Regionalplanung zu entwerfen (§ 8 Abs. 1 S. 1 NROG) und wird gem. § 8 Abs. 5 S. 1 NROG für einen Zeitraum von zehn Jahren aufgestellt, das heißt, dass das derzeitige Regionale Raumordnungsprogramm 2005 noch bis 2015 gilt. Das Aufstellungsverfahren ist ebenfalls in § 8 NROG geregelt.

Das Regionale Raumordnungsprogramm Hannover wird nach aktuellem Recht von der Regionsversammlung, deren Mitglieder die wahlberechtigten Einwohner auf fünf Jahre wählen, als Satzung beschlossen (vgl. § 5 Abs. 5 S. 1 des Niedersächsischen Raumordnungsgesetzes (NROG) i. V. m. §§ 34 ff. des Gesetzes über die Region Hannover (Regionsgesetz)). Die Regionsversammlung entspricht dabei einem Kreistag (§ 3 Abs. 3 S. 2 Nr. 1 Regionsgesetz).

Bei der Aufstellung des Regionalen Raumordnungsprogrammes beteiligt die Region Hannover als Trägerin der Regionalplanung (§ 20 Abs. 1 NROG i. V. m. § 8 Abs. 2 Regionsgesetz) sowohl die Landeshauptstadt Hannover (vgl. § 3 Abs. 2

---

117 Region Hannover, Jahresbericht 2009, S. 5.

118 Webseite Region Hannover.

S. 1 Nr. 1a) 2. Alt. NROG i. V. m. § 4 Abs. 1 Regionsgesetz) als auch die anderen regionsangehörigen Gemeinden (vgl. § 3 Abs. 2 S. 1 Nr. 1b) NROG i. V. m. § 5 Regionsgesetz).

b) Entstehung

Der Kommunalverband Großraum Hannover als Rechtsvorgänger der jetzigen kommunal verfassten Gebietskörperschaft Region Hannover hat das regionale Einzelhandelskonzept unter Mitwirkung von Regionalplanung, Städten und Gemeinden, Industrie- und Handelskammer, Einzelhandelsverband und Bezirksregierung[119] im Oktober des Jahres 2001 im Regionalen Raumordnungsprogramm verankert. Zweites wichtiges Element des regionalen Einzelhandelskonzeptes neben der rechtlichen Verbindlichkeit ist die Konfliktmoderation durch die Regionalplanung.[120] Statt einen raumordnerischen Vertrag unter Beteiligung der 21 Städte und Gemeinden des Großraums Hannover[121] und des Kommunalverbands Großraum Hannover abzuschließen oder einen solchen mit der förmlichen Ergänzung des Regionalen Raumordnungsprogramms zu kombinieren, fiel die Entscheidung zugunsten dieses Steuerungsinstruments.[122]

Die 2001 eingeführten verbindlichen Festlegungen hat die Region Hannover im Regionalen Raumordnungsprogramm 2005 fortgeführt.

Dieses Programm wurde nach Abschluss des Beteiligungsverfahrens am 05. Juli 2005 von den direkt gewählten Abgeordneten der Regionsversammlung als Satzung beschlossen und ist nach erfolgter Genehmigung durch das Land Niedersachsen mit öffentlicher Bekanntmachung am 26. Januar 2006 in Kraft getreten.[123]

c) Inhalt

Das Regionale Raumordnungsprogramm 2005 setzt sich aus drei verbindlichen Teilen zusammen: der beschreibenden Darstellung, der zeichnerischen Darstellung im Maßstab 1:50.000 und den Beikarten zum Regionalen Einzelhandelskonzept.

---

119 4. Änderung RROP 1996 (= RROP in der Fassung von 2001), S. 13.

120 Region Hannover, Regionalplanung in der Region Hannover, S. 11.

121 Barsinghausen, Burgdorf, Burgwedel, Garbsen, Gehrden, Hannover, Hemmingen, Isernhagen, Laatzen, Langenhagen, Lehrte, Neustadt am Rübenberge, Pattensen, Ronnenberg, Seelze, Sehnde, Springe, Uetze, Wedemark, Wennigsen (Deister), Wunstorf (Region Hannover, Regionalplanung in der Region Hannover, S. 2).

122 Vgl. Region Hannover, Regionales Einzelhandelskonzept für den Großraum Hannover – Gutachten –, Vorwort.

123 RROP 2005, Vorbemerkung; Region Hannover, Jahresbericht 2009, S. 7.

Ausweisungen für neue großflächige (vgl. § 11 Abs. 3 BauNVO) Einzelhandelsansiedlungen erfolgen mit Hilfe von sog. „Positivbereichen“ (zentralörtlicher Standort- bzw. Ergänzungsbereich – in der verbindlichen Beikarte 1a zum Regionalen Einzelhandelskonzept farbig dargestellt – oder herausgehobener Fachmarktstandort) und sog. „Tabuzonen“ (weiße Fläche).[124] Das Einzelhandelskonzept verfolgt das Ziel, schon zu Beginn von Projektplanungen durch zeichnerische und textliche Festlegungen deutlich zu machen, an welchen Standorten großflächiger Einzelhandel überhaupt möglich ist.

Innerhalb der zentralörtlichen Standortbereiche gelegene Einzelhandelsstandorte, die der jeweiligen zentralörtlichen Funktion entsprechen, gelten als integriert,[125] „das heißt als mit den Zielen der Raumordnung vereinbar“.[126] Dementsprechend ist hier eine positive raumplanerische Beurteilung und Festlegung durch die Region Hannover als untere Landesplanungsbehörde möglich.[127] Außerhalb dieser „Positivbereiche“ ist großflächiger Einzelhandel unzulässig („Tabubereiche“).[128]

Das hat zur Folge, dass beabsichtigte Projekte unmittelbar als nicht mit den Zielen der Raumordnung vereinbar abgelehnt werden können[129] und nicht wie bisher in jedem Fall eine aufwendige Einzelfallprüfung erforderlich ist. Dies wird als Übertragung des Konzentrationsprinzips mit Ausschlusswirkung qualifiziert.[130] Eine ähnliche Ausschlusswirkung wird bei Fragen des Bodenabbaus und Vorrangstandorten für Windkraftanlagen angenommen.[131] Aufgrund dieser Regelung tritt bereits gleich zu Beginn von Projektplanungen die gewünschte Steuerungswirkung ein.[132]

---

124 Begründung/Erläuterung zu Plansatz D 1.6.1 RROP 2005, S. 61 ff.; Entwicklung aus Konzeptpapier des Kommunalverbands Großraum Hannover zu „Definition und Bindungswirkung der Raum- und Standortkategorien“ sowie aus auf kommunalen und raumplanerischen Vorgaben basierender Konzeptkarte zur räumlichen Abgrenzung raumverträglicher Standortbereiche (so CONVENT/gesa, S. II); Priebs, RP 2004, 78; so Region Hannover, Regionalplanung in der Region Hannover, S. 11.

125 Begründung/Erläuterung zu Plansatz D 1.6.1 RROP 2005, S. 63.

126 Priebs, RP 2004, 78, 80. Von dieser Regelung ausgenommen sind Gewerbegebiete, in denen gerade kein großflächiger Einzelhandel stattfinden soll (Priebs, RP 2004, 78, 80).

127 Begründung/Erläuterung zu Plansatz D 1.6.1 RROP 2005, S. 63; Priebs, RP 2004, 78, 81.

128 Plansatz D 1.6.1 Abschn. 04 RROP 2005; Priebs, RP 2004, 78, 81.

129 So Priebs, RP 2004, 78, 82.

130 Priebs, RP 2004, 78, 81.

131 Ibid.

132 Priebs, RP 2004, 78, 82.

In Zweifelsfällen erfolgt eine Detailprüfung bzw. vor Abgabe der landesplanerischen Stellungnahme ein gemeinsames Moderationsverfahren zwischen Standortgemeinde, betroffenen angrenzenden Gemeinden und der Region Hannover.[133] Falls einzelne Kommunen dennoch ein Vorhaben in einem „Tabubereich“ zulassen wollen, können sie einen Antrag auf Änderung des Regionalen Raumordnungsprogramms stellen.[134] Darüber entscheidet die Regionsversammlung unter Berücksichtigung überörtlicher Belange und Einbeziehung der fachlichen Bewertung der Regionalplanung.[135]

Der grundlegende Unterschied zu vielen anderen Regionen besteht also darin, dass die Entscheidung über Änderungen nicht mehr auf örtlicher, sondern auf überörtlicher politischer Ebene getroffen wird.[136]

Die Festlegungen im Regionalen Raumordnungsprogramm Hannover 2005 sind sehr detailliert.

Nach der zentralen, für die Bauleitplanung verbindlichen Zielaussage im Regionalen Raumordnungsprogramm 2005 sind die Ansiedlung neuer sowie die Erweiterung vorhandener großflächiger Einzelhandelsbetriebe nur innerhalb der zentralörtlichen Standortbereiche[137], des zentralörtlichen Ergänzungsbereiches Oberzentrum, der herausgehobenen Nahversorgungsstandorte[138], der Standorte von

133 Plansatz D 1.6.1 Abschn. 08 RROP 2005; Begründung/Erläuterung zu Plansatz D 1.6.1. RROP 2005.

134 Priebs, RP 2004, 78, 82.

135 Ibid.

136 Ibid.

137 Der Begriff der „zentralörtlichen Standortbereiche“ umfasst den „weiteren Funktionsbereich der Zentralen Orte“. „Es handelt sich um den zusammenhängenden, städtebaulich gewachsenen oder geschlossen entwickelten Siedlungsbereich außerhalb der Stadt- und Gemeindezentren, in dem neben dem Einzelhandel auch weitere strukturprägende zentralörtliche Funktionen konzentriert sind.“ Zentralörtliche Standortbereiche sind – entsprechend ihrer zentralörtlichen Bedeutung – in grund-, mittel- und oberzentrale Standortbereiche sowie oberzentrale Ergänzungsbereiche unterteilt.
In Abgrenzung zu den zentralörtlichen Standort- bzw. Versorgungsbereichen erfasst der Begriff der „Versorgungskerne“ nur den „engeren Funktionsbereich der Zentralen Orte … Es handelt sich um die Innenstadt …, d. h. in der Regel das Einzelhandelszentrum mit den Hauptgeschäftsstraßen/Fußgängerzonen.“ (Begründung/Erläuterung zu Plansatz D 1.6.1 RROP 2005, S. 62 f.)

138 Herausgehobene Nahversorgungsstandorte „liegen außerhalb der zentralörtlichen Standortbereiche. Es handelt sich um ländlich strukturierte Siedlungen mit Einzelhandelszentren, die aufgrund ihres ergänzenden Versorgungsangebotes die Grundversorgung in günstiger Entfernung zum Wohnort in allen Teilen der Region

Fach- und Verbrauchermärkten sowie der herausgehobenen Fachmarktstandorte[139] zulässig (Konzentrationsgebot, Ziel der Raumordnung, Plansatz D 1.6.1 Abschnitt 04 Abs. 6 RROP Hannover). Außerhalb dieser Standortbereiche sind die Ansiedlung und Erweiterung von großflächigem Einzelhandel unzulässig.

Der Zweck von Konzentrationsgeboten besteht darin, die Ansiedlung großflächigen Einzelhandels so zu steuern, dass die wohnortnahe Versorgung der Bevölkerung sichergestellt ist.[140]

Die soeben genannten Standortbereiche werden in der zeichnerischen Darstellung bzw. den Beikarten 1 a und b zum Regionalen Raumordnungsprogramm 2005[141] abschließend festgelegt (Plansatz D 1.6.1 Abschn. 04 Abs. 6 RROP). Die grund-, mittel- und oberzentralen Standortbereiche sind gebietsscharf festgelegt.[142] Gebiets- bzw. bereichsscharfe Festlegungen betreffen Teilbereiche innerhalb einer oder mehrerer Gemeinden.[143] Die Begriffe „gebiets- und bereichsscharf" sind inhaltsgleich.[144]

Davon abzugrenzen sind parzellenscharfe Festlegungen. Eine Parzelle bzw. ein Flurstück ist ein „Grundstück im vermessungstechnischen Sinn", d. h. ein „zusammenhängender Teil der Erdoberfläche, welcher von einer in sich geschlossenen Linie umgrenzt und in der Flurkarte unter besonderer Nummer, der Flurstücksnummer, verzeichnet ist".[145]

Auf regionaler Ebene getroffene gebietsscharfe Festlegungen für großflächigen Einzelhandel können in besonderer Weise die durch Art. 28 Abs. 2 GG gewährleistete Planungshoheit der Gemeinden tangieren.

Das Regionale Raumordnungsprogramm der Region Hannover regelt im Rahmen des Kongruenzgebotes, dass Verkaufsflächen und Warensortiment von Einzelhandelsgroßprojekten der zentralörtlichen Versorgungsfunktion und dem

---

Hannover sicherstellen." (Begründung/Erläuterung zu Plansatz D 1.6.1 RROP 2005, S. 64)

139 Herausgehobene Fachmarktstandorte sind „regional bedeutsame Fachmarktstandorte, die aufgrund ihrer übergemeindlichen Ausstrahlung, der Standortgröße und des Branchenangebotes einer Einzelfallregelung bedürfen" (Begründung/Erläuterung zu Plansatz D 1.6.1 RROP 2005, S. 65).

140 Bartram, S. 77; vgl. dazu Bienek, UPR 2008, 370 ff.

141 Webseite Region Hannover.

142 Arbeitsgemeinschaft der Regionalverbände in Ballungsräumen und Regionalverband Ruhr, S. 10.

143 Bartram, S. 63.

144 Brohm, DVBl. 1980, 653.

145 Kohler in: MüKo, BGB, Vorbemerkung zu §§ 873–902, Rn. 2 m. w. N.

Verflechtungsbereich des jeweiligen Zentralen Ortes zu entsprechen haben (Ziel der Raumordnung, Plansatz D 1.6.1 Abschn. 04 Abs. 3 S. 1 RROP).

Der Zweck von Kongruenzgeboten besteht darin, eine Zersiedelung in ländlichen Regionen mit abnehmender Bevölkerungszahl zu vermeiden.[146] So sollen die raumstrukturellen Versorgungsfunktionen der Zentralen Orte erhalten werden.[147]

Das Kongruenzgebot des Regionalen Raumordnungsprogrammes ist aus dem Landes-Raumordnungsprogramm Niedersachsen (LROP C 1.6.03) übernommen worden, das es bereits abschließend als Ziel der Raumordnung festgelegt hat.

Nicht geregelt bleibt im festsetzenden Teil des Landes-Raumordnungsprogrammes, in welchen Fällen der Einzugsbereich eines Einzelhandelsgroßprojektes den zentralörtlichen Verflechtungsbereich der Ansiedlungsgemeinde wesentlich überschreitet.

Weiterhin dürfen ausgeglichene Versorgungsstrukturen und deren Verwirklichung, die Funktionsfähigkeit der Zentralen Orte und integrierter Versorgungsstandorte sowie die verbrauchernahe Versorgung der Bevölkerung nicht wesentlich beeinträchtigt werden (Beeinträchtigungsverbot, Ziel der Raumordnung, Plansatz D 1.6.1 Abschn. 04 Abs. 3 S. 2 RROP). Das Beeinträchtigungsverbot ist – ebenso wie das Kongruenzgebot – aus dem Landes-Raumordnungsprogramm Niedersachsen (LROP C 1.6.03) übernommen worden, das es ebenfalls schon abschließend als Ziel der Raumordnung festgelegt hat.

Beeinträchtigungsverbote dienen der Erhaltung der Funktionsfähigkeit zentraler Versorgungsbereiche bzw. der Erhaltung der Versorgungsfunktion Zentraler Orte.[148]

„Zentrale Versorgungsbereiche“ sind dabei „räumlich abgrenzbare Bereiche einer Gemeinde, denen aufgrund vorhandener Einzelhandelsnutzungen – häufig ergänzt durch diverse Dienstleistungen und gastronomische Angebote – eine Versorgungsfunktion über den unmittelbaren Nahbereich hinaus zukommt“.[149] Auch Grund- und Nahversorgungszentren können diese Funktion erfüllen.[150] Voraussetzung für einen zentralen Versorgungsbereich ist eine integrierte Lage.[151]

---

146 So Spannowsky in: Spannowsky/Holl, S. 43.

147 Spannowsky in: Spannowsky/Holl, S. 43.

148 Bunzel, Steuerung von Einzelhandelsstandorten durch Raumordnungsplanung, S. 114.

149 BVerwG, Urt. v. 11.10.2007 – 4 C 7/07, zit. nach juris, Rn. 11.

150 BVerwG, Urt. v. 17.12.2009 – 4 C 2/08, zit. nach juris, Rn. 9.

151 Ibid.

Das Regionale Raumordnungsprogramm bestimmt hinsichtlich des Integrationsgebotes, dass die städtebaulich integrierte Versorgungsfunktion der Zentralen Orte sowie eine wohnungsnahe Grundversorgung in allen Teilen der Region Hannover langfristig zu sichern sind (Ziel der Raumordnung, Plansatz D 1.6.1 Abschn. 04 Abs. 1 S. 1 RROP).

Einzelhandelsgroßprojekte mit nicht innenstadtrelevanten Kernsortimenten (wie Möbelmärkte, Bau- und Heimwerkermärkte, Gartencenter, Automärkte) sind grundsätzlich auch außerhalb städtebaulich integrierter Lagen an verkehrlich gut erreichbaren Standorten im baulichen Zusammenhang mit dem Siedlungsbereich des jeweiligen Zentralen Ortes zulässig. Dabei sind nicht mehr als 10 vom Hundert und maximal 700 qm der Verkaufsfläche für innenstadtrelevante Randsortimente zulässig (Ziel der Raumordnung, Plansatz D 1.6.1 Abschn. 05 Abs. 7 S. 1 u. 2 RROP). Dieses Ziel ist aus dem Landes-Raumordnungsprogramm (LROP C 1.6.03) übernommen worden.

Integrationsgebote dienen der Einbindung großflächigen Einzelhandels in das bereits bestehende städtebauliche Funktionsgefüge.[152]

Das Regionale Raumordnungsprogramm Hannover enthält außerdem Agglomerationsregelungen: Zwar sind Einrichtungen der Nahversorgung unterhalb der Schwelle zur Großflächigkeit von den standörtlichen Beschränkungen des Regionalen Raumordnungsprogramms ausgenommen; jedoch gilt diese Ausnahme nicht für eine Agglomeration von Einzelhandelsgeschäften, deren Auswirkungen insgesamt denen eines Einkaufszentrums oder eines großflächigen Einzelhandelsbetriebs entsprechen (Ziel der Raumordnung, Plansatz D 1.6.1 Abschn. 04 Abs. 4 S. 3 u. 4 RROP).

In Bezug auf Hersteller-Direktverkaufszentren legt das Regionale Raumordnungsprogramm fest, dass Hersteller-Direktverkaufszentren Einzelhandelsgroßprojekte und aufgrund ihrer besonderen Ausprägung und Funktion nur in Oberzentren an städtebaulich integrierten Standorten zulässig sind (Ziel der Raumordnung, Plansatz D 1.6.1 Abschn. 07 S. 1 RROP). Die Regelung ist auch aus dem Landes-Raumordnungsprogramm Niedersachsen (LROP C 1.6.03) übernommen worden, das sie bereits abschließend als Ziel der Raumordnung festgelegt hat.

---

152 Bunzel, Steuerung von Einzelhandelsstandorten durch Raumordnungsplanung, S. 118.

2. *Region Stuttgart*

Fast zeitgleich mit der Region Hannover hat die Region Stuttgart[153] im Jahr 2002 ein Einzelhandelskonzept in den Regionalplan integriert.

a) Rechtsgrundlagen

Rechtsgrundlage für die Aufstellung des derzeit gültigen Regionalplans Stuttgart aus dem Jahr 2009 ist § 11 des Landesplanungsgesetzes Baden-Württemberg (LPlG). Danach legt der Regionalplan die anzustrebende räumliche Entwicklung und Ordnung der Region als Ziele und Grundsätze der Raumordnung fest und formt die Ziele der Raumordnung des Landesentwicklungsplans aus (§§ 1 Abs. 1 S. 1 und 2 Abs. 2 S. 2 LPlG). Soweit es für die Entwicklung und Ordnung der räumlichen Struktur der Region erforderlich ist (Regionalbedeutsamkeit), enthält der Regionalplan Festlegungen zur Siedlungs- und Freiraumstruktur sowie zu den zu sichernden Standorten und Trassen für die Infrastruktur der Region (§ 3 Abs. 3 S. 1 LPlG). Dazu sind im Regionalplan Schwerpunkte für Industrie, Gewerbe und Dienstleistungseinrichtungen, insbesondere Standorte für Einkaufszentren, großflächige Einzelhandelsbetriebe und sonstige großflächige Handelsbetriebe festzulegen (§ 3 Abs. 3 S. 2 Nr. 5 LPlG).

Träger der Regionalplanung ist der Verband Region Stuttgart als Körperschaft des öffentlichen Rechts (§ 31 Abs. 1 Nr. 1 LPlG i. V. m. §§ 1 Abs. 2 S. 1 und 3 Abs. 1 Nr. 1 des Gesetzes über die Errichtung des Verbands Region Stuttgart (GVRS)).

Die Regionalversammlung beschließt den Regionalplan als Satzung (vgl. § 12 Abs. 10 i. V. m. § 31 Abs. 3 LPlG sowie §§ 5 Abs. 1 und 7 Abs. 1 S. 1 GVRS). Auch in der Region Hannover beschließt eine Regionsversammlung das Regionale Raumordnungsprogramm, das der Sache nach einem Regionalplan entspricht. Dies ergibt sich aus § 1 Abs. 2 Nr. 2 NROG, wonach Regionalplanung im Sinne dieses Gesetzes die Aufstellung und Änderung des Regionalen Raumordnungsprogramms und seine Verwirklichung ist.

Die Mitglieder der Regionalversammlung der Region Stuttgart werden – wie in der Region Hannover – von den wahlberechtigten Einwohnern des Verbandgebietes gewählt (§§ 8 ff. GVRS). Die Regionalversammlung ist das Hauptorgan

153 Zur Region Stuttgart gehören die kreisfreie Landeshauptstadt Stuttgart sowie die fünf Landkreise Böblingen, Esslingen, Göppingen, Ludwigsburg und Rems-Murr-Kreis mit insgesamt 179 Städten und Gemeinden (Arbeitsgemeinschaft der Regionalverbände in Ballungsräumen und Regionalverband Ruhr, S. 70).

des Verbands Region Stuttgart,[154] das „Parlament“[155] der Region. Sie wird auf fünf Jahre gewählt (§ 12 Abs. 1 GVRS).

An der Aufstellung des Regionalplans beteiligt der Verband Region Stuttgart wiederum die Gemeinden, die übrigen Träger der Bauleitplanung und die Landkreise, soweit sie berührt sein können, durch Zuleitung des Planentwurfs und seiner Begründung (§ 12 Abs. 2 S. 1 Nr. 1 LPlG). Auch die Öffentlichkeit ist einzubeziehen (§ 12 Abs. 3 LPlG). Der Regionalverband muss die fristgerecht übermittelten Stellungnahmen prüfen und den Gemeinden das Ergebnis mitteilen (vgl. § 12 Abs. 4 S. 1 i. V. m. § 31 Abs. 3 LPlG).

b) Entstehung

Die Integration des Einzelhandelskonzeptes in den Regionalplan erfolgte mit Regionalplan-Teiländerung vom 13. März 2002 durch Formulierung von Zielen und Grundsätzen der Raumordnung.[156]

Das Verfahren zur Aufstellung des aktuellen Regionalplans aus dem Jahr 2009 ist wie folgt abgelaufen:[157] Im Jahr 2006 beschloss die Regionalversammlung die Einleitung des Verfahrens. Als zusätzliche informelle Verfahrensschritte erfolgten eine frühzeitige informelle Beteiligung der Städte, Gemeinden und öffentlichen Planungsträger sowie öffentliche Diskussionsveranstaltungen mit dem Titel „Raum für Zukunft“ im Jahr 2007. Formell wurden die Städte, Gemeinden und sonstigen betroffenen öffentlichen Stellen und Planungsträger im Jahr 2008 beteiligt. Die öffentliche Auslegung des Planentwurfs samt Begründung mit Umweltbericht fand ebenfalls in diesem Zeitraum statt. In einem weiteren informellen Verfahrensschritt wurde in den Monaten Dezember 2008 bis Februar 2009 eine öffentliche Erörterung der Stellungnahmen durchgeführt.

Am 22. Juli 2009 fasste die Regionalversammlung den Satzungsbeschluss. Im Oktober 2010 genehmigte das Wirtschaftsministerium Baden-Württemberg den Regionalplan und einen Monat später hat der Regionalverband die Erteilung der Genehmigung öffentlich bekannt gemacht, wodurch der Plan verbindlich geworden ist.

Eine Fortschreibung soll im Jahr 2025 erfolgen.

---

154 Vallée, Landesplanung als Politikgestaltung – Die Umsetzung in der Region Stuttgart in den Neunzigerjahren, S. 24; Verband Region Stuttgart, S. 1.

155 Verband Region Stuttgart, S. 1.

156 Regionalplan der Region Stuttgart, Teiländerung für das Kapitel 2.7 vom 13. März 2002; Paul/Pfeil, UPR 2006, 260 f.; Vallée, Regionales Einzelhandelskonzept für die Region Stuttgart, S. 5 f.

157 Regionalplan für die Region Stuttgart vom 22. Juli 2009.

c) Inhalt

Der Regionalplan der Region Stuttgart besteht – wie das Regionale Raumordnungsprogramm Hannover – aus drei rechtsverbindlichen Teilen, dem Textteil, der Raumnutzungskarte mit den zeichnerischen Darstellungen der raumbezogenen Ziele und Grundsätze (Maßstab 1:50.000) sowie der Strukturkarte mit Raumkategorien, zentralen Orten und Entwicklungsachsen (Maßstab 1:200.000).[158]

Die Raumnutzungskarte spielt bei der Anwendung des Regionalplans eine wesentliche Rolle, denn in ihr erfolgt eine gebiets- und nicht parzellenscharfe Darstellung der Grundsätze und Ziele der Raumordnung mittels Symbolen und Schraffuren.[159] Sie stellt die gebietsbezogenen Festlegungen insbesondere in Form von Vorranggebieten (VRG), Vorbehaltsgebieten (VBG) und Ausschlussgebieten (ASG) dar.[160] Die Darstellung dieser drei verschiedenen Gebietstypen richtet sich nach § 11 Abs. 7 LPlG BW. Gem. dessen S. 3 sind Vorranggebiete für bestimmte, raumbedeutsame Funktionen oder Nutzungen vorgesehen; andere raumbedeutsame Nutzungen sind ausgeschlossen, soweit sie mit den vorrangigen Funktionen oder Nutzungen oder Zielen der Raumordnung nicht vereinbar sind. In Vorbehaltsgebieten haben bestimmte, raumbedeutsame Funktionen oder Nutzungen bei der Abwägung mit konkurrierenden raumbedeutsamen Nutzungen ein besonderes Gewicht (S. 4) und in Ausschlussgebieten sind bestimmte raumbedeutsame Nutzungen, für die zugleich Vorranggebiete festgelegt sind, ausgeschlossen (S. 5).

Die Festlegungen zum großflächigen Einzelhandel im Regionalplan Stuttgart sind ihrem Aufbau und Inhalt nach mit den Festlegungen im Regionalen Raumordnungsprogramm Hannover vergleichbar. So sind auch im Regionalplan Stuttgart Konzentrationsgebot, Kongruenzgebot, Beeinträchtigungsverbot, Integrationsgebot, Agglomerationsregelungen und eine Bestimmung zu Hersteller-Direktverkaufszentren verankert.

Gemäß dem Konzentrations- bzw. Zentralitätsgebot sind Einzelhandelsgroßprojekte und die Erweiterung bestehender Einrichtungen nur in Ober-, Mittel- und Unterzentren zulässig (Ziel der Raumordnung, Plansatz 2.4.3.2.2 Abs. 1 des Regionalplans Stuttgart).

Im Rahmen des Kongruenzgebotes wird geregelt, dass Verkaufsflächenumfang und Einzugsbereich entsprechender Einrichtungen insbesondere auf

158 Regionalplan 2009, S. XI; Verband Region Stuttgart, S. 6.

159 Regionalplan 2009, S. XI; Regionalplan 2009, Begründung zu Plansatz 2.4.3.2.3, S. 113 f.; so Verband Region Stuttgart, S. 6.

160 Regionalplan 2009, S. XII.

die Einwohnerzahl des Zentralen Ortes und dessen Verflechtungsbereichs abgestimmt werden müssen (Ziel der Raumordnung, Plansatz 2.4.3.2.2 Abs. 2 S. 1).

Nicht beeinträchtigt werden dürfen dabei die Funktionsfähigkeit des zentralörtlichen Siedlungs- und Versorgungskerns der Standortgemeinde und anderer Zentraler Orte sowie die verbrauchernahe Versorgung (Beeinträchtigungsverbot, Ziel der Raumordnung, Plansatz 2.4.3.2.2 Abs. 3).

Für zentrenrelevante Einzelhandelsgroßprojekte enthält die Regelung in Plansatz 2.4.3.2.3 eine weitere raumordnerische Zielfestlegung. Zentrenrelevant sind Waren, die typischerweise innerhalb der Stadt- und Ortszentren angeboten werden, wie Bekleidung, Lebensmittel, Haushaltswaren, Bücher, Unterhaltungselektronik, Spielwaren, Apothekenwaren, Blumen, Uhren oder Schmuck.[161] Nicht zentrenrelevant sind hingegen insbesondere die Sortimentsgruppen der Möbel, Elektrogroßgeräte („weiße Ware"), Baustoffe, Pflanzen und Gartengeräte.[162] Nach Abs. 1 des Plansatzes sind Standorte für zentrenrelevante Einzelhandelsgroßprojekte nur in den zentralörtlichen Siedlungs- und Versorgungskernen und dort nur in den in der Raumnutzungskarte dargestellten und als Vorranggebiete gebietsscharf festgelegten Standorten für zentrenrelevante Einzelhandelsgroßprojekte vorzusehen (Integrationsgebot). Standorte für zentrenrelevante Einzelhandelsgroßprojekte außerhalb dieser Vorranggebiete sind ausgeschlossen (Ausschlussgebiete, Abs. 2).

Standorte für nicht-zentrenrelevante Einzelhandelsgroßprojekte sind unter den in Plansatz 2.4.3.2.4 genannten Voraussetzungen auch außerhalb der Standorte für Einzelhandelsgroßprojekte zulässig (Ziel der Raumordnung).

Darüber hinaus sollen Einzelhandelsbetriebe verbrauchernah und städtebaulich integriert in günstiger Zuordnung zu den Stadt- und Ortskernen oder zusammenhängenden Wohngebieten angesiedelt werden (Plansatz 2.4.3.2.1 Abs. 1 S. 2). Dieser Plansatz ist allerdings lediglich als Grundsatz der Raumordnung ausgestaltet.

Für Agglomerationen gilt, dass diese nur in den Ortskernen der Gemeinden zulässig sind (Ziel der Raumordnung, Plansatz 2.4.3.2.8 Abs. 1 S. 1). Allerdings dürfen sie keine schädlichen, überörtlichen Wirkungen entfalten, insbesondere auf die zentralörtlichen Siedlungs- und Versorgungskerne, die wohnortnahe Versorgung der Bevölkerung anderer Gemeinden oder deren Ortskerne (Abs. 1 S. 2). Als räumlich nahe beieinander liegend werden Einzelhandelsbetriebe definiert, wenn die Luftlinie zwischen den Gebäudezugängen nicht länger als 150 m ist (Abs. 2

161 Regionalplan 2009, Begründungen/Tabelle Einzelhandelssortimente, S. 135.

162 Regionalplan 2009, a. a. O, S. 136.

S. 2). Eine solche strikte Abstandsregelung ist im Regionalen Raumordnungsprogramm Hannover nicht enthalten.

Nach dem Regionalplan Stuttgart sind Hersteller-Direkt- und Fabrikverkaufszentren als Einkaufszentren zu behandeln und nur im Oberzentrum vorzusehen (Ziel der Raumordnung, Plansatz 2.4.3.2.2 Abs. 2 S. 2). Bei Einzugsbereichen, die nicht wesentlich über einen Mittelbereich hinausgehen, kommen hierfür aber auch Mittelzentren in Betracht (Abs. 2 S. 3). Die Möglichkeit, Hersteller-Direktverkaufszentren auch in Mittelzentren anzusiedeln, ist im Regionalen Raumordnungsprogramm Hannover nicht vorgesehen.

II. Integration in einen regionalen Flächennutzungsplan (Ballungsraum Frankfurt/Rhein-Main)

Im Ballungsraum Frankfurt/Rhein-Main[163] ist im Jahr 2010 erstmals ein regionales Einzelhandelskonzept in einen regionalen Flächennutzungsplan integriert worden.

1. Rechtsgrundlagen

Ein regionaler Flächennutzungsplan ist gemeinsamer Flächennutzungsplan und Regionalplan zugleich (§ 8 Abs. 4 S. 1 ROG). Er kann aufgestellt werden, wenn die Regionalplanung durch Zusammenschlüsse von Gemeinden und Gemeindeverbänden zu regionalen Planungsgemeinschaften erfolgt (§ 8 Abs. 4 S. 1 ROG). Dies kann gegebenenfalls auch zwangsweise aufgrund gesetzlicher Anordnung geschehen (§ 205 Abs. 2 BauGB).

Für den Ballungsraum Frankfurt/Rhein-Main ist das Instrument des Regionalen Flächennutzungsplans erstmals durch das Gesetz zur Stärkung der kommunalen Zusammenarbeit und Planung in der Region Rhein-Main vom 19.12.2000 normiert worden.[164] Durch dieses Gesetz wurde die Zusammenarbeit im Rhein-Main-Gebiet unter Überwindung eines teils erheblichen Widerstandes der betroffenen Gemeinden neu organisiert.[165] Aus dem bisherigen Umlandverband wurde

163 Das Gebiet des Planungsverbandes erstreckt sich auf die kreisfreien Städte Frankfurt a. M. und Offenbach a. M., die Kreise Hochtaunus, Main-Taunus und Offenbach sowie zum Teil die Kreise Main-Kinzig, Wetterau und Groß-Gerau. Der Planungsverband ist ebenfalls als Körperschaft des öffentlichen Rechts organisiert (Arbeitsgemeinschaft der Regionalverbände in Ballungsräumen und Regionalverband Ruhr, 62).

164 Domhardt/Hilligardt, RuR 2011, 397, 399.

165 Ibid.

ein Planungsverband im Sinne des § 205 BauGB (§ 1 des Gesetzes über den Planungsverband Ballungsraum Frankfurt/Rhein-Main (PlanvG)).[166]

Im Ballungsraum Frankfurt/Rhein-Main enthält der Regionalplan neben den regionalplanerischen Festlegungen nach § 9 Abs. 4 HLPG auch flächennutzungsplanbezogene Darstellungen nach § 5 BauGB (§ 13 Abs. 1 S. 2 HLPG).

Hierin liegt der wesentliche Unterschied zum Regionalen Raumordnungsprogramm der Region Hannover und dem Regionalplan der Region Stuttgart, die beide „nur" regionalplanerische Festlegungen, nicht aber flächennutzungsplanbezogene Darstellungen enthalten.

Die Festlegungen im Regionalen Flächennutzungsplan nach § 9 Abs. 4 HLPG, die zugleich Darstellungen nach § 5 BauGB sind, bedürfen übereinstimmender Beschlüsse der Regionalversammlung und der Verbandskammer (§ 13 Abs. 2 S. 1 HLPG).

Das regionale Einzelhandelskonzept Frankfurt/Rhein-Main, dessen wesentliche Inhalte in den Regionalen Flächennutzungsplan integriert worden sind, ist sowohl von der Regionalversammlung Südhessen als regionales Entwicklungskonzept gem. § 19 des Hessischen Landesplanungsgesetzes (HLPG) a. F. als auch von der Verbandskammer des Regionalverbandes Frankfurt/Rhein-Main als städtebauliches Entwicklungskonzept gem. § 1 Abs. 6 Nr. 11 BauGB beschlossen worden.[167]

Die Mitglieder der Regionalversammlung Südhessen werden von den Vertretungskörperschaften der Landkreise, der kreisfreien Städte, der kreisangehörigen Gemeinden mit mehr als 50 000 Einwohnern und des Regionalverbandes FrankfurtRheinMain gewählt (§§ 14 ff. HLPG). Die Mitglieder der Verbandskammer sind die Mitgliedsstädte- und Gemeinden des Planungsverbandes (§ 11 des Gesetzes über die Metropolregion Frankfurt/Rhein-Main (MetropolG)[168]).

2. *Entstehung*

Der Regionale Flächennutzungsplan für das Gebiet des Ballungsraums Frankfurt/Rhein-Main 2010, der zusammen mit dem Regionalplan Südhessen 2010 ein einheitliches Planwerk bildet, ist im Jahr 2011 in Kraft getreten.[169] Inhalte des

166 Ibid.

167 Regionaler Flächennutzungsplan 2010 – Allgemeiner Teil, S. 44.

168 Früher: Gesetz zur Stärkung der kommunalen Zusammenarbeit im Ballungsraum Frankfurt/Rhein-Main (BallrG).

169 Regionalplan Südhessen/Regionaler Flächennutzungsplan 2010, Vorwort, Allgemeiner Teil, S. 6.

bereits bestehenden Regionalplans und von 33 Flächennutzungsplänen wurden hierbei in einem neuen Planwerk zusammengeführt.[170]

Der Erarbeitungsprozess unter Federführung des Regierungspräsidiums Darmstadt und des Planungsverbandes dauerte – die Beteiligung der Öffentlichkeit und der Behörden nach den §§ 3 und 4 Abs. 1 u. 2 BauGB und dem Hessischen Landesplanungsgesetz (HLPG) eingeschlossen – ca. sieben Jahre (seit 2003).[171] Vom Beschluss durch die Regionalversammlung Südhessen im Dezember 2010 bis zur Bekanntmachung vergingen zehn Monate.[172]

Der Regionale Flächennutzungsplan soll bis zum Jahr 2020 gelten.[173]

3. *Inhalt*

Für die Einführung eines Regionalen Flächennutzungsplans bestehen dem Grundsatz nach drei Möglichkeiten: Das sog. 1:1:1-Modell, das Neuzuschnitts-Modell oder das sog. Integrationsmodell.[174]

Beim 1:1:1-Modell („eine Region, ein Beschlussorgan, ein Plan“)[175] entspricht der räumliche Geltungsbereich des Regionalen Flächennutzungsplans der Größe der Planungsregion.[176] Als Maßstab für den Regionalen Flächennutzungsplan wird hier ein solcher von maximal 1:25.000 für angemessen gehalten.[177]

Beim Neuzuschnitts-Modell werden Regionen ganz neu zugeschnitten oder ein für einen Regionalen Flächennutzungsplan geeigneter Planungsraum aus einer Region herausgeschnitten.[178]

Beim Integrationsmodell wird der Regionale Flächennutzungsplan in den Regionalplan integriert.[179] Der räumliche Geltungsbereich des Regionalen Flächennutzungsplans ist kleiner als der des Regionalplans.[180] Der Maßstab des Regionalen

---

170 Domhardt/Hilligardt, RuR 2011, 397, 408.

171 Regionaler Flächennutzungsplan 2010 – Allgemeiner Teil, S. 4.

172 Regionalplan Südhessen/Regionaler Flächennutzungsplan 2010.

173 Regionaler Flächennutzungsplan 2010 – Allgemeiner Teil, S. 9.

174 Domhardt, S. 4 u. 40.

175 ARL, Regionaler Flächennutzungsplan, S. 36; Domhardt, S. 40.

176 ARL, Regionaler Flächennutzungsplan, S. 36; Domhardt, S. 4; Greiving, Regionale Flächennutzungsplanung in NRW, S. 105.

177 Domhardt, S. 4.

178 ARL, Regionaler Flächennutzungsplan, S. 38; Domhardt, S. 40.

179 ARL, Regionaler Flächennutzungsplan, S. 39; Domhardt, S. 4; Greiving, Evaluierung des Planungsinstruments Regionaler Flächennutzungsplan, S. 1.

180 ARL, Regionaler Flächennutzungsplan, S. 39; Greiving, Regionale Flächennutzungsplanung in NRW, S. 105.

Flächennutzungsplans (z.B. 1:50.000) ist größer als der des Regionalplans (z.B. 1:100.000). Für den Geltungsbereich des Regionalen Flächennutzungsplans wird praktisch „eine „Lupe" aufgesetzt".[181] Daher wird das Integrationsmodell oftmals auch als „Lupenlösung" bezeichnet.[182]

Für die Umsetzung des Regionalen Flächennutzungsplans Frankfurt/Rhein-Main hat der Planungsverband die sog. Lupenlösung gewählt, das heißt, dass das Plangebiet des Regionalen Flächennutzungsplans (Maßstab von 1:50.000 gem. § 13 Abs. 4 S. 1 HLPG) in das größere Plangebiet des Regionalplans Südhessen (kleinerer Maßstab von 1:100.000 gem. § 9 Abs. 1 S. 3 HLPG) einbezogen worden ist.[183] Der „Lupenlösung" im Kartenteil entsprechend ist auch der Textteil des Regionalplans um Ausführungen zum Regionalen Flächennutzungsplan ergänzt worden.[184]

Die bisherigen Darstellungen im gemeinsamen Flächennutzungsplan erfolgten im Maßstab von 1:10.000.[185]

Problematisch im Hinblick auf den Maßstab des Regionalen Flächennutzungsplans von 1:50.000 ist die Frage, ob anhand dieses – im Vergleich zu den bisherigen Flächennutzungsplänen kleinen – Maßstabs die im Regionalen Flächennutzungsplan enthaltenen Festlegungen räumlich hinreichend konkret getroffen werden können, sodass die verbindliche Bauleitplanung daraus ihre Handlungsvorgaben ableiten kann (vgl. Entwicklungsgebot des § 8 Abs. 2 S. 1 BauGB).[186] Die Darstellungsuntergrenze des Regionalen Flächennutzungsplanes beträgt 0,5 ha (z.B. für zentrale Versorgungsbereiche), sodass es zu einer Entfeinerung von Planinhalten kommt.

Wenn einzelne Gemeinden im Verbandsgebiet die bisherigen Flächennutzungspläne als „informelle Planungsebene" wieder einführen würden, liefe der Zweck des Regionalen Flächennutzungsplans, die Planungsebene der Flächennutzungsplanung als vorbereitender Bauleitplanung einzusparen, leer.[187]

---

181 Domhardt, S. 5.

182 Domhardt, S. 40; Greiving, Evaluierung des Planungsinstruments Regionaler Flächennutzungsplan, S. 1.

183 Domhardt, S. 40 u. 70; Domhardt/Hilligardt, RuR 2011, 397, 409.

184 Domhardt, S. 22.

185 Domhardt, S. 27; Domhardt/Hilligardt, RuR 2011, 397, 403.

186 Domhardt, S. 7 u. 42; Greiving, Evaluierung des Planungsinstruments Regionaler Flächennutzungsplan, S. 11; Greiving, Regionale Flächennutzungsplanung in NRW, S. 113.

187 Domhardt, S. 43.

Schwierigkeiten bereitet umgekehrt auch die Frage, ob regionalplanerische Zielfestlegungen für den Bereich des Ballungsraums Frankfurt/Rhein-Main im Maßstab von 1:50.000 statt im – für das übrige Plangebiet geltenden – Maßstab von 1:100.000 getroffen werden dürfen.[188]

Gerade wenn nur in einem Teilbereich eines Regionalplans ein größerer Maßstab verwendet wird, wird diese Vorgehensweise als zulässig erachtet.[189] Speziell in Bezug auf den Ballungsraum Frankfurt/Rhein-Main lässt sich die Maßstabsvergrößerung durch den erhöhten Regelungsbedarf infolge von Stadt-Umland-Problemen rechtfertigen.[190]

Der Wegfall der Ebene der Flächennutzungsplanung bewirkt, dass einerseits die verbindliche Bauleitplanung mehr Spielräume zur Verwirklichung ihrer Entwicklungsvorstellungen hat und andererseits die Regionalplanung deutlich detailschärfere Regelungen treffen kann.

Die „Verbindlichkeit von Planaussagen ist … immer auf einen konkreten Planmaßstab bezogen und an diesen gekoppelt".[191]

Der Regionale Flächennutzungsplan setzt sich aus dem Allgemeinen Teil und – neben dem Umweltbericht und den Karten – dem Gemeindeteil zusammen. Während der Allgemeine Teil insbesondere eine gesamträumliche Betrachtung des Planungsverbandsgebiets enthält, liefert der Gemeindeteil Ergänzungen im Hinblick auf die städtebauliche Entwicklung in den einzelnen Gemeinden (Flächennutzungsplanung).[192] Der Gemeindeteil beschreibt, wo sich zentrale Versorgungsbereiche, Ergänzungsstandorte u.a. innerhalb der jeweiligen Gemeinde befinden.[193] Die Beikarte 2 integriert die wesentlichen Aussagen des regionalen Einzelhandelskonzepts in den Regionalen Flächennutzungsplan.[194] Sie differenziert zwischen „Zentralen Versorgungsbereichen" und „Versorgungskernen" als städtebaulich integrierten Standorten und „Ergänzungsstandorten" und „Sonstigen Einzelhandelsstandorten, Bestand" als nicht integrierten Bereichen.[195] Hierbei gilt, dass großflächiger Einzelhandel mit zentrenrelevantem Sortiment grundsätzlich in die zentralen Versorgungsbereiche und großflächiger Einzelhandel

188 Ders., S. 20.
189 Ders., S. 21.
190 Ibid.
191 Domhardt/Hilligardt, RuR 2011, 397, 404.
192 Regionaler Flächennutzungsplan 2010 – Gemeindeteil, S. 3.
193 Z. B. für Bad Homburg v. d. Höhe: Regionaler Flächennutzungsplan 2010 – Gemeindeteil, S. 12.
194 Vgl. Domhardt, S. 28.
195 Domhardt/Hilligardt, RuR 2011, 397, 403; so Webseite Region Frankfurt.

mit nicht zentrenrelevantem Sortiment grundsätzlich in die Ergänzungsbereiche gelenkt werden soll.[196]

Einleitend wird in Plansatz 3.4.3 des Regionalen Flächennutzungsplans festgestellt, dass für den großflächigen Einzelhandel vier Sondergebietskategorien im Plan vorgesehen sind, die sich aus der Versorgungszielsetzung des regionalen Einzelhandelskonzepts ergeben, das heißt die Sondergebiete erhalten nähere Zweckbestimmungen.[197] So gibt es die Sondergebiete Nahversorgung, Einkauf, Einkaufszentrum und Fachmärkte.[198]

Ebenso wie das Regionale Raumordnungsprogramm Hannover und der Regionalplan Stuttgart enthält auch der Regionale Flächennutzungsplan Frankfurt/Rhein-Main ein Konzentrations-, Kongruenz- und Integrationsgebot, ein Beeinträchtigungsverbot sowie Festlegungen zu Agglomerationen und Hersteller-Direktverkaufszentren.

Nach der Zielfestlegung des Plansatzes Z3.4.3-2 S. 1 ist die Ausweisung, Errichtung oder Erweiterung von großflächigen Einzelhandelsvorhaben grundsätzlich nur in den Ober- und Mittelzentren zulässig (Zentralitätsgebot). Dabei ist die Verkaufsfläche so zu bemessen, dass der Einzugsbereich des Vorhabens den zentralörtlichen Verflechtungsbereich der Standortgemeinde nicht wesentlich überschreitet (Kongruenzgebot, Plansatz Z3.4.3-2 S. 2 RegFNP).

Zentrale Versorgungsbereiche werden – wie im Regionalen Raumordnungsprogramm Hannover und im Regionalplan Stuttgart – gebietsscharf dargestellt (Plansatz Z3.4.3-4). Im Gegensatz zu den Regelungen in Hannover und Stuttgart ist eine Ausweisung von großflächigen Einzelhandelsvorhaben in den zentralen Ortsteilen von Grundzentren nur in begründeten Ausnahmefällen zulässig (Plansatz Z3.4.3-2 S. 3).

Außerdem müssen großflächige Einzelhandelsvorhaben eine enge räumliche und funktionale Verbindung zu bestehenden Siedlungsgebieten aufweisen (Plansatz Z3.4.3-2 S. 5). Sie sind unter besonderer Berücksichtigung ihrer Auswirkungen auf die städtebauliche Entwicklung und Ordnung auch im Hinblick auf die Ziele der Verkehrsvermeidung und der Erreichbarkeit des Vorhabens mit dem öffentlichen Personennahverkehr in bestehende Siedlungsgebiete zu integrieren (Integrationsgebot, Plansatz Z3.4.3-2 S. 6).

196 So Webseite Region Frankfurt.

197 Regionaler Flächennutzungsplan 2010 – Allgemeiner Teil, S. 44.

198 Regionaler Flächennutzungsplan 2010 – Allgemeiner Teil, S. 45.

Dabei dürfen keine schädlichen Auswirkungen auf zentrale Versorgungsbereiche in der Ansiedlungsgemeinde oder anderen Gemeinden zu erwarten sein (Beeinträchtigungsverbot, Plansatz Z3.4.3-2 S. 7 f.).

Weiterhin widerspricht in den gewerblichen Bauflächen des Regionalen Flächennutzungsplans bzw. den „Vorranggebieten Industrie und Gewerbe" des Regionalplans die Ansiedlung auch von nicht großflächigen zentrenrelevanten Einzelhandelsbetrieben grundsätzlich den Zielen der Raumordnung (Plansatz Z3.4.3-3 S. 1). Dies gilt gleichermaßen für Agglomerationen von mehreren kleineren Einzelhandelsbetrieben (Plansatz Z3.4.3-3 S. 3).

Im Gegensatz zu der Agglomerationsregelung im Regionalplan Stuttgart verzichtet der Regionale Flächennutzungsplan Frankfurt/Rhein-Main auf eine strikte Abstandsregelung von 150 m zwischen den Gebäudeeingängen.

Hersteller-Direktverkaufszentren – auch in Kombination mit Freizeit-, Kultur-, Sport- oder sonstigen Veranstaltungseinrichtungen – sind nur in den zentralen Versorgungsbereichen der Oberzentren zulässig (Plansatz Z3.4.3-6).

Hierin liegt ein weiterer Unterschied zum Regionalplan Stuttgart, der die Möglichkeit vorsieht, Hersteller-Direktverkaufszentren auch in Mittelzentren anzusiedeln.

Ähnlich wie in der Region Hannover soll auch hier bei strittigen Ansiedlungsvorhaben mit regionaler oder überregionaler Bedeutung ein informelles Abstimmungsverfahren vorgeschaltet werden, welches allerdings für die Gemeinden nicht verpflichtend ist (Plansatz G3.4.3-8).

III. Integration in einen Flächennutzungsplan (Zweckverband Raum Kassel)

Der Zweckverband Raum Kassel integriert das regionale Einzelhandelskonzept (Kommunaler Entwicklungsplan Zentren) bereits seit dem Jahr 1992 in die Bauleitplanung.[199]

1. Rechtsgrundlagen

Die Gründung des Zweckverbands Raum Kassel erfolgte aufgrund des Gesetzes zur Neugliederung der Landkreise Hofgeismar, Kassel und Wolfhagen vom 11. Juli 1972 (sog. Kassel-Gesetz) durch Satzung im Jahr 1974 und hatte die Sicherstellung einer geordneten städtebaulichen Entwicklung durch eine gemeinsame Flächennutzungs- und entwicklungsplanung zum Ziel (§ 15 S. 1

199 KEP Zentren 2007, S. 5.

Kassel-Gesetz).[200] Der Zweckverband ist – wiederum – Körperschaft des öffentlichen Rechts und nimmt auch die Aufgabe eines Planungsverbandes nach § 205 BauGB wahr (§ 1 Nr. 1 u. 2 der Satzung des Zweckverbandes Raum Kassel).

Der Kommunale Entwicklungsplan Zentren wird von der Verbandsversammlung als oberstem Organ des Verbandes beschlossen (§§ 3 Nr. 1 a), 9 Nr. 1 der Satzung des Zweckverbandes Raum Kassel). Die Besetzung der Verbandsversammlung erfolgt – abhängig von den Einwohnerzahlen der einzelnen Gemeinden – durch die Gemeindegremien der Verbandsmitglieder (§ 7 der Satzung des Zweckverbandes Raum Kassel).

2. *Entstehung*

Der erste „Entwicklungsplan Einzelhandelsversorgung" zur Steuerung des Einzelhandels wurde schon im Jahre 1979 von der Verbandsversammlung beschlossen.[201] Eine Fortschreibung des Kommunalen Entwicklungsplans Zentren erfolgt jeweils im Abstand von etwa zwei bis zehn Jahren.[202] Derzeit aktuell ist der Kommunale Entwicklungsplan Zentren 2007.[203]

3. *Inhalt*

Der Kommunale Entwicklungsplan Zentren bindet die Flächennutzungsplanung durch seine Vorgaben, wie beispielsweise die Darstellung und Festlegung zentraler Versorgungsbereiche (§ 4 Nr. 2 der Satzung des Zweckverbandes Raum Kassel).[204] Die Zentralen Orte selbst legt der Regionalplan fest.[205] Nach dem Regionalplan Nordhessen gelten Einzelhandelsvorhaben, die dem Kommunalen Entwicklungsplan Zentren als vorabgestimmtem Konzept entsprechen, gleichzeitig auch als mit den Zielen der Regionalplanung abgestimmt.[206] Der Kommunale Entwicklungsplan Zentren konkretisiert damit die Aufgabe der Regionalplanung, funktionsfähige Zentren zu erhalten und eine verbrauchernahe

---

200 Kooperationspartner sind die Städte und Gemeinden Ahnatal, Baunatal, Calden, Fuldabrück, Fuldatal, Kassel, Kaufungen, Lohfelden, Niestetal, Schauenburg und Vellmar sowie der Landkreis Kassel (§ 15 S. 1 Kassel-Gesetz, § 2 der Satzung des Zweckverbandes Raum Kassel).

201 KEP Zentren 2007, S. 4.

202 KEP Zentren 2007, S. 4 ff.

203 KEP Zentren 2007, S. 2; Beschluss der Verbandsversammlung v. 28.02.2007.

204 KEP Zentren 2007, S. 4.

205 KEP Zentren 2007, S. 8.

206 KEP Zentren 2007, S. 7.

Versorgung der Bevölkerung zu gewährleisten.[207] Er beeinflusst also sowohl die Regional- als auch die Flächennutzungs- und Bebauungsplanung. Konkret umgesetzt wird er im Flächennutzungsplan[208] im Sinne von § 205 BauGB, den der Zweckverband Raum Kassel für das gesamte Verbandsgebiet der elf Verbandskommunen aufstellt[209]. So wird der Kommunale Entwicklungsplan Zentren rechtlich abgesichert. Durch die Funktion des Zweckverbands als Planungsträger sowohl des Kommunalen Entwicklungsplans Zentren als auch des Flächennutzungsplans (§ 3 Nr. 1 b) der Satzung des Zweckverbandes Raum Kassel) wird die Umsetzung des Einzelhandelskonzeptes erleichtert.[210]

Ebenso wie das Regionale Raumordnungsprogramm Hannover, der Regionalplan Stuttgart und der Regionale Flächennutzungsplan Frankfurt/Rhein-Main enthält auch der Kommunale Entwicklungsplan Zentren des Zweckverbandes Raum Kassel Regelungen, die die Grundgedanken des Konzentrations-, Kongruenz- und Integrationsgebotes sowie des Beeinträchtigungsverbotes ansprechen.

Im Gegensatz zu den drei bereits vorgestellten Plänen beinhaltet der Kommunale Entwicklungsplan Zentren als städtebauliches Entwicklungskonzept keine raumordnerischen Ge- bzw. Verbote, da er keine regionalplanerischen Festlegungen trifft und treffen kann. Regionalplanerische Festlegungen bleiben dem Regionalplan Nordhessen vorbehalten. Die Ziele, die mit dem Konzentrations-, Kongruenz- und Integrationsgebot sowie dem Beeinträchtigungsverbot

---

207 Ibid.

208 Flächennutzungsplan des Zweckverbandes Raum Kassel 2007, rechtswirksam seit dem 08. August 2009.
Der Flächennutzungsplan enthält – im Einklang mit dem Kommunalen Entwicklungsplan Zentren – vier Sondergebietskategorien für den großflächigen Einzelhandel: SO Nahversorgung, SO Läden, SO Einkaufszentrum und Fachmärkte, bei denen sich die SO-Bezeichnung nach dem jeweiligen Angebotskern richtet (Flächennutzungsplan 2007, Anhang 4 zur Begründung, S. A 4-1.). Außerdem begrenzt der Flächennutzungsplan – ebenso wie der Kommunale Entwicklungsplan Zentren – die Gesamtverkaufsflächen (Flächennutzungsplan 2007, Anhang 4 zur Begründung, S. A 4-1.). Für jeden Ort und jede Lage trifft er Einzelfallfestlegungen hinsichtlich der Gesamtverkaufsfläche und gegebenenfalls des Sortimentes (Flächennutzungsplan 2007, Anhang 4 zur Begründung, S. A 4-2 ff.; aktualisierte Festlegungen für Sondergebiete des großflächigen Einzelhandels im Flächennutzungsplan, S. 1 ff.).

209 Webseite Zweckverband Raum Kassel.

210 HMWVL, S. 37.

erreicht werden sollen, gelten aber in gleicher Weise auch für den Kommunalen Entwicklungsplan Zentren.[211]

Das „Konzentrationsgebot" kommt im Kommunalen Entwicklungsplan Zentren des Zweckverbands Raum Kassel wie folgt zum Ausdruck:

Der Kommunale Entwicklungsplan Zentren unterteilt die zentralen Versorgungsbereiche stadtteil- bzw. gemeindescharf in Oberzentrum, Mittel- und Grundzentren.[212] In einem weiteren Schritt werden zur Stärkung der Zentren Zentrenstufen („City", „Cityergänzungsgebiet", „Stadtteilzentren A und B") festgesetzt und räumlich abgegrenzt.[213]

Der Kommunale Entwicklungsplan Zentren des Zweckverbands Raum Kassel (KEP Zentren) lässt das „Kongruenzgebot" beispielsweise in der Versorgungszielsetzung des KEP Zentren als zentralem Ziel des Kommunalen Entwicklungsplans zum Ausdruck kommen.[214]

Das Handlungsprogramm des Kommunalen Entwicklungsplans Zentren trägt dem „Kongruenzgebot" dadurch Rechnung, dass es als Kriterien für die Ausweisung eines Sondergebiets Nahversorgung oder eines Sondergebiets Läden die Gesamtverkaufsfläche, die Lage des Vorhabens, die Bevölkerung im Nahbereich und die Frage nach einer vorhandenen bzw. gefährdeten Versorgung im Nahbereich heranzieht.[215] Auch der im Zweifelsfall vom Investor zu erbringende Nachweis der Verträglichkeit weist einen Bezug zum „Kongruenzgebot" auf.[216]

Der Kommunale Entwicklungsplan Zentren verleiht auch dem „Beeinträchtigungsverbot" dadurch Geltung, dass er die Vermeidung von Entwicklungen, die der zentralörtlichen Struktur im Verdichtungsraum nicht entsprechen, als ein zentrales Ziel des Kommunalen Entwicklungsplans festlegt.[217] Das Handlungsprogramm des

---

211 Zum Zwecke der Klarstellung werden die raumordnerischen Ge- und Verbote im Folgenden daher in Anführungsstriche gesetzt.

212 Flächennutzungsplan 2007, Begründung, S. 58; KEP Zentren 2007, S. 8.

213 KEP Zentren 2007, S. 11.

214 KEP Zentren 2007, S. 4.
Plansatz 3.1.3 Ziel 1 Abs. 1 des rahmengebenden Regionalplans Nordhessen 2009 bestimmt u.a., dass sich großflächige Einzelhandelsvorhaben im Sinne von § 11 Abs. 3 BauNVO nach ihrem Einzugsbereich in das zentralörtliche Versorgungssystem einfügen müssen (Kongruenzgebot).

215 KEP Zentren 2007, S. 10.

216 Ibid.

217 KEP Zentren 2007, S. 4.
Plansatz 3.1.3 Ziel 2 Abs. 1 des rahmengebenden Regionalplans Nordhessen 2009 bestimmt u.a., dass großflächige Einzelhandelsvorhaben nicht mit den Zielen der Raumordnung und Landesplanung vereinbar sind, wenn die Funktionsfähigkeit

Kommunalen Entwicklungsplans Zentren trägt – neben dem „Kongruenzgebot" – auch dem „Beeinträchtigungsverbot" dadurch Rechnung, dass es als Kriterium für die Ausweisung eines Sondergebiets Nahversorgung oder eines Sondergebiets Läden u.a. die Frage nach einer vorhandenen bzw. gefährdeten Versorgung im Nahbereich heranzieht und dem Investor im Zweifelsfall den Nachweis der Verträglichkeit auferlegt.[218]

Durch seine Versorgungszielsetzung verleiht der Kommunale Entwicklungsplan Zentren weiterhin dem „Integrationsgebot" Ausdruck („Sicherung, Förderung bzw. nach Möglichkeit auch Wiederherstellung eines wohnungsnahen Einzelhandelsangebotes" sowie „Vermeidung von Entwicklungen, die der zentralörtlichen Struktur im Verdichtungsraum nicht entsprechen")[219]. Im Regionalplan Nordhessen ist das Gebot als Ziel der Raumordnung verankert.[220]

Das Handlungsprogramm des Kommunalen Entwicklungsplans Zentren greift das „Integrationsgebot" insoweit auf, als es als Kriterium für die Ausweisung eines Sondergebiets Nahversorgung oder eines Sondergebiets Läden unter anderem die Lage eines Vorhabens heranzieht und dem Investor im Zweifelsfall den Nachweis der Integration auferlegt.[221] Es nimmt die „städtebauliche Integration" bei der Festsetzung und räumlichen Abgrenzung der Zentrenstufen explizit in Bezug.[222]

Im Unterschied zum Regionalen Raumordnungsprogramm Hannover, zum Regionalplan Stuttgart und zum Regionalen Flächennutzungsplan Frankfurt/Rhein-Main lehnt der Kommunale Entwicklungsplan Zentren des Zweckverbandes Raum Kassel die Ansiedlung von Factory-Outlet-Centern (Verkaufsfläche überschreitet 10.000 qm) auch im regionalen und überregionalen Kontext vollständig ab.[223]

---

und Entwicklung des zentralen Ortes oder benachbarter zentraler Orte und ihrer bereits integrierten Geschäftszentren/Versorgungskerne insbesondere hinsichtlich des Umfangs und der Vielfältigkeit des Leistungsangebotes nicht nur unerheblich beeinträchtigt werden (Beeinträchtigungsverbot).

218 KEP Zentren 2007, S. 10.

219 KEP Zentren 2007, S. 4.

220 So regelt Plansatz 3.1.3, Ziel 1 Abs. 3 S. 2 des Regionalplans Nordhessen 2009, dass Einrichtungen des großflächigen Einzelhandels unter besonderer Berücksichtigung ihrer Auswirkungen auf die siedlungsstrukturelle Entwicklung und Ordnung sowie den Umweltschutz (insbesondere Verkehrsvermeidung) in das Siedlungsgebiet zu integrieren sind.

221 KEP Zentren 2007, S. 10.

222 KEP Zentren 2007, S. 11.

223 KEP Zentren 2007, S. 12.

Eine Agglomerationsregelung enthält der Kommunale Entwicklungsplan Zentren – im Gegensatz zu den drei gerade genannten Plänen – nicht.

IV. Interkommunale Vereinbarung (Östliches Ruhrgebiet und angrenzende Bereiche)

Im Östlichen Ruhrgebiet und den angrenzenden Bereichen ist das regionale Einzelhandelskonzept erstmals im Jahre 2000 aufgestellt und seitdem zweimal fortgeschrieben worden. Die 1. Fortschreibung erfolgte im Jahr 2007 und die 2. Fortschreibung liegt seit 2013 vor. Zur Umsetzung des regionalen Einzelhandelskonzeptes haben die beteiligten Gemeinden eine interkommunale Vereinbarung getroffen, die im Sinne einer politischen Selbstbindung durch Ratsbeschluss in den einzelnen Gemeinden manifestiert worden ist.[224] Interkommunale Vereinbarungen sind die am häufigsten anzutreffende Form der Umsetzung von regionalen Einzelhandelskonzepten.[225] Sie beruhen auf einvernehmlicher Zusammenarbeit zwischen den Gemeinden.

1. Rechtsgrundlagen

Die interkommunale Vereinbarung für das Östliche Ruhrgebiet und angrenzende Bereiche ist als koordinationsrechtlicher öffentlich-rechtlicher Vertrag im Sinne der §§ 54 ff. VwVfG NRW zu qualifizieren.

Das ergibt sich daraus, dass sich die Vertragspartner – die beteiligten Gemeinden – als öffentlich-rechtliche Hoheitsträger im Verhältnis der Gleichordnung gegenüberstehen[226] und ein konkretes Rechtsverhältnis auf dem Gebiet des öffentlichen Rechts mit wechselseitigen Rechten und Pflichten bei der Ansiedlung regional bedeutsamer großflächiger Einzelhandelsvorhaben begründet wird[227]. Dem Vertrag stehen auch keine Rechtsvorschriften entgegen.

Die Frage nach der rechtlichen Zulässigkeit der interkommunalen Vereinbarung richtet sich aufgrund der Einordnung als koordinationsrechtlicher öffentlich-rechtlicher Vertrag grundsätzlich allein nach § 59 Abs. 1 VwVfG.[228] Demzufolge ist die Vereinbarung nur dann nichtig, wenn sich die Nichtigkeit

---

224 Regionales Einzelhandelskonzept für das Östliche Ruhrgebiet und angrenzende Bereiche, 2. Fortschreibung 2013, S. 10, 55.

225 So Paul/Pfeil, UPR 2006, 260, 264.

226 Vgl. Bonk/Neumann in: Stelkens/Bonk/Sachs, VwVfG, § 54, Rn. 58.

227 Vgl. Bonk/Neumann, a. a. O., Rn. 84.

228 Vgl. Bonk/Neumann, a. a. O., Rn. 59.

aus der entsprechenden Anwendung von Vorschriften des Bürgerlichen Gesetzbuches ergibt.

2. *Entstehung*

Inzwischen haben sich 24 Kommunen auf das gemeinsame Einzelhandelskonzept verständigt.[229] An der Erarbeitung beteiligt waren auch die Bezirksregierungen Arnsberg und Münster, die Einzelhandelsverbände Westfalen-Münsterland, Westfalen-West und Westfalen-Lippe, der Regionalverband Ruhr, die Industrie- und Handelskammern Arnsberg Hellweg – Sauerland, im Mittleren Ruhrgebiet zu Bochum, zu Dortmund, Nord Westfalen zu Gelsenkirchen und die Südwestfälische IHK zu Hagen, drei Kreise sowie der Gutachter.[230] Der Anstoß zur Aufstellung des regionalen Einzelhandelskonzeptes ging „bottom up/von unten" von den Gemeinden und nicht „top down/von oben" beispielsweise von den Bezirksregierungen aus.[231] Beim Zuschnitt des Kooperationsraums wurde an den schon vorhandenen städteregionalen Kooperationsraum angeknüpft.[232] Dem regionalen Einzelhandelskonzept ist durch Ratsbeschlüsse Verbindlichkeit verliehen worden.[233] Dies gilt jedenfalls so lange die Ratsbeschlüsse Bestand haben.

3. *Inhalt*

a) *Regionales Einzelhandelskonzept*

Das regionale Einzelhandelskonzept unterscheidet inhaltlich zwischen Zielen, Steuerungsregeln und Prüfkriterien.

Die Ziele beschreiben abstrakt die übergeordnete Intention des Einzelhandelskonzeptes.[234] Sie bestehen in einer Stärkung der zentralen Versorgungsbereiche und der wohnortnahen Grundversorgung sowie einer regional verträglichen

---

229 Dies sind Bergkamen, Bochum, Bönen, Castrop-Rauxel, Datteln, Dortmund, Fröndenberg, Gelsenkirchen, Hagen, Hamm, Hattingen, Herdecke, Herne, Holzwickede, Kamen, Lünen, Schwerte, Selm, Unna, Waltrop, Werl, Werne, Wetter, und Witten (Regionales Einzelhandelskonzept für das Östliche Ruhrgebiet und angrenzende Bereiche, 2. Fortschreibung 2013, S. 9, 21 f.).

230 Regionales Einzelhandelskonzept für das Östliche Ruhrgebiet und angrenzende Bereiche, Fortschreibung 2007, S. 1; Regionales Einzelhandelskonzept für das Östliche Ruhrgebiet und angrenzende Bereiche, 2. Fortschreibung 2013, S. 9 f.

231 Evert, Städte- und Gemeinderat 2007, 14 f.

232 Konze/Osterhage, S. 138.

233 Evert, Städte- und Gemeinderat 2007, 14.

234 Regionales Einzelhandelskonzept für das Östliche Ruhrgebiet und angrenzende Bereiche, 2. Fortschreibung 2013, S. 30.

Gestaltung großflächigen Einzelhandels.[235] Außerdem sollen Planungssicherheit gewährleistet und Ansiedlungen, Erweiterungen oder Verlagerungen von großflächigen Einzelhandelsvorhaben nach einheitlichen Kriterien bewertet werden.[236] Dies soll der schnelleren Realisierbarkeit konsensfähiger Planungen dienen.[237]

Die Steuerungsregeln enthalten Maßgaben zur Umsetzung der dargestellten Ziele.[238] Sie weisen deutliche Bezüge zu den vier raumordnerischen Ge- bzw. Verboten auf, bewegen sich selbst aber nicht auf der Ebene der Raumordnung (Landes- oder Regionalplanung), sondern im Bereich interkommunaler Vereinbarung. Sie beziehen sich auf Vorhaben mit zentrenrelevanten Kernsortimenten (Steuerungsregel 1), Vorhaben mit nicht-zentrenrelevanten Kernsortimenten (Steuerungsregel 2), Vorhaben mit nahversorgungsrelevanten Kernsortimenten (Steuerungsregel 3), Einzelhandelsagglomerationen (Steuerungsregel 4) und den Bestandsschutz (Steuerungsregel 5).[239]

Das „Konzentrationsgebot" findet beispielsweise Ausdruck in Steuerungsregel 1. Danach müssen großflächige Einzelhandelsbetriebe mit zentrenrelevanten Kernsortimenten in zentralen Versorgungsbereichen liegen.[240]

Das „Kongruenzgebot" findet ebenfalls Niederschlag in Steuerungsregel 1, wonach bei der Ansiedlung von Vorhaben mit zentrenrelevanten Kernsortimenten ein angemessenes Verhältnis zwischen der Funktion des jeweiligen zentralen Versorgungsbereichs und der maximalen Größenordnung des Vorhabens hergestellt werden muss.[241]

Das „Beeinträchtigungsgebot" wird z.B. in Steuerungsregel 2 angesprochen. Danach dürfen Vorhaben mit nicht zentrenrelevanten Kernsortimenten auch in dezentralen Lagen errichtet werden, wenn von ihnen keine negativen Auswirkungen auf die Funktion zentraler Versorgungsbereiche und die Versorgungsstruktur ausgehen.[242]

---

235 Regionales Einzelhandelskonzept für das Östliche Ruhrgebiet und angrenzende Bereiche, 2. Fortschreibung 2013, S. 31 f.

236 Ibid.

237 Ibid.

238 Regionales Einzelhandelskonzept für das Östliche Ruhrgebiet und angrenzende Bereiche, 2. Fortschreibung 2013, S. 12.

239 Regionales Einzelhandelskonzept für das Östliche Ruhrgebiet und angrenzende Bereiche, 2. Fortschreibung 2013, S. 33 ff.

240 Regionales Einzelhandelskonzept für das Östliche Ruhrgebiet und angrenzende Bereiche, 2. Fortschreibung 2013, S. 33.

241 Ibid.

242 Ibid.

Das „Integrationsgebot“ kommt schließlich u.a. in Steuerungsregel 3 zum Ausdruck, wonach sich Standorte für großflächige Einzelhandelsbetriebe mit nahversorgungsrelevanten Kernsortimenten ergänzend in wohnsiedlungsräumlich integrierten Lagen befinden sollen.[243]

Agglomerationen werden in Steuerungsregel 4 behandelt: Zentrenrelevante Randsortimente sind auf 10 % der vorhabenbezogenen Gesamtverkaufsfläche und insgesamt maximal 2.500 qm Verkaufsfläche zu beschränken.[244] Die Beurteilung, ob eine Einzelhandelsagglomeration an einem bestehenden Standort vorliegt, ist (auch) unter Berücksichtigung der Gesamtsituation vorzunehmen.[245]

Zentrale Versorgungsbereiche werden nicht auf regionaler Ebene, sondern von den beteiligten Kommunen selbst festgelegt.[246]

Für Factory-Outlet-Center trifft das regionale Einzelhandelskonzept keine speziellen Regelungen.

Die genannten Steuerungsregeln werden wiederum durch die Prüfkriterien des regionalen Einzelhandelskonzepts für das Östliche Ruhrgebiet und benachbarte Bereiche konkretisiert.

Weiterhin wird im regionalen Einzelhandelskonzept das Verfahren zur Feststellung des Regionalen Konsenses beschrieben:

„Regionaler Konsens“ bedeutet, dass Planvorhaben großflächigen Einzelhandels, die überörtlich bedeutsam sind, nach vorab zwischen den Gemeinden vereinbarten Kriterien einheitlich bewertet werden sollen.[247]

Das Verfahren soll dergestalt ablaufen, dass die planende Kommune einem Arbeitskreis, dem Vertreter der beteiligten Gemeinden, der Gutachter sowie Vertreter der zugehörigen Industrie- und Handelskammern, Einzelhandelsverbände, Kreise, Bezirksregierungen und des Regionalverbandes Ruhr angehören, die entscheidungserheblichen Unterlagen vorlegt.[248]

---

243 Regionales Einzelhandelskonzept für das Östliche Ruhrgebiet und angrenzende Bereiche, 2. Fortschreibung 2013, S. 34.

244 Regionales Einzelhandelskonzept für das Östliche Ruhrgebiet und angrenzende Bereiche, 2. Fortschreibung 2013, S. 35.

245 Ibid.

246 Regionales Einzelhandelskonzept für das Östliche Ruhrgebiet und angrenzende Bereiche, 2. Fortschreibung 2013, S. 40.

247 Regionales Einzelhandelskonzept für das Östliche Ruhrgebiet und angrenzende Bereiche, 2. Fortschreibung 2013, S. 55.

248 Regionales Einzelhandelskonzept für das Östliche Ruhrgebiet und angrenzende Bereiche/Geschäftsordnung, 2. Fortschreibung 2013, S. 76 f.

Der Arbeitskreis prüft, ob das geplante Vorhaben die Kriterien des regionalen Einzelhandelskonzepts einhält.[249]

Wenn dies der Fall ist, wird der Regionale Konsens festgestellt.[250] Die Nachbarkommunen tragen dann im Rahmen der nachbargemeindlichen Beteiligung im Bauleitplanverfahren keine Einwendungen bezüglich einzelhandelsrelevanter Auswirkungen mehr vor.[251]

Wenn das geplante Vorhaben die Kriterien des regionalen Einzelhandelskonzepts nicht erfüllt, aber erkennbar ist, dass es dem Sinn und den Zielen grundsätzlich entspricht, kann der Regionale Konsens dennoch erteilt werden.[252] Stimmberechtigt sind die Vertreter aller Gemeinden, wobei jeder Gemeinde eine Stimme zusteht.[253] Die Gemeinden, die nicht nur unerheblich von dem Vorhaben betroffen sind, müssen an der Entscheidung mitwirken.[254] Konsens ist erzielt, wenn die Abstimmung keine Gegenstimmen ergibt.[255]

b) Interkommunale Vereinbarung

Die interkommunale Vereinbarung nennt als Ziele des regionalen Einzelhandelskonzeptes eine Stärkung der Zentren und eine bessere Abstimmung von Planvorhaben mit Nachbargemeinden.[256]

Die teilnehmenden Städte und Gemeinden haben das regionale Einzelhandelskonzept als gemeinsame Grundlage bei der Behandlung von großflächigen Einzelhandelsprojekten anerkannt.[257] Im Einzelnen haben sie dabei Folgendes vereinbart:

---

249 Regionales Einzelhandelskonzept für das Östliche Ruhrgebiet und angrenzende Bereiche/Geschäftsordnung, 2. Fortschreibung 2013, S. 77.

250 Ibid.

251 Regionales Einzelhandelskonzept für das Östliche Ruhrgebiet und angrenzende Bereiche/Geschäftsordnung, 2. Fortschreibung 2013, S. 78.

252 Regionales Einzelhandelskonzept für das Östliche Ruhrgebiet und angrenzende Bereiche/Geschäftsordnung, 2. Fortschreibung 2013, S. 77.

253 Ibid.

254 Ibid.

255 Regionales Einzelhandelskonzept für das Östliche Ruhrgebiet und angrenzende Bereiche/Geschäftsordnung, 2. Fortschreibung 2013, S. 78.

256 Regionales Einzelhandelskonzept für das Östliche Ruhrgebiet und benachbarte Bereiche – Interkommunale Vereinbarung, S. 2.

257 Ibid.

„1. die gegenseitige Information über Einzelhandelsvorhaben mit überörtlicher Bedeutung;
2. die Bereitschaft zur nachbarlichen Erörterung im Kreis betroffener Kommunen mit dem Ziel, einen regionalen Konsens herzustellen;
3. das Einverständnis, das REHK-Gutachten inhaltlich und verfahrensmäßig zur Gesprächsgrundlage zu machen;
4. die Verpflichtung zu Datenpflege und Datenaustausch als Gesprächs- und Beurteilungsgrundlage für überörtlich bedeutsame Ansiedlungen;
5. die Verpflichtung, die im regionalen Konsens getroffenen Vereinbarungen durch entsprechende planungsrechtliche Maßnahmen einzuhalten und umzusetzen."[258]

Schließlich erwarten die am Einzelhandelskonzept beteiligten Städte und Gemeinden, dass die Einzelhandelsverbände, die Industrie- und Handelskammern sowie die Bezirksregierungen und Kreise das Konzept auch bei der Umsetzung unterstützen, da es nur im regionalen Konsens aller Beteiligten verwirklicht werden könne.[259]

258 Ibid.
259 Ibid.

3. Teil: Rechtsrahmen der Steuerung

Nach Darstellung der verschiedenen Formen regionaler Einzelhandelskonzepte werden nun die rechtlichen Rahmenbedingungen betrachtet, die bei der Steuerung großflächigen Einzelhandels einzuhalten sind. Hierbei erfolgt eine Beschränkung auf die Grundsätze. Die Untersuchung verfolgt an dieser Stelle das Ziel, die Vorschriften zusammenzutragen, aus denen sich Rechtsgrenzen für regionale Einzelhandelskonzepte ergeben könnten. Die einzelfallspezifische Subsumtion folgt im 4. Teil der Arbeit.

A. Recht der Europäischen Union

Auf europäischer Ebene kommen unterschiedliche Regelungen in Betracht, an denen sich regionale Einzelhandelskonzepte messen lassen müssen.

Hierbei wird fast ausschließlich das primäre Unionsrecht behandelt, da das sekundäre Unionsrecht – abgesehen von der Dienstleistungsrichtlinie[260] – keine Vorgaben enthält, aus denen sich spezifische Steuerungsgrenzen für großflächigen Einzelhandel ergeben.

Im Rahmen dieser Untersuchung wird auch auf das Europäische Raumentwicklungskonzept (EUREK) und die Territoriale Agenda der Europäischen Union (TAEU) nicht näher eingegangen, da es sich hierbei nicht um verbindliches Sekundärrecht, sondern lediglich um Empfehlungen bzw. politische Planziele handelt.[261]

I. Raumordnungskompetenz der Europäischen Union

Auf der Ebene des Primärrechts lässt sich eine (begrenzte) Raumordnungskompetenz der Europäischen Union aus Art. 192 Abs. 2 b) 1. Spiegelstrich AEUV nicht ausschließen.

Nach dem in Art. 5 Abs. 2 EUV normierten Prinzip der begrenzten Einzelermächtigung stehen der Union nur diejenigen Kompetenzen zu, die ihr die Mitgliedsstaaten als „Herren der Verträge"[262] in den Verträgen über die Europäische

260 Richtlinie 2006/123/EG des Europäischen Parlaments und des Rates vom 12. Dezember 2006 über Dienstleistungen im Binnenmarkt, Amtsblatt Nr. L 376 vom 27.12.2006, S. 36 ff.

261 Durner, Raumordnung auf der europäischen Ebene, S. 401 f.

262 Calliess in: Calliess/Ruffert, Art. 5 EUV, Rn. 6.

Union und über die Arbeitsweise der Europäischen Union zur Verwirklichung der darin niedergelegten Ziele übertragen haben (keine „Kompetenz-Kompetenz"). Alle der Europäischen Union in diesen beiden Verträgen nicht übertragenen Zuständigkeiten – so stellt Art. 5 Abs. 2 S. 2 EUV seit Inkrafttreten des Vertrages von Lissabon am 01. Dezember 2009 ausdrücklich klar – verbleiben bei den Mitgliedsstaaten.[263]

Nach einer Auffassung wird die von Art. 5 Abs. 2 S. 1 EUV geforderte primärrechtliche Einzelermächtigung der Union für das Gebiet der Raumordnung in Art. 192 Abs. 2 b) 1. Spiegelstrich AEUV gesehen.[264] Diese Vorschrift bestimmt, dass der Rat gemäß einem besonderen Gesetzgebungsverfahren nach Anhörung des Europäischen Parlamentes, des Wirtschafts- und Sozialausschusses sowie des Ausschusses der Regionen einstimmig Maßnahmen, die die Raumordnung berühren, erlässt.

Der Begriff der „Raumordnung" in Art. 192 Abs. 2 b) 1. Spiegelstrich AEUV erfasst raumplanerische Grundentscheidungen im Bereich zentraler und regionaler Infrastrukturvorhaben wie beispielsweise des Flughafenbaus.[265] Ein Vergleich mit der englischen Fassung („town and country planning") zeigt, dass auch die Stadtplanung miteinbezogen ist.[266]

In Abgrenzung zu oben genannter Auffassung deuten Wortlaut („berühren") und Regelungszusammenhang („Titel XX Umwelt") des Art. 192 Abs. 2 b) 1. Spiegelstrich AEUV jedoch darauf hin, dass sich sämtliche Maßnahmen des Rates nach Abs. 2 im Rahmen der Umwelt- oder Verkehrskompetenz der Union halten müssen und die Union auf dem Gebiet der europäischen Raumordnung daher lediglich über eine beschränkte, nicht jedoch über eine grundsätzliche, allgemeine Zuständigkeit verfügt.[267] Denn Art. 192 Abs. 2 b) AEUV

263 Bast in: Grabitz/Hilf/Nettesheim, Art. 5 EUV, Rn. 6.

264 Gatawis, DÖV 2002, 858, 860 f.

265 Calliess in: Calliess/Ruffert, Art. 192 AEUV, Rn. 30; Nettesheim in: Grabitz/Hilf/Nettesheim, Art. 192 AEUV, Rn. 76.

266 Ibid.

267 Battis/Kersten, EuR 2009, 3, 9; Calliess in: Calliess/Ruffert, Art. 192 AEUV, Rn. 30; Durner, Konflikte räumlicher Planungen, S. 512 m. w. N.; Durner, Raumordnung auf der europäischen Ebene, S. 397 m. w. N.; Epiney in: Landmann/Rohmer, Art. 192 AEUV, Rn. 11; Gärditz, S. 50 f.; Kadelbach, S. 912; Nettesheim in: Grabitz/Hilf/Nettesheim, Art. 192 AEUV, Rn. 18, 69, 75 f.; Scherer/Heselhaus in: Dauses, Art. 192 AEUV, Rn. 77, 85, 92; Wahl, S. 918 f.

setzt als besondere Verfahrensvorschrift eine entsprechende Zuständigkeit auf dem Gebiet der Umweltpolitik voraus, ohne diese aber selbst zu begründen.[268]

EU-weite Maßnahmen nach Art. 192 Abs. 2 b) 1. Spiegelstrich AEUV den großflächigen Einzelhandel betreffend sind nicht getroffen worden und derzeit auch nicht beabsichtigt. Das heißt, dass nach derzeitiger Situation eine (begrenzte) Kompetenz besteht, aus der sich aber (zurzeit) keine konkrete Rechtsgrenze für regionale Einzelhandelskonzepte ergibt.

II. Ziele der Union

Die formulierten Ziele der Union nach Art. 3 EUV (u.a.: Errichtung eines Binnenmarktes, Hinwirken auf eine nachhaltige Entwicklung, ein ausgewogenes Wirtschaftswachstum und sozialen Fortschritt) sind als Steuerungsgrenzen regionaler Einzelhandelskonzepte ebenfalls in Betracht zu ziehen.

Diesen Zielen ist zwar ein gewisser Einfluss auf die Planungen der Mitgliedstaaten zuzuschreiben, jedoch vermögen sie nur eine äußerst begrenzte Steuerungskraft zu entfalten, weil die Verträge keine Bestimmungen dazu beinhalten, wie verschiedene gegensätzliche – von der Regelungskompetenz der Europäischen Union erfasste – Politikbereiche (z.B. Wirtschaft(swachstum), Nachhaltigkeit und sozialer Schutz) untereinander zu gewichten sind.[269] Insbesondere beinhalten die Ziele der Union keine konkreten Regelungen für den großflächigen Einzelhandel, an die sich regionale Einzelhandelskonzepte halten müssten.

III. Niederlassungsfreiheit gem. Art. 49 AEUV

Die Anforderungen, die regionale Einzelhandelskonzepte unter unionsrechtlichen Aspekten einhalten müssen, ergeben sich deshalb maßgeblich aus der Niederlassungsfreiheit nach Art. 49 AEUV.

Gem. Art. 49 S. 1 AEUV sind Beschränkungen der freien Niederlassung von Staatsangehörigen eines Mitgliedstaats im Hoheitsgebiet eines anderen Mitgliedstaats verboten. Die Niederlassungsfreiheit ist unmittelbar anwendbares primäres Unionsrecht. Sie ist lex specialis gegenüber dem allgemeinen Diskriminierungsverbot in Art. 18 AEUV.[270] Unter dem Begriff der Diskriminierung versteht man dementsprechend „die rechtliche Schlechterbehandlung eines zu

268 So ausdrücklich Durner, Raumordnung auf der europäischen Ebene, S. 397 m. w. N.; Epiney in: Landmann/Rohmer, Art. 192 AEUV, Rn. 8, 11.

269 Durner, Konflikte räumlicher Planungen, S. 515.

270 Bröhmer in: Calliess/Ruffert, Art. 49 AEUV, Rn. 19.

beurteilenden Sachverhaltes mit Gemeinschaftsbezug gegenüber einem reinen Inlandssachverhalt".[271]

1. *Schutzbereich*

Der Schutzbereich des Art. 49 AEUV muss in persönlicher und sachlicher Hinsicht eröffnet sein. Bezugspunkt ist der großflächige Einzelhandel bzw. das individuelle Einzelhandelsunternehmen.

a) *Persönlicher Schutzbereich*

Vom persönlichen Schutzbereich sind natürliche Personen, die die Staatsangehörigkeit eines EU-Mitgliedstaats besitzen (Art. 49 S. 1 AEUV) und Gesellschaften erfasst.

Art. 54 S. 1 AEUV führt eine Gleichstellung der nach den Rechtsvorschriften eines Mitgliedstaats gegründeten Gesellschaften, die ihren satzungsmäßigen Sitz, ihre Hauptverwaltung oder ihre Hauptniederlassung innerhalb der Union haben, mit den natürlichen Personen herbei. Als Gesellschaften gelten gem. Art. 54 S. 2 AEUV die Gesellschaften des bürgerlichen Rechts und des Handelsrechts einschließlich der Genossenschaften und die sonstigen juristischen Personen des öffentlichen und privaten Rechts mit Ausnahme derjenigen, die keinen Erwerbszweck verfolgen.

Der Begriff der Gesellschaften umfasst deshalb auch Einzelhandelsunternehmen.

b) *Sachlicher Schutzbereich*

Der sachliche Schutzbereich ist eröffnet, wenn ein regionales Einzelhandelskonzept einen grenzüberschreitenden Sachverhalt[272] regelt und die betreffende Tätigkeit sachlich von der Niederlassungsfreiheit geschützt ist.

Umfang und Grenzen der sachlich geschützten Tätigkeit lassen sich anhand des Begriffes der Niederlassungsfreiheit, des konkreten Diskriminierungs- und des allgemeinen Beschränkungsverbotes präzisieren.

aa) Begriff der Niederlassungsfreiheit

Art. 49 S. 2 AEUV erstreckt das Verbot von Niederlassungsbeschränkungen im Sinne des Art. 49 S. 1 AEUV auf Beschränkungen der Gründung von Agenturen, Zweigniederlassungen und Tochtergesellschaften durch Angehörige eines

---

271 Ibid.

272 Bröhmer in: Calliess/Ruffert, Art. 49 AEUV, Rn. 6.

Mitgliedstaats, die im Hoheitsgebiet eines Mitgliedstaats ansässig sind. Die Niederlassungsfreiheit umfasst die Aufnahme und Ausübung selbstständiger Erwerbstätigkeiten sowie die Gründung und Leitung von Unternehmen, insbesondere von Gesellschaften im Sinne des Art. 54 Abs. 2 AEUV, nach den Bestimmungen des Aufnahmestaats für seine eigenen Angehörigen (Art. 49 S. 3 AEUV).

Sie lässt sich – kurz zusammengefasst – als „Freizügigkeitsrecht für Selbstständige" definieren.[273]

Der Begriff der Niederlassung wird definiert als „tatsächliche Ausübung einer wirtschaftlichen Tätigkeit mittels einer festen Einrichtung in einem anderen Mitgliedstaat auf unbestimmte Zeit".[274]

Die Ansiedlung eines großflächigen Einzelhandelsbetriebes ist aufgrund der Weisungsfreiheit und Eigenverantwortung des jeweiligen Unternehmers als selbstständige Tätigkeit zu qualifizieren.[275] Auch erfolgt der Verkauf der Waren hierbei regelmäßig innerhalb baulicher Anlagen, also mit Hilfe von festen Einrichtungen.[276] Schließlich sind die Merkmale der Stetigkeit und Dauerhaftigkeit typischerweise erfüllt, da dies der unternehmerischen Interessenlage, das heißt dem Bedürfnis des Unternehmers nach langfristigem Erfolg, entspricht.[277] Demzufolge ist der sachliche Schutzbereich der Niederlassungsfreiheit grundsätzlich eröffnet.[278] Bezugspunkt ist hier die individuelle Einzelhandelstätigkeit.

Eine Abgrenzung der Niederlassungsfreiheit von den übrigen Grundfreiheiten – insbesondere der Dienstleistungsfreiheit – erfolgt anhand des Grades der Etablierung der Einrichtung sowie der Dauerhaftigkeit und des Schwerpunktes der betreffenden Tätigkeit.[279] Eine nur vorübergehende Teilnahme am Wirtschaftsleben des Mitgliedstaates reicht für die Annahme eines Eingriffs in Art. 49 AEUV nicht aus.[280]

Dienstleistungen sind nach der Definition des Art. 57 S. 1 AEUV solche Leistungen, die regelmäßig gegen Entgelt erbracht werden, soweit sie nicht u. a. von den Vorschriften über den freien Warenverkehr (Art. 28 ff. AEUV) erfasst werden. Als

273 Bröhmer, a. a. O., Rn. 2.
274 EuGH, Urt. v. 25.07.1991 – C-221/89, Rn. 20.
275 Kment, EuR 2011, 269 ff.
276 Kment, EuR 2011, 269, 271.
277 Ibid.
278 Ibid.
279 Bröhmer in: Calliess/Ruffert, Art. 49 AEUV, Rn. 3, 11 ff.
280 Bröhmer, a. a. O., Rn. 13.

Dienstleistungen gelten nach Art. 57 S. 2 AEUV insbesondere gewerbliche, kaufmännische, handwerkliche und freiberufliche Tätigkeiten.

Von der Niederlassungs- und der Dienstleistungsfreiheit ist die Warenverkehrsfreiheit abzugrenzen, die im Rahmen der vorliegenden Untersuchung keine unmittelbare Relevanz hat. Untersuchungsgegenstand ist nicht die Frage nach Handelsbeschränkungen, sondern vielmehr die Frage nach der Möglichkeit der Ansiedlung großflächigen Einzelhandels.

Die an den Schutzbereich der Warenverkehrsfreiheit anknüpfende Frage nach einer möglichen strukturellen Diskriminierung durch die Existenz von Einzelhandelsmonopolen (Art. 37 AEUV),[281] berührt den Untersuchungsgegenstand dieser Arbeit ebenfalls nicht wesentlich, da in der Bundesrepublik Deutschland als einziges nur noch das Branntweinmonopol (§ 1 BranntwMonG) besteht.[282] Es wird daher nicht näher darauf eingegangen.

bb) Konkretes Diskriminierungsverbot

Art. 49 AEUV als konkretes Diskriminierungsverbot fordert, dass alle Angehörigen eines Mitgliedstaates, die sich in einem anderen Mitgliedstaat niederlassen wollen, so behandelt werden wie die dort ansässigen Niedergelassenen (sog. Gebot der Inländergleichbehandlung).[283] Verstößt eine nationale Regelung gegen dieses Gebot, so handelt es sich um eine sog. offene Diskriminierung.

Eine – ebenfalls von Art. 49 AEUV erfasste – „versteckte" Diskriminierung liegt vor, wenn eine nationale Bestimmung zwar unabhängig von der Staatsangehörigkeit gilt, aber nachteilige Auswirkungen insbesondere oder nur auf EU-Ausländer hat.

Auf reine Inländerdiskriminierungen ist Art. 49 AEUV nicht anwendbar.

cc) Allgemeines Beschränkungsverbot

Das allgemeine Beschränkungsverbot hat eine Untersagung jeder – auch nicht diskriminierender, unterschiedslos geltender – Behinderung der Ausübung der Niederlassungsfreiheit zum Inhalt.[284]

---

281 Vgl. dazu EuGH, Urt. v. 03.02.1976 – Rs. 59/75 – NJW 1976, 1025 zum italienischen Tabakmonopol (Manghera); Urt. v. 23.10.1997 – Rs. C-189/95 – EuZW 1998, 55 zum schwedischen Alkoholmonopol (Franzén); Urt. v. 31.05.2005 – Rs. C-438/02 – Beck-EuRS 2005, 400820 zum schwedischen Monopol für den Einzelhandelsverkauf von Arzneimitteln (Hanner).

282 Kingreen in: Calliess/Ruffert, Art. 37 AEUV, Rn. 3 f.

283 Bröhmer in: Calliess/Ruffert, Art. 49 AEUV, Rn. 22.

284 EuGH, NVwZ 1993, 661 f.

Der Marktzugang EU-ausländischer Unternehmen soll nicht beeinträchtigt werden, damit der Handel innerhalb der Union ohne Behinderungen abgewickelt werden kann.[285]

2. *Eingriff in den Schutzbereich*

Ein Eingriff in den Schutzbereich liegt vor, wenn eine der oben erwähnten materiellen Gewährleistungen des Art. 49 AEUV verletzt wird.

Auf der Ebene der Raumordnung können Beeinträchtigungsverbote sowie Kongruenz-, Konzentrations- und Integrationsgebote Beschränkungen des Art. 49 AEUV darstellen.[286] Auf der Ebene der Bauleitplanung gilt dasselbe für vorhabenbezogene Verkaufsflächenbegrenzungen, die auf kommunalen Einzelhandelskonzepten beruhen.[287]

Der Europäische Gerichtshof bewertet auch eine Beschränkung der Ansiedlungsgebiete und Verkaufsflächen als Beschränkung der Niederlassungsfreiheit.[288]

Die unionsrechtliche Grundfreiheit nach Art. 49 AEUV ist allerdings meist nur mittelbar tangiert, weil sich die Grundsätze des Europäischen Gerichtshofs an die Gemeinden und nicht an private Investoren richten.[289] Nationale Maßnahmen, die „die Ausübung der durch den Vertrag garantierten grundlegenden Freiheiten behindern oder weniger attraktiv machen“[290] können unter bestimmten Voraussetzungen zulässig sein.[291] Dann muss eine Rechtfertigung aus zwingenden Gründen des Allgemeinwohls gegeben sein.[292]

3. *Rechtfertigung des Eingriffs*

Ein Eingriff kann entweder aus zwingenden Allgemeininteressen oder aus Art. 51 und 52 AEUV unionsrechtlich gerechtfertigt sein.

---

285 Janning/Grotefels, S. 68.
286 Kment, EuR 2011, 269, 273 f. Siehe dazu 4. Teil A. I.
287 Kment, EuR 2011, 269, 274.
288 EuGH, Urt. v. 24.03.2011 – C-400/08, Rn. 80 – EuZW 2011, 557, 561; Runkel in: Bielenberg/Runkel/Spannowsky, ROG, L § 4, Rn. 329.
289 Kment, EuR 2011, 269, 274; Runkel in: Bielenberg/Runkel/Spannowsky, ROG, L § 4, Rn. 329.
290 EuGH, Rs. C-518/06, Slg. 2009, I-3491 Rn. 62.
291 Bröhmer in: Calliess/Ruffert, Art. 49 AEUV, Rn. 28.
292 Runkel in: Bielenberg/Runkel/Spannowsky, ROG, L § 4, Rn. 329.

a) *Rechtfertigung aus zwingenden Allgemeininteressen*

Eine Rechtfertigung nicht diskriminierender, also unterschiedslos geltender Beschränkungen aus zwingenden Gründen des Allgemeinwohls ist im Falle des Schutzes der Lauterkeit des Handelsverkehrs möglich (Übertragung der Grundsätze der Cassis-de-Dijon-Rechtsprechung[293]).[294]

Hinzukommen muss aber in jedem Einzelfall, dass die beschränkende Maßnahme verhältnismäßig, das heißt geeignet, erforderlich und angemessen ist.[295]

Es ist also immer eine einzelfallspezifische Prüfung notwendig.

b) *Rechtfertigung gem. Art. 51 und 52 AEUV*

Art. 51 S. 1 AEUV bestimmt, dass Kapitel 2 des Dritten Teils Titel IV AEUV (Art. 49 – 55 AEUV) auf Tätigkeiten, die in einem Mitgliedstaat dauernd oder zeitweise mit der Ausübung öffentlicher Gewalt verbunden sind, in dem betreffenden Mitgliedstaat keine Anwendung findet.

Dieses Kapitel und die aufgrund desselben getroffenen Maßnahmen beeinträchtigen gem. Art. 52 S. 1 AEUV nicht die Anwendbarkeit der Rechts- und Verwaltungsvorschriften, die eine Sonderregelung für Ausländer vorsehen und aus Gründen der öffentlichen Ordnung, Sicherheit oder Gesundheit gerechtfertigt sind.

Ein Zusammenhang mit regionalen Einzelhandelskonzepten ist hierbei in aller Regel nicht ersichtlich.

4. *Vertragsverletzungsverfahren und aktuelle Rechtsprechungsentwicklung*

Probleme der Niederlassungsfreiheit sind aktuell auch Gegenstand eines laufenden, noch nicht abgeschlossenen Vertragsverletzungsverfahrens der EU-Kommission

---

293 EuGH, Urt. v. 20.02.1979 – Rs. 120/78 – NJW 1979, 1766 (Cassis-de-Dijon-Formel: "In Ermangelung einer gemeinschaftsrechtlichen Regelung der Herstellung und Vermarktung … (einer Ware) ist es Sache der Mitgliedstaaten, alle die Herstellung und Vermarktung … betreffenden Vorschriften für ihr Hoheitsgebiet zu erlassen. Hemmnisse für den Binnenhandel der Gemeinschaft, die sich aus den Unterschieden der nationalen Regelungen … ergeben, müssen hingenommen werden, soweit diese Bestimmungen notwendig sind, um zwingenden Erfordernissen gerecht zu werden, insbesondere den Erfordernissen einer wirksamen steuerlichen Kontrolle, des Schutzes der öffentlichen Gesundheit, der Lauterkeit des Handelsverkehrs und des Verbraucherschutzes").

294 EuGH, Urt. v. 09.07.1997 – C-34/95, C-35/95, C-36/95 (De Agostoni), Rn. 53; Roth in: Dauses, Art. 56 AEUV, Rn. 200.

295 Roth in: Dauses, Art. 49 AEUV, Rn. 103.

gegen die Bundesrepublik Deutschland sowie jüngerer Entscheidungen des Bundesverwaltungsgerichts[296] und des Europäischen Gerichtshofs[297]. Gegenstand aller genannten Verfahren ist jeweils die Frage nach Verstößen mitgliedstaatlichen Rechts gegen die Niederlassungsfreiheit gem. Art. 49 AEUV.

a) Vertragsverletzungsverfahren

Mit Beschluss vom 25.06.2009 hat die Kommission der Europäischen Union (Generaldirektion Binnenmarkt[298]) ein Vertragsverletzungsverfahren gegen die Bundesrepublik Deutschland eingeleitet[299] und der Regierung der Bundesrepublik Deutschland ein Aufforderungsschreiben vom 26.06.2009 übersandt. Die deutsche Regierung hat daraufhin mit Schreiben vom 28.08.2009 eine Stellungnahme an die Kommission abgegeben.

Federführend in dem Verfahren, welches sich jetzt nicht mehr nach Art. 226 EGV, sondern nach Art. 258 AEUV richtet, ist das Bundesministerium für Verkehr, Bau und Stadtentwicklung. Nach aktuellem Verfahrensstand (Stand: 30.07.2015) stimmen sich die Kommissionsdienststellen in Brüssel derzeit intern über das weitere Vorgehen ab.[300]

Sämtliche Dokumente sind bei Abfassung der Untersuchung nicht öffentlich zugänglich, sodass eine Beschreibung und Bewertung ihres Inhalts lediglich auf der – unsicheren – Grundlage von Sekundärquellen durchgeführt werden kann.

aa) Mahnschreiben der EU-Kommission vom 26.06.2009

Eine Auswertung der Fachliteratur hierzu ergibt, dass die Kommission der Bundesrepublik Deutschland in ihrem Mahnschreiben eine Verletzung der Niederlassungsfreiheit und der EU-Dienstleistungsrichtlinie vorwirft.[301] Die nach Ansicht der Kommission europäisches Recht verletzenden Festlegungen seien nur exemplarisch für das deutsche Planungsrecht in das Mahnschreiben aufgenommen worden.[302]

---

296 BVerwG, Urt. v. 16.12.2010 – 4 C 8/10 – NVwZ 2011, 821 ff. – ZfBR 2011, 255 ff.

297 EuGH, Urt. v. 24.03.2011 – C-400/08 – EuZW 2011, 557 ff.

298 Spannowsky in: Spannowsky/Holl, S. 25.

299 Pressemitteilung der EU-Kommission vom 25.06.2009 (IP/09/2002).

300 LT-Drs. NRW 14/10666, S. 2.

301 Bischopink, BauR 2009, 1688 f.; Dziallas, NZBau 2010, 618; Hager, BauR 2011, 1093, 1099; Landtag Nordrhein-Westfalen, LT-Drs. 14/10666, S. 1; Preibisch, S. 12; Sparwasser/Edelbluth, S. 81.

302 Bischopink, BauR 2009, 1688 f.; Dziallas, NZBau 2010, 618 f.; Hager, BauR 2011, 1093, 1099; Sparwasser/Edelbluth, S. 81.

So sollen § 24a LEPro NRW a. F.,[303] einige Regelungen des Regionalplans Stuttgart[304] und raumplanerische Festlegungen in Niedersachsen[305] gegen Art. 49 AEUV und die Dienstleistungsrichtlinie verstoßen.[306]

---

303 § 24a LEPro NRW a. F. soll zugleich einen Verstoß gegen den Grundsatz der loyalen Zusammenarbeit gem. Art. 10 EGV (außer Kraft, galt bis zum 30.11.2009; vgl. jetzt Art. 4 Abs. 3 EUV) darstellen (Bischopink, BauR 2009, 1688 f.).

304 Teilweise wird dies auf Plansatz 2.7.5 konkretisiert (Bischopink, BauR 2009, 1688 f.). Hierbei kann es sich nur um den Regionalplan Stuttgart – Teiländerung für das Kapitel 2.7 vom 13. März 2002 handeln, da die nächste Teilfortschreibung vom 09.07.2008 datiert und damit dem Mahnschreiben zeitlich nachfolgte.
Plansatz 2.7.5 des Regionalplans 2002 traf als Ziel der Raumordnung Festlegungen über Standortbereiche für nicht-zentrenrelevante Einzelhandelsgroßprojekte.
Im Einzelnen regelte er Folgendes: „Einzelhandelsgroßprojekte mit nicht-zentrenrelevantem Sortiment (vgl. Sortimentsliste in der Begründung) sind ebenfalls den in der Raumnutzungskarte dargestellten regionalbedeutsamen Einzelhandelsschwerpunkten gemäß Pl.S. 2.7.4 oder deren unmittelbarem Umfeld zuzuordnen.
Von dieser Festlegung kann für entsprechende Einzelhandelsgroßprojekte dann abgewichen werden, wenn
- aufgrund eingehender Untersuchung innerhalb der in der Raumnutzungskarte dargestellten regionalbedeutsamen Einzelhandelsschwerpunkte, wegen nicht ausreichender Flächengröße, nicht herstellbarer ausreichender Verkehrserschließung oder zwingender Inanspruchnahme potenzieller Flächen für andere Nutzungen, keine Standortmöglichkeiten gegeben sind,
- der Standort im Übrigen den Grundsätzen und Zielen des Regionalplans entspricht,
- der Standort in das vorhandene Siedlungsgefüge eingebunden (integriert) ist, kein neuer Siedlungsansatz erfolgt und insbesondere der städtebauliche Zusammenhang mit größeren Wohn- oder Arbeitsplatzgebieten gegeben ist und
- der Standort in eine umfassende, mit der Regionalplanung abgestimmte und bauleitplanerisch abgesicherte Einzelhandelskonzeption eingebunden ist.
Zentrenrelevante Randsortimente sind bei Vorhaben außerhalb der in der Raumnutzungskarte dargestellten regionalbedeutsamen Einzelhandelsschwerpunkte i.d.R. auszuschließen. Ausnahmsweise zugelassen werden können bei sorgfältiger Begründung entsprechende Sortimente auf höchstens 3 % der Gesamtverkaufsfläche, höchstens 350 qm Verkaufsfläche."

305 Preibisch, S. 12.

306 Bischopink, BauR 2009, 1688 f.; Dziallas, NZBau 2010, 618.
Nach einer weiteren Quelle gilt das auch für eine Beschränkung des Verkaufs zentrenrelevanter Sortimente auf zentrale Versorgungsbereiche (Landtag Nordrhein-Westfalen, LT-Drs. 14/10666, S. 1).

Eine Verletzung der EU-Dienstleistungsrichtlinie soll sich aus Art. 249 EGV[307] i. V. m. Art. 10 und 14 DL-RL ergeben.[308]

Die Voraussetzungen für die Erteilung einer Genehmigung für die Aufnahme und Ausübung einer Dienstleistungstätigkeit seien entgegen Art. 10 Abs. 2 a) DL-RL („klar und unzweideutig") ungenau und nicht objektiv überprüfbar.[309]

Schließlich verletze das Erfordernis wirtschaftlicher Standortprüfungen Art. 14 Abs. 5 DL-RL.[310] Nach dieser Vorschrift dürfen Aufnahme oder Ausübung einer Dienstleistungstätigkeit weder von einer wirtschaftlichen Überprüfung im Einzelfall, noch der Beurteilung der tatsächlichen oder möglichen wirtschaftlichen Auswirkungen der Tätigkeit noch der Bewertung ihrer Eignung für die Verwirklichung wirtschaftlicher Programmziele der Behörde abhängig gemacht werden. Die Erteilung der Genehmigung soll insbesondere nicht vom Nachweis eines wirtschaftlichen Bedarfs oder einer Marktnachfrage abhängen.

Zulässig sind allerdings Festlegungen, die nicht wirtschaftlichen Zielen, sondern zwingenden Gründen des Allgemeininteresses folgen (Art. 14 Abs. 5, 2. HS DL-RL).

Die Vorschrift des § 24a LEPro NRW a. F. hat der Verfassungsgerichtshof für das Land Nordrhein-Westfalen inzwischen wegen Verstoßes gegen das Selbstverwaltungsrecht der Gemeinden aus Art. 78 Abs. 1 und 2 LVerf NRW teilweise für verfassungswidrig erklärt.[311] Sie ist insgesamt mit Ablauf des 31.12.2011 außer Kraft getreten.

Eine detaillierte, verlässlichere Darstellung der sachlichen Beanstandungen der Kommission mit Beispielen ist zurzeit nicht möglich.

bb) Stellungnahme der Bundesregierung vom 28.08.2009

Die Bundesrepublik Deutschland macht in ihrer Stellungnahme vom 28.08.2009 geltend, dass das deutsche Planungsrecht nicht in Widerspruch zur Niederlassungsfreiheit stehe, da es bei der Standortsteuerung für großflächigen Einzelhandel Ziele verfolge, die auch die Europäische Union anerkenne.[312] Als solche

307 Außer Kraft, galt bis zum 30.11.2009; vgl. jetzt Art. 288 AEUV.

308 Bischopink, BauR 2009, 1688 f.

309 Dziallas, NZBau 2010, 618.

310 Dziallas, a. a. O., 618 f.

311 VerfGH NRW, Urt. v. 26.08.2009 – 18/08.

312 Preibisch, S. 12.

seien beispielsweise die Stadt als Motor der wirtschaftlichen Entwicklung, der energieeffiziente Städtebau und die Vermeidung der Zersiedlung zu nennen.[313]

Ein Verstoß gegen die Dienstleistungsrichtlinie sei ebenfalls nicht gegeben, weil das Planungsrecht sich an „jedermann“ und nicht ausschließlich an den Einzelhandel richte.[314]

Diese Auffassung teilt die Landesregierung Nordrhein-Westfalen: Die betroffenen Vorschriften regelten nicht die Aufnahme oder Ausübung einer Dienstleistung als solche und seien daher nicht vom Anwendungsbereich der Richtlinie umfasst.[315]

Die Landesregierung Baden-Württemberg vertritt den Standpunkt, dass die Regelungen in Landesplanungsgesetz, Landesentwicklungsprogramm und Regionalplänen mit geltendem Recht in Einklang stehen.[316]

b) *Übertragbarkeit des Urteils des Europäischen Gerichtshofs vom 24.03.2011 – C-400/08 auf deutsches Recht*

Aus den Urteilen des Europäischen Gerichtshofs zu einer Vertragsverletzungsklage der Kommission gegen das Königreich Spanien[317] und den Urteilen des Bundesverwaltungsgerichts zu Ikea Rastatt[318] lassen sich die grundsätzlichen Kriterien für die Prüfung eines Verstoßes deutscher Regelungen gegen Art. 49 AEUV ableiten:

In seiner grundlegenden Entscheidung hat sich der Europäische Gerichtshof mit der Frage einer Verletzung der Niederlassungsfreiheit durch spanisches Recht auseinandergesetzt.

Konkret rügte die Kommission Verstöße gegen Art. 49 AEUV unter drei Gesichtspunkten: Erstens bezüglich Beschränkungen großflächigen Einzelhandels im Hinblick auf Standort und Größe, zweitens bezüglich der Bedingungen für den Erhalt einer für die Ansiedlung von solchen Einzelhandelsvorhaben erforderlichen spezifischen Gewerbeerlaubnis sowie drittens bezüglich verfahrensrechtlicher Aspekte für die Erteilung dieser Erlaubnis.[319]

---

313 Ibid.

314 Preibisch, S. 12.

315 LT-Drs. NRW 14/10666, S. 2.

316 LT-Drs. BW 14/5065, S. 2.

317 EuGH, Urt. v. 24.03.2011 – C-400/08 – EuZW 2011, 557 ff.

318 BVerwG, Urt. v. 16.12.2010 – 4 C 8/10 – NVwZ 2011, 821 ff. – ZfBR 2011, 255 ff.

319 EuGH, Urt. v. 24.03.2011 – C-400/08, Rn. 51 – EuZW 2011, 557, 559.

Für die hier vorliegende Untersuchung sind insbesondere bestimmte Teilaspekte der ersten beiden Rügen relevant. Die dritte Rüge ist in diesem Zusammenhang nicht von Bedeutung, da keine entsprechende Regelung im deutschen Recht existiert.[320]

Hinsichtlich der ersten Rüge[321] hat der Europäische Gerichtshof vom Grundsatz her die Eignung von Beschränkungen von Standort und Größe großflächigen Einzelhandels zur Erreichung von Zielen der Raumordnung und des Umweltschutzes bejaht.[322] Jedoch müsse bei spürbarer Einschränkung der Ansiedlungsmöglichkeiten ein Mitgliedstaat zusätzlich zu den Rechtfertigungsgründen eine Untersuchung zu Zweck- und Verhältnismäßigkeit der Maßnahme beibringen sowie sein Vorbringen mit Hilfe von Tatsachen stützen.[323] Die Vorlage derartiger Erläuterungen hat Spanien versäumt, so dass die erste Rüge begründet war.[324]

Eine vergleichbare Problematik kann sich auch in Deutschland ergeben, weil Beschränkungen von Standort und Größe großflächiger Einzelhandelseinrichtungen auch hier gängige Praxis sind.

---

320 Vgl. Uechtritz, ZfBR 2011, 648, 654, Fn. 61.

321 Zum spanischen Recht:
§ 4 Abs. 1 des Gesetzes 18/2005: „Große Einzelhandelseinrichtungen dürfen nur in konsolidierten städtischen Gebieten in Gemeinden eröffnet werden, die entweder das Zentrum eines Bezirks sind oder die mehr als 25.000 Einwohner (…) haben." (EuGH, Urt. v. 24.03.2011 – C-400/08, Rn. 7, 81)
Art. 10 Abs. 2 Unterabs. 1 des Anhangs des Dekrets 379/2006: „In Gebieten, in denen für das Jahr 2009 ein Überangebot prognostiziert wird, dürfen generell keine weiteren Verbrauchermärkte eröffnet werden." (EuGH, Urt. v. 24.03.2011 – C-400/08, Rn. 28, 81)
Aus Anhang 1.2 des Anhangs des Dekrets ergibt sich, dass ein solches Überangebot in 37 von 41 Bezirken der Autonomen Gemeinschaft Katalonien prognostiziert worden war (EuGH, Urt. v. 24.03.2011 – C-400/08, Rn. 81).
Für die restlichen vier Bezirke galt Art. 10 Abs. 2 Unterabs. 2 des Anhangs des Dekrets 379/2006: „In den anderen Gebieten ist ein Zuwachs an Verbrauchermärkten vorgesehen, sofern auf diese im Jahr nicht mehr als 9 % der geschätzten Verbraucherausgaben für Produkte des täglichen Bedarfs und 7 % der geschätzten Verbraucherausgaben für Produkte des mittel- und langfristigen Bedarfs entfallen." (EuGH, Urt. v. 24.03.2011 – C-400/08, Rn. 28, 81)
Anhang 1.2 des Anhangs des Dekrets regelt, dass die maximal zulässige Verkaufsfläche in diesen vier Bezirken auf 23.667 qm begrenzt war. (EuGH, Urt. v. 24.03.2011 – C-400/08, Rn. 81)

322 EuGH, Urt. v. 24.03.2011 – C-400/08, Rn. 80 – EuZW 2011, 557, 561.

323 EuGH, Urt. v. 24.03.2011 – C-400/08, Rn. 82 f. – EuZW 2011, 557, 561.

324 EuGH, Urt. v. 24.03.2011 – C-400/08, Rn. 84 ff. – EuZW 2011, 557, 561.

In Bezug auf die zweite Rüge lässt sich zunächst feststellen, dass die spanische Regelung, nach der eine spezifische Gewerbeerlaubnis für den Betrieb großer Einzelhandelseinrichtungen einzuholen ist[325], als präventive, vorgelagerte Maßnahme im Einklang mit der Niederlassungsfreiheit steht.[326]

Unzulässig ist es hingegen nach der zitierten Entscheidung, wenn spanisches Recht (Art. 6 Abs. 1 des Gesetzes 7/1996)[327] die Erteilung der Erlaubnis von der Einzelhandelsdichte und den Auswirkungen der Neuansiedlung auf die Einzelhandelsstruktur des Gebietes abhängig macht.[328] Auch ist es nach Auffassung des Europäischen Gerichtshofs unzulässig, in Art. 8 des Gesetzes 18/2005, Art. 31 Abs. 4 und 33 Abs. 2 des Dekrets 378/2006 die Anfertigung eines Gutachtens über die Ansiedlungsdichte festzuschreiben, das bei Überschreitung vorgegebener Obergrenzen zwingend negativ ausfällt und bei negativem Ausfall bindend ist.[329] Dies begründet der Europäische Gerichtshof damit, dass durch solche rein wirtschaftlichen Bestimmungen lediglich der schon bestehende Einzelhandel und die Marktstruktur, nicht jedoch die Verbraucher geschützt werden.[330]

Fraglich ist, ob auch diese zweite Rüge auf Deutschland übertragbar ist.

Im Gegensatz zum spanischen Recht ist im deutschen Recht keine spezielle Gewerbeerlaubnis für großflächigen Einzelhandel erforderlich.

Außerdem gibt es weder eine Überangebots- bzw. Bedarfsprüfungsklausel, noch Quoten für die Ansiedlung bestimmter großflächiger Einzelhandelsprojekte, noch festgelegte Verkaufsflächenobergrenzen für bestimmte Bezirke.[331]

Jedoch lässt sich das Verbot der Ansiedlung außerhalb städtischer Gebiete bestimmter Größe und Zentralität in groben Zügen mit den – beispielsweise im

---

325 Zum spanischen Recht:
Art. 6 Abs. 1 des Gesetzes 7/1996: „Die Eröffnung einer großen Einzelhandelseinrichtung bedarf einer besonderen Gewerbeerlaubnis durch die Behörden der Autonomen Gemeinschaft, (…)“ (EuGH, Urt. v. 24.03.2011 – C-400/08, Rn. 3)

326 EuGH, Urt. v. 24.03.2011 – C-400/08, Rn. 92, 94 – EuZW 2011, 557, 562.

327 Zum spanischen Recht:
Art. 6 Abs. 2 Unterabs. 1 des Gesetzes 7/1996: „Bei der Entscheidung über die Erteilung oder die Versagung der in Abs. 1 genannten Gewerbeerlaubnis ist insbesondere zu berücksichtigen, ob in dem von der neuen Ansiedlung betroffenen Gebiet eine angemessene Ausstattung mit Einzelhandelseinrichtungen besteht und welche Auswirkungen die neue Ansiedlung auf die Einzelhandelsstruktur dieses Gebiets haben würde.“ (EuGH, Urt. v. 24.03.2011 – C-400/08, Rn. 3)

328 EuGH, Urt. v. 24.03.2011 – C-400/08, Rn. 95, 98 – EuZW 2011, 557, 562.

329 EuGH, Urt. v. 24.03.2011 – C-400/08, Rn. 96, 98 – EuZW 2011, 557, 562.

330 EuGH, Urt. v. 24.03.2011 – C-400/08, Rn. 95 ff. – EuZW 2011, 557, 562.

331 So Hager, BauR 2011, 1093, 1101.

Regionalen Raumordnungsprogramm Hannover und im Regionalplan Stuttgart enthaltenen – deutschen raumordnerischen Konzentrations- und Integrationsgeboten vergleichen.[332]

Auch weist die Prüfung der Auswirkungen auf die bestehende Einzelhandelsstruktur eine gewisse Nähe zu dem Beeinträchtigungsverbot in regionalen Einzelhandelskonzepten auf.[333]

Schließlich bezieht sich das mittelbar wirkende Kongruenzgebot indiziell auf die wirtschaftliche Reichweite einer Einzelhandelsausweisung.[334]

Die Anforderungen, die der Europäische Gerichtshof an das spanische Recht stellt, sind daher auch auf das deutsche Recht übertragbar.

IV. Dienstleistungsfreiheit gem. Art. 56 AEUV i. V. m. EU-Dienstleistungsrichtlinie

Gem. Art. 56 AEUV sind Beschränkungen des freien Dienstleistungsverkehrs innerhalb der Union für Angehörige der Mitgliedstaaten, die in einem anderen Mitgliedstaat als demjenigen des Leistungsempfängers ansässig sind, verboten. Art. 57 AEUV definiert Dienstleistungen im Sinne der Verträge als Leistungen, die in der Regel gegen Entgelt erbracht werden, soweit sie nicht den Vorschriften über den freien Waren- und Kapitalverkehr und über die Freizügigkeit der Personen unterliegen. Als Dienstleistungen gelten dabei insbesondere gewerbliche, kaufmännische, handwerkliche und freiberufliche Tätigkeiten (Art. 57 S. 2 AEUV). Weiter kann der Leistende unbeschadet des Kapitels über die Niederlassungsfreiheit zwecks Erbringung seiner Leistungen seine Tätigkeit vorübergehend in dem Mitgliedstaat ausüben, in dem die Leistung erbracht wird, und zwar unter den Voraussetzungen, welche der Mitgliedstaat für seine eigenen Angehörigen vorschreibt (Art. 57 S. 3 AEUV).

Kapitel III der EU-Dienstleistungsrichtlinie regelt die Niederlassungsfreiheit der Dienstleistungserbringer. In Abschnitt 1 trifft sie Bestimmungen über Genehmigungen für die Aufnahme und die Ausübung einer Dienstleistungstätigkeit. Die Genehmigungsregelungen müssen auf Kriterien beruhen, die eine willkürliche Ausübung des Ermessens der zuständigen Behörden verhindern (Art. 10 Abs. 1 EU-Dienstleistungsrichtlinie). So müssen die Kriterien klar und unzweideutig sein (Art. 10 Abs. 2 d) Dienstleistungsrichtlinie). Abschnitt 2 betrifft u. a. unzulässige Anforderungen an Genehmigungen. Relevant ist hier

332 So ausdrücklich Hager, BauR 2011, 1093, 1101.

333 So ausdrücklich Hager, a. a. O., 1102.

334 Wie Fn. 333.

insbesondere Art. 14 Nr. 5 EU-Dienstleistungsrichtlinie, wonach die Aufnahme oder Ausübung einer Dienstleistungstätigkeit nicht von einer wirtschaftlichen Überprüfung im Einzelfall, bei der die Erteilung der Genehmigung vom Nachweis eines wirtschaftlichen Bedarfs oder einer Marktnachfrage abhängig gemacht wird, oder der Beurteilung der tatsächlichen oder möglichen wirtschaftlichen Auswirkungen der Tätigkeit oder der Bewertung ihrer Eignung für die Verwirklichung wirtschaftlicher, von der zuständigen Behörde festgelegter Programmziele abhängig gemacht werden darf. Dieses Verbot betrifft aber nicht Planungserfordernisse, die keine wirtschaftlichen Ziele verfolgen, sondern zwingenden Gründen der Allgemeinheit dienen.

Ebenso wie im Bereich der Niederlassungsfreiheit könnten auch hier die in den regionalen Einzelhandelskonzepten enthaltenen Konzentrations-, Kongruenz- und Integrationsgebote sowie Beeinträchtigungsverbote unzulässige Eingriffe darstellen.

B. Verfassungsrecht

Neben dem Unionsrecht ist auch das nationale Verfassungsrecht daraufhin zu untersuchen, ob und inwieweit es rechtliche Grenzen enthält, die bei der Erstellung und Beurteilung regionaler Einzelhandelskonzepte zu beachten sind. Großflächiger Einzelhandel ist von einem Spannungsverhältnis zwischen örtlichen und überörtlichen Interessen geprägt. Aber auch der – vielerorts klar zu Tage tretende – Gegensatz zwischen gemeindlichen und unternehmerischen Interessen birgt erhebliches Konfliktpotential.[335] Das Sozialstaatsprinzip nach Art. 20 Abs. 1 GG mit Bezug auf die Sicherstellung einer (preisgünstigen) Nahversorgung[336] muss bei der Standortplanung ebenfalls Berücksichtigung finden.

I. Gesetzgebungskompetenz für das Gebiet der Raumordnung

Der zulässige Regelungsinhalt von Zielen der Landes- bzw. Regionalplanung richtet sich zunächst nach der grundgesetzlichen Verteilung der Gesetzgebungskompetenzen.[337]

335 Sparwasser, NVwZ 2006, 264, 268.

336 Ibid.

337 Erbguth, RuR 1997, 270, 272.

1. *Abgrenzung zwischen Raumordnungs- und Bodenrecht*

Das Grundgesetz differenziert zwischen den Gesetzgebungskompetenzen für das Gebiet der Raumordnung (Art. 74 Abs. 1 Nr. 31 GG) und für das Gebiet des Bodenrechts (Art. 74 Abs. 1 Nr. 18 GG).[338]

Diese Unterscheidung ist deswegen von besonderer Relevanz für die vorliegende Arbeit, weil der Bund für das Gebiets des Bodenrechts mit Erlass des Baugesetzbuchs bereits abschließend von seiner Gesetzgebungskompetenz Gebrauch gemacht hat[339] und die Länder insoweit keine eigenständigen Regelungen hierüber treffen dürfen. Etwas anderes gilt jedoch für das Gebiet der Raumordnung.

Die Raumordnung darf keine bodenrechtlichen Regelungen treffen.[340] Es bedarf daher der inhaltlichen Abgrenzung zwischen Raumordnungs- und Bodenrecht.

Entsprechend dem Baurechtsgutachten des Bundesverfassungsgerichts aus dem Jahr 1954[341] ist Raumordnung begrifflich die „zusammenfassende, übergeordnete Planung und Ordnung des Raumes. Sie ist übergeordnet, weil sie überörtliche Planung ist und weil sie vielfältige Fachplanungen zusammenfasst und aufeinander abstimmt."[342]

In Abgrenzung dazu umfasst das Bodenrecht „nur solche Vorschriften, die den Grund und Boden unmittelbar zum Gegenstand rechtlicher Ordnung haben, also die rechtlichen Beziehungen des Menschen zum Grund und Boden regeln."[343] Zum Bodenrecht zählt daher im Kern die im BauGB geregelte Flächennutzungs- und Bebauungsplanung (vgl. § 1 Abs. 2 BauGB).[344]

Aufgrund der Tatsache, dass jeder Raumordnungsplan automatisch das Gebiet zumindest einer Gemeinde betrifft und betreffen muss, sind Konflikte zwischen Raumordnung und Bauleitplanung schon von Gesetzes wegen vorprogrammiert.[345]

---

338 Vgl. Bunzel/Hanke, S. 17.

339 BVerwG, Urt. v. 24.02.1978 – 4 C 12/76, zit. nach juris, Rn. 31; Maunz in: Maunz/Dürig, GG, Art. 74, Rn. 200.

340 Bunzel/Hanke, S. 17.

341 BVerfG, Gutachten v. 16.06.1954 – 1 PBvV 2/52 – BVerfGE 3, 407 ff.

342 BVerfG, Gutachten v. 16.06.1954 – 1 PBvV 2/52, zit. nach juris, Rn. 79.

343 BVerfG, a. a. O., Rn. 75.

344 Bunzel/Hanke, S. 17; Runkel in: Bielenberg/Runkel/Spannowsky, ROG, L § 1, Rn. 34; ders. in: Spannowsky/Runkel/Goppel, ROG, § 1, Rn. 64.

345 Brohm, DÖV 1989, 429, 432; vgl. Brohm, DVBl. 1980, 653 f.; Runkel in: Bielenberg/Runkel/Spannowsky, ROG, L § 1, Rn. 38; ders. in: E/Z/B/K, BauGB, § 1, Rn. 56; Schmidt-Aßmann, VerwArch 1980, 117 f.

Die notwendige Trennungslinie zwischen Raumordnung und Bauleitplanung lässt sich anhand folgender Abgrenzungskriterien ziehen:[346]

a) Adressatenkreis

Im Hinblick auf den Adressatenkreis unterscheiden sich Raumordnungs- und Bebauungsplanung dadurch, dass sich erstere an öffentliche Stellen bei raumbedeutsamen Planungen und Maßnahmen (vgl. § 4 ROG), letztere an Grundstückseigentümer (vgl. § 8 Abs. 1 S. 1 BauGB) richtet.[347] Dieses Kriterium allein reicht zur Abgrenzung aber nicht aus.[348]

b) Ebenenspezifität

Entscheidend ist bei der Abgrenzung zwischen Raumordnung und Bauleitplanung daher auf die Ebenenspezifität der jeweiligen Planung, das heißt die Zuordnung beider Planungsarten zu verschiedenen Stufen des Raumplanungssystems[349], abzustellen.[350] Die Planarten dürfen sich jeweils nur innerhalb ihrer Stufe bzw. ihres Zuständigkeitsbereichs bewegen.[351]

Grob formuliert trifft die Raumordnung allgemeine Festlegungen in Form von Zielen der Raumordnung, die allerdings nicht so detailliert ausfallen dürfen wie die Darstellungen und Festsetzungen der Flächennutzungs- und Bauleitplanung nach den §§ 5 und 9 BauGB.[352] Für die Ebene der örtlichen Planung muss in der Regel ein „hinreichender Gestaltungsspielraum für eigene, substantiell gewichtige planerische Entscheidungen auf gemeindlicher Ebene verbleiben."[353] Wie weit oder eng dieser Gestaltungsspielraum aber konkret zu sein hat, ist regelmäßig eine Frage des Einzelfalles.

---

346 Bunzel/Hanke, S. 18.

347 Brohm, DÖV 1989, 429, 433; Bunzel/Hanke, S. 18.

348 Runkel in: E/Z/B/K, BauGB, § 1, Rn. 56.

349 Runkel in: Bielenberg/Runkel/Spannowsky, ROG, L § 1, Rn. 36; ders. in: Spannowsky/Runkel/Goppel, ROG, § 1, Rn. 66.

350 Bunzel/Hanke, S. 18.

351 Runkel in: Bielenberg/Runkel/Spannowsky, ROG, L § 1, Rn. 36; ders. in: Spannowsky/Runkel/Goppel, ROG, § 1, Rn. 66.

352 Vgl. Birk, NVwZ 1989, 905; Erbguth RuR 1997, 270, 272; Halama, S. 218; Runkel in: E/Z/B/K, BauGB, § 1, Rn. 56; ders. in: Spannowsky/Runkel/Goppel, ROG, § 1, Rn. 66.

353 Vgl. BVerfG, Beschl. v. 07.10.1980 – 2 BvR 584/76, 2 BvR 598/76, 2 BvR 599/76, 2 BvR 604/76 (Flugplatz Memmingen, Lärmschutz); vgl. Halama, S. 219; Runkel in: Bielenberg/Runkel/Spannowsky, ROG, L § 1, Rn. 37; ders. in: Spannowsky/Runkel/Goppel, ROG, § 1, Rn. 66; vgl. Werk in: Schumacher/Werk/Albrecht, ROG, § 3, Rn. 8.

Im Rahmen des mehrstufigen Systems der Raumplanung darf die Raumordnung sich also ausschließlich auf der ihr von der Verfassung zugewiesenen Stufe bewegen und keine Aufgaben an sich ziehen, die der nachgeordneten Ebene der kommunalen Bauleitplanung vorbehalten sind.[354]

Der Kompetenz- und Aufgabenbereich der Raumordnung ist dadurch gekennzeichnet, dass hier nur *raumbedeutsame* Festlegungen getroffen werden dürfen, wohingegen die Bauleitplanung nach § 1 Abs. 1 und 3 BauGB die bauliche und sonstige Nutzung der Grundstücke *in der Gemeinde* regelt.[355] Das schließt nicht aus, dass sich raumbedeutsame Festlegungen auch auf das Gebiet einer Gemeinde oder das Gebiet von Teilen einer Gemeinde beziehen können.[356]

Der Begriff der Raumbedeutsamkeit ist in § 3 Abs. 1 Nr. 6 ROG legaldefiniert. Raumbedeutsame Planungen und Maßnahmen sind danach Planungen einschließlich der Raumordnungspläne, Vorhaben und sonstigen Maßnahmen, durch die Raum in Anspruch genommen oder die räumliche Entwicklung oder Funktion eines Gebietes beeinflusst wird, einschließlich des Einsatzes der hierfür vorgesehenen öffentlichen Finanzmittel. Der Begriff der Raumbedeutsamkeit ist umfassend zu verstehen; nicht raumbedeutsam ist eine Planung oder Maßnahme nur dann, wenn ihr eine für die Nutzung des Raums, seine Funktion oder Entwicklung nur untergeordnete Bedeutung beizumessen ist.[357] Im Rahmen des § 3 Abs. 1 Nr. 6 ROG wird die überörtliche Bedeutung entweder als selbstständiges[358] oder als unselbstständiges[359] Kriterium neben der Raumbedeutsamkeit angesehen.

Fachübergreifend ist ein Raumordnungsplan dann, wenn er die verschiedenen Ansprüche an den Raum im Sinne einer integrierten Planung koordiniert.[360]

c) Planungsziele

Als zusätzliches Kriterium ist vielfach die Abgrenzung zwischen örtlichen und überörtlichen Planungszielen heranzuziehen.[361] Hierbei geht es jedoch nicht nur

354 Bunzel/Hanke, S. 18; Runkel in: E/Z/B/K, BauGB, § 1, Rn. 56.

355 Runkel in: Bielenberg/Runkel/Spannowsky, ROG, L § 1, Rn. 31; ders. in: Spannowsky/Runkel/Goppel, ROG, § 1, Rn. 61.

356 Vgl. Runkel in: Spannowsky/Runkel/Goppel, ROG, § 1, Rn. 61.

357 Runkel in: Spannowsky/Runkel/Goppel, ROG, § 3, Rn. 100.

358 Runkel, a. a. O., Rn. 104.

359 Runkel in: Bielenberg/Runkel/Spannowsky, ROG, L § 1, Rn. 31.

360 Ibid.

361 Bunzel/Hanke, S. 18.

um die Abgrenzung von Raumordnung und Bodenrecht, sondern auch um die Abgrenzung von Raumordnung und kommunaler Planungshoheit,[362] auf die später noch eingegangen werden wird.[363]

2. *Formell-rechtliche Regelungen*

Bezüglich der Gesetzgebungskompetenz für das Recht der Raumordnung ist zwischen der Bundeskompetenz für materiell-rechtliche und der für formell-rechtliche Regelungen zu unterscheiden.

Umstritten ist, ob sich die formell-rechtliche Bundeskompetenz aus Art. 84 Abs. 1 S. 2, 1. HS GG oder als Annexkompetenz aus Art. 74 Abs. 1 Nr. 31 GG ergibt.[364] Diese Frage kann für die vorliegende Untersuchung offen bleiben, weil in jedem Fall eine formelle Gesetzgebungskompetenz gegeben ist.

3. *Materiell-rechtliche Regelungen*

Die frühere Rahmengesetzgebungskompetenz des Bundes hatte ausschließlich die Raumordnung in den Ländern zum Gegenstand. Für die Raumordnung des Bundes stand dem Bund eine Vollkompetenz kraft Natur der Sache zu.[365] Die Übergangsbestimmungen von altem zu neuem Recht enthält Art. 125b GG.[366]

Das Recht der Raumordnung unterliegt seit der Föderalismusreform I im Jahre 2006 nicht mehr der Rahmengesetzgebung des Bundes nach Art. 75 Abs. 1 S. 1 Nr. 4 GG a. F., sondern gem. Art. 74 Abs. 1 Nr. 31 GG der konkurrierenden Gesetzgebung.[367]

Im Bereich der konkurrierenden Gesetzgebung sind die Länder gesetzgebungsbefugt, solange und soweit der Bund von seiner Gesetzgebungszuständigkeit nicht Gebrauch gemacht hat (Art. 72 Abs. 1 GG). Nach neuer Rechtslage bedarf die verfassungsrechtliche Erforderlichkeit einer bundesrechtlichen Regelung für das Gebiet der Raumordnung keiner Prüfung mehr (Art. 72 Abs. 2 GG)[368] sondern wird vom Verfassungsgeber unterstellt und durch das in Art. 72

---

362 Ibid.

363 Siehe dazu 3. Teil B II. 1. b) aa).

364 Schmitz in: Bielenberg/Runkel/Spannowsky, ROG, L § 6, Rn. 9, 13 ff. m. w. N.

365 Schmitz, a. a. O., Rn. 10.

366 Schmitz, a. a. O., Rn. 12.

367 BGBl. I S. 2034 f.; Langguth, ZfBR 2011, 436.

368 BGBl. I S. 2034.

Abs. 3 geregelte Abweichungsrecht der Länder kompensiert.[369] Art. 72 Abs. 3 S. 1 Nr. 4 GG sieht diesbezüglich vor, dass die Länder, soweit der Bund von seiner Gesetzgebungszuständigkeit Gebrauch gemacht hat, durch Gesetz hiervon abweichende Regelungen treffen können. Dabei können sie sich auch auf Teilbereiche oder Teile einer Vorschrift beschränken.[370] Einen Klammerzusatz mit Bestimmung eines abweichungsfesten Kerns enthält Art. 72 Abs. 3 S. 1 Nr. 4 GG nicht. Ob es dennoch einen solchen abweichungsresistenten Bereich gibt ist umstritten.[371]

Im Verhältnis von Bundes- und Landesrecht gilt ein Anwendungsvorrang für das jeweils spätere Gesetz (lex-posterior-Regelung in Art. 72 Abs. 3 S. 3 GG).[372] Wenn eine abweichende gesetzliche Regelung in den Ländern erlischt, lebt die (nicht derogierte) bundesgesetzliche Regelung wieder auf.[373] Der Vorrang des Bundesrechts gem. Art. 31 GG greift insoweit nicht.[374]

In Bezug auf die Konsequenzen, die sich aus der neu geschaffenen konkurrierenden Gesetzgebungszuständigkeit des Bundes für das Verhältnis zwischen Bundes- und Landesrecht ergeben, ist zwischen bereits bestehendem und neuem Landesrecht zu differenzieren.[375]

Im Fall von „altem" Landesrecht sind die Länder nicht mehr gesetzgebungsbefugt, soweit der Bund von seiner Gesetzgebungskompetenz Gebrauch macht (sog. „Sperrwirkung" des ROG gegenüber den Landesplanungsgesetzen, vgl. Art. 72 Abs. 1 GG); das heißt, dass die Länder in diesem Bereich keine neuen Gesetze erlassen dürfen und bereits existierende Landesgesetze im Umfang der Regelung durch den Bund nichtig werden.[376] Die Sperrwirkung betrifft wiederholendes, inhaltsgleiches und hinter der Bundesregelung zurückbleibendes Landesrecht sowie die Negativgesetzgebung.[377] Im Übrigen ist hinsichtlich des

---

369 BT-Drs. 16/813, S. 11; Battis/Kersten, DVBl. 2007, 152, 155 f.; Runkel in: Bielenberg/Runkel/Spannowsky, ROG, L vor §§ 1–29, Rn. 40; ders. in: Spannowsky/Runkel/Goppel, ROG, § 1, Rn. 5.

370 Runkel in: Bielenberg/Runkel/Spannowsky, ROG, L vor §§ 1–29, Rn. 40; ders. in: Spannowsky/Runkel/Goppel, ROG, § 1, Rn. 5.

371 Battis/Kersten, DVBl. 2007, 152, 157 ff.; Runkel in: Bielenberg/Runkel/Spannowsky, ROG, L vor §§ 1–29, Rn. 65 ff.; Schmitz in: Bielenberg/Runkel/Spannowsky, ROG, L § 6, Rn. 30 ff. m. w. N.

372 Runkel in: Bielenberg/Runkel/Spannowsky, ROG, L vor §§ 1–29, Rn. 43.

373 Schmitz in: Bielenberg/Runkel/Spannowsky, ROG, L § 6, Rn. 18.

374 Ibid.

375 Schmitz, a. a. O., Rn. 34a.

376 Schmitz, a. a. O., Rn. 34c m. w. N.

377 So ausdrücklich Schmitz in: Bielenberg/Runkel/Spannowsky, ROG, L § 6, Rn. 34h, k.

Übergangsrechts zum „neuen“ Landesrecht auf § 28 ROG hinzuweisen, der ins Einzelne gehende Regelungen enthält.[378]

Aufgrund der durch die Föderalismusreform I geänderten Verfassungslage hat das Raumordnungsgesetz im Jahre 2009 eine Anpassung erfahren.[379] Der Gesetzgeber wollte mit der Novellierung die von Bund und Ländern gemeinsam getragenen bisherigen Rahmenregelungen möglichst weitgehend in bundesrechtliche Vollregelungen übernehmen und dabei den Ländern den notwendigen Spielraum für ergänzendes Landesrecht belassen (Grundsatz der gesetzgeberischen Zurückhaltung).[380] Diese Absicht hat er durch Verabschiedung des neuen Raumordnungsgesetzes auch umgesetzt.[381]

4. Ergebnis

Raumordnerische Festlegungen in regionalen Einzelhandelskonzepten müssen sich daher auf den Bereich der Raumordnung beschränken und dürfen keine bodenrechtlichen Regelungen enthalten.

Dies gilt für das Regionale Raumordnungsprogramm Hannover, den Regionalplan Stuttgart und den Regionalen Flächennutzungsplan des Ballungsraumes Frankfurt/Rhein-Main, da diese Pläne Ziele der Raumordnung in Bezug auf den großflächigen Einzelhandel beinhalten. Der Zweckverband Raum Kassel integriert sein regionales Einzelhandelskonzept lediglich in den Flächennutzungsplan, sodass hier nur das Bodenrecht betroffen ist. Die interkommunale Vereinbarung für das Östliche Ruhrgebiet und angrenzende Bereiche hat ebenfalls keine raumordnerischen Festlegungen zum Inhalt.

II. Selbstverwaltungsgarantie aus Art. 28 Abs. 2 GG

Der kommunalen Selbstverwaltungsgarantie des Art. 28 Abs. 2 GG kommt eine überragende Bedeutung im Hinblick auf die Zulässigkeit und Beurteilung regionaler Einzelhandelskonzepte zu. Hier tritt der Konflikt zwischen Raumordnungs- und Bauleitplanung deutlich zu Tage, da die Gemeinde bei der Standortplanung für großflächigen Einzelhandel an bereits auf Ebene der Raumordnung festgelegte Ziele gebunden sein kann.

378 Schmitz in: Bielenberg/Runkel/Spannowsky, ROG, L § 6, Rn. 34d.

379 BGBl. I S. 2986.

380 So BT-Drs. 16/10292 S. 1 u. 18; Runkel in: Bielenberg/Runkel/Spannowsky, ROG, L vor §§ 1–29, Rn. 41.

381 Michallik, S. 44 f.; Runkel in: Bielenberg/Runkel/Spannowsky, ROG, L vor §§ 1–29, Rn. 42.

1. *Gewährleistungsbereich*

Gemäß Art. 28 Abs. 2 S. 1 GG muss den Gemeinden das Recht gewährleistet sein, alle Angelegenheiten der örtlichen Gemeinschaft im Rahmen der Gesetze in eigener Verantwortung zu regeln. Dies beinhaltet folgende Gewährleistungen:

a) Eigener Aufgabenbereich

Mit dem Recht zur eigenverantwortlichen Wahrnehmung der Angelegenheiten der örtlichen Gemeinschaft räumt die kommunale Selbstverwaltungsgarantie den Kommunen einen eigenen, grundgesetzlich geschützten Aufgabenbereich ein. Angelegenheiten der örtlichen Gemeinschaft sind „diejenigen Bedürfnisse und Interessen, die in der örtlichen Gemeinschaft wurzeln oder auf [diese] einen spezifischen Bezug haben, die also den Gemeindeeinwohnern gerade als solchen gemeinsam sind, indem sie das Zusammenleben und -wohnen der Menschen in der Gemeinde betreffen“.[382] Hierzu zählt die kommunale Bauleitplanung (vgl. § 1 Abs. 3 BauGB).

b) Planungshoheit der Gemeinden

Die den Gemeinden zustehende Planungshoheit umfasst die „Befugnis, voraussehbare Entwicklungen längerfristig zu steuern, insbesondere für das eigene Gebiet die Bodennutzung festzulegen“ (§ 2 Abs. 1 BauGB).[383]

Die örtliche begrenzte Planung geschieht eigenverantwortlich, das heißt zunächst unabhängig von (über-)regionalen Planungsträgern.

Da die Raumordnungsplanung – so zum Beispiel im Regionalen Raumordnungsprogramm Hannover und im Regionalplan Stuttgart – über ihre verbindlichen Zielfestlegungen geradezu „naturgemäß und zwangsläufig“ in die gemeindliche Planungshoheit eingreift, wird eine Abgrenzung zwischen beiden Planungsstufen bzw. Ebenen erforderlich.[384]

Hierbei gilt – wie bereits festgestellt[385] –, dass Zielfestlegungen in Raumordnungsplänen der Gemeinde regelmäßig einen hinreichenden Gestaltungsraum „für eigene, substantiell gewichtige planerische Entscheidungen“ belassen

382 BVerfG, Beschl. v. 23.11.1988 – 2 BvR 1619/83, 2 BvR 1628/83 (Rastede), zit. nach juris, Rn. 59.

383 BVerfG, Nichtannahmebeschl. v. 18.07.2001 – 2 BvR 1176/99, zit. nach juris, Rn. 8.

384 Bunzel/Hanke, S. 22.

385 Siehe dazu 3. Teil B. I. 1. b).

müssen.[386] Eine Gesamtbetrachtung der Rolle der Gemeinde in der Bauleitplanung ergibt, dass die Gemeinde nicht auf einen bloßen Vollzug von raumordnerischen Normen beschränkt werden darf.

aa) Abgrenzung zu Raumordnungs- und Bauleitplanung

Die Bauleitplanung nach dem Baugesetzbuch stellt nur einen Teilbereich der kommunalen Planungshoheit dar.[387] Das ergibt sich etwa daraus, dass die Gemeinde neben Flächennutzungs- und Bebauungsplänen (§ 1 Abs. 2 BauGB) auch städtebauliche Konzepte – wie Einzelhandels- und Zentrenkonzepte – aufstellen kann, wie § 1 Abs. 6 Nr. 11 BauGB zeigt.[388]

Es existiert also ein Bereich zwischen Bauleitplanung und Raumordnung, der ebenfalls der gemeindlichen Planungshoheit zuzurechnen ist.[389]

Der Konkretheits- bzw. Detaillierungsgrad der Raumordnungspläne findet seine Grenze deswegen „nicht erst am Detaillierungsgrad der Bauleitplanung mit den ihr obliegenden Darstellungs- und Festsetzungsmöglichkeiten nach den §§ 5 und 9 BauGB und der BauNVO, sondern muss vielmehr einen deutlichen Abstand zu diesem einhalten."[390]

Wie bereits erwähnt[391] ist der Kompetenzbereich der Raumordnung von dem der kommunalen Selbstverwaltung, der sich – wie die Bauleitplanung – ebenfalls auf die Gemeindeebene, auf Angelegenheiten der *örtlichen* Gemeinschaft bezieht, abzugrenzen.[392]

Eine Unterscheidung zwischen Raumordnung und kommunaler Selbstverwaltung anhand von Aufgaben mit örtlicher und solchen mit überörtlicher Bedeutung ist dabei nicht zielführend, da durchaus Fallkonstellationen denkbar sind, bei denen sich eine Festlegung auf das Gebiet nur einer Gemeinde bezieht, aber raumbedeutsame, also überörtliche Auswirkungen darüber hinaus entfaltet.[393]

---

386 Vgl. BVerfG, Beschl. v. 07.10.1980 – 2 BvR 584/76, 2 BvR 598/76, 2 BvR 599/76, 2 BvR 604/76, zit. nach juris, Rn. 43 (Flugplatz Memmingen); Runkel in: E/Z/B/K, BauGB, § 1, Rn. 56.

387 Bunzel/Hanke, S. 24 f.

388 Dies., S. 25.

389 Dies., 24 f.

390 Bunzel/Hanke, 24 f.; Runkel in: E/Z/B/K, BauGB, § 1, Rn. 56.

391 Siehe dazu 3. Teil B. I. 1 c).

392 Runkel in: Spannowsky/Runkel/Goppel, ROG, § 1, Rn. 67.

393 Bunzel/Hanke, S. 26; Runkel in: Bielenberg/Runkel/Spannowsky, ROG, L § 1, Rn. 38; ders. in: E/Z/B/K, BauGB, § 1, Rn. 56; ders. in: Spannowsky/Runkel/Goppel, ROG, § 1, Rn. 67.

Charakteristisch für die Raumordnung ist deshalb nicht so sehr der Raum selbst, auf den sie sich bezieht, sondern vielmehr Sinn und Zweck der Planung, eine Aufgabe wahrzunehmen, die über das Gebiet einer Gemeinde hinaus bedeutsam ist.[394]

Eine raumordnerische (Ziel-)Festlegung muss sich daher nicht zwingend auf das Gebiet mehrerer Gemeinden und noch nicht einmal zwingend auf das gesamte Gebiet einer Gemeinde beziehen, sondern kann auch nur einen Teil einer Gemeinde betreffen, was aber besonderer Rechtfertigung bedarf.[395]

Daraus ergibt sich, dass das Gebiet bzw. der Bereich, den ein Ziel der Raumordnung in Bezug nimmt, nicht als (allein) ausschlaggebendes Kriterium, sondern vielmehr nur als erster Anhaltspunkt für die Antwort auf die Frage nach einem unzulässigen Eingriff von regionalen Einzelhandelskonzepten in die kommunale Planungshoheit dienen kann.[396]

bb) Grenzen

Art. 28 Abs. 2 S. 1 GG schützt die Planungshoheit allerdings nur „im Rahmen der Gesetze". Diese Beschränkung kommt in der Zielbeachtenspflicht bei raumbedeutsamen Planungen und Maßnahmen (§ 4 Abs. 1 ROG) sowie der Anpassungspflicht der Bauleitpläne an die Ziele der Raumordnung (§ 1 Abs. 4 BauGB) zum Ausdruck.[397]

(1) Ziele der Raumordnung gem. § 4 Abs. 1 ROG

Ziele der Raumordnung entfalten Außenwirkung gegenüber den Gemeinden als Trägern der Bauleitplanung, weil sie in das kommunale Selbstverwaltungsrecht aus Art. 28 Abs. 2 S. 1 GG eingreifen.[398] Insoweit sind sie als abstrakt-generelle Regelungen materielle Rechtsnormen.[399] Raumordnerische Zielfestlegungen in einem Regionalplan – wie beispielsweise in der Region Stuttgart – sind demzufolge Rechtsvorschriften im Sinne des § 47 Abs. 1 Nr. 2 VwGO.[400]

---

394 Vgl. BVerwG, Urt. v. 15.05.2003 – 4 CN 9/01, zit. nach juris, Rn. 16; Halama, S. 218; Runkel in: Bielenberg/Runkel/Spannowsky, ROG, L § 1, Rn. 38; ders. in: Spannowsky/Runkel/Goppel, ROG, § 1, Rn. 67.

395 Bunzel/Hanke, S. 26.

396 Ibid.

397 Dies., S. 23.

398 Runkel in: E/Z/B/K, BauGB, § 1, Rn. 61.

399 Ibid.

400 Ibid.

Die für den Gesetzgeber bei Eingriffen in das kommunale Selbstverwaltungsrecht geltenden Grundsätze müssen auch bei der Festlegung von Zielen der Raumordnung befolgt werden.[401]

Mithin haben raumordnerische Ziele auch ihrerseits bestimmte Grenzen einzuhalten. So kommt ihnen grundsätzlich keine unmittelbare bodenrechtliche Wirkung zu.[402] Sie dürfen aufgrund der Abgrenzung der Gesetzgebungskompetenz der Raumordnung von der des Bodenrechts[403] keine bodenrechtlichen bzw. städtebaulichen Festlegungen enthalten, da das Bodenrecht im Baugesetzbuch abschließend geregelt ist.[404]

(2) Anpassungspflicht gem. § 1 Abs. 4 BauGB

Die Anpassungspflicht nach dem Baugesetzbuch konkretisiert die Beachtenspflicht nach dem Raumordnungsgesetz, um eine materielle Konkordanz zwischen Raumordnungs- und Bauleitplanung herzustellen und zu gewährleisten (vgl. das Gegenstromprinzip des § 1 Abs. 3 ROG).[405]

Sie ist aber nicht nur Konkretisierung, sondern auch Erweiterung der Beachtenspflicht, weil sie für alle Bauleitpläne – ob raumbedeutsam oder nicht – gilt.[406]

Die Pflicht aus § 1 Abs. 4 BauGB beinhaltet eine Unterlassungspflicht (kein Verstoß gegen raumordnerische Zielfestlegungen), eine Handlungspflicht (konkrete Bauleitplanung durch Gemeinde selbst), eine Erstplanungs- und Planänderungspflicht (neue oder geänderte Ziele machen Anpassung der Bauleitpläne notwendig) sowie eine Rücksichtnahmepflicht.[407]

Voraussetzung für eine gemeindliche Pflicht zur Anpassung ist zunächst, dass das raumordnerische Ziel verfahrensrechtlich und materiell wirksam zustande

---

401 So ausdrücklich Bunzel/Hanke, S. 23.

402 BVerwG, Urt. v. 17.09.2003 – 4 C 14/01, zit. nach juris, Rn. 32; BVerwG, Urt. v. 25.06.2007 – 4 BN 17/07, zit. nach juris, Rn. 9; Runkel in: E/Z/B/K, BauGB, § 1, Rn. 67.

403 Siehe dazu 3. Teil B I.

404 Bunzel/Hanke, S. 24.

405 BVerwG, Urt. v. 17.09.2003 – 4 C 14/01, zit. nach juris, Rn. 33; BVerwG, Beschl. v. 25.06.2007 – 4 BN 17/07, zit. nach juris, Rn. 9; Erbguth, RuR 1997, 270, 273; Goppel/Runkel in: Spannowsky/Runkel/Goppel, ROG, § 4, Rn. 136; Kopf, S. 237; Runkel in: Bielenberg/Runkel/Spannowsky, ROG, L § 4, Rn. 295; ders. in: E/Z/B/K, BauGB, § 1, Rn. 67.

406 Goppel/Runkel in: Spannowsky/Runkel/Goppel, ROG, § 4, Rn. 135; Runkel in: Bielenberg/Runkel/Spannowsky, ROG, L § 4, Rn. 294.

407 Goppel/Runkel in: Spannowsky/Runkel/Goppel, ROG, § 4, Rn. 139 f.; Runkel in: Bielenberg/Runkel/Spannowsky, ROG, L § 4, Rn. 301; ders. in: E/Z/B/K, BauGB, § 1, Rn. 67.

gekommen ist, insbesondere unter Beteiligung der jeweils betroffenen Gemeinde(n).[408]

Ein Bebauungsplan verletzt das Anpassungsgebot beispielsweise dann, wenn er zwar nach § 8 Abs. 2 S. 1 BauGB aus den Darstellungen eines Flächennutzungsplans entwickelt worden ist, aber ein Ziel der Raumordnung nicht beachtet.[409]

2. Eingriff

Aus dem in Art. 28 Abs. 2 S. 1 GG genannten Gesetzesvorbehalt ergibt sich, dass Eingriffe durch die Raumordnungsplanung – z. B. durch raumordnerische Festlegungen im Regionalen Raumordnungsprogramm Hannover oder im Regionalplan Stuttgart – vorgenommen werden können.[410]

3. Verfassungsrechtliche Rechtfertigung

Der überörtlichen Einzelhandelssteuerung wohnt also die Gefahr inne, die kommunale Selbstverwaltungsgarantie zu beschränken. Solche Eingriffe können jedoch gerechtfertigt sein.[411]

Bei der verfassungsrechtlichen Rechtfertigung ist zwischen Eingriffen in den Kern- und in den Randbereich zu differenzieren.

a) Eingriffe in den Kernbereich

Nach der Rastede-Entscheidung des Bundesverfassungsgerichts[412] ist der Kern des Selbstverwaltungsrechts unantastbar.[413]

Der Wesensgehalt der kommunalen Selbstverwaltung ist dadurch gekennzeichnet, dass er keinen bestimmten oder bestimmbaren Aufgabenkatalog

---

408 Vgl. BVerwG, Beschl. v. 25.06.2007 – 4 BN 17/07, zit. nach juris, Rn. 9; Goppel/Runkel in: Spannowsky/Runkel/Goppel, ROG, § 4, Rn. 137; Runkel in: Bielenberg/Runkel/Spannowsky, ROG, L § 4, Rn. 297.

409 BVerwG, Urt. v. 30.01.2003 – 4 CN 14/01, zit. nach juris, Rn. 18 ff.; Goppel/Runkel in: Spannowsky/Runkel/Goppel, ROG, § 4, Rn. 136; Runkel in: Bielenberg/Runkel/Spannowsky, ROG, L § 4, Rn. 295.

410 Vgl. z. B. BVerwG, Urt. v. 20.05.1958 – 1 C 193/57, zit. nach juris, Rn. 16; Runkel in: E/Z/B/K, BauGB, § 1, Rn. 56.

411 Vgl. z. B. BVerwG, Urt. v. 15.05.2003 – 4 CN 9/01, zit. nach juris, Rn. 14; Runkel in: Spannowsky/Runkel/Goppel, ROG, § 1, Rn. 68.

412 BVerfG, Beschl. v. 23.11.1988 – 2 BvR 1619/83, 2 BvR 1628/83.

413 BVerfG, Beschl. v. 23.11.1988 – 2 BvR 1619/83, 2 BvR 1628/83, zit. nach juris, Rn. 40; Erbguth, RuR 1997, 270, 273; Moeskes, S. 533; Runkel in: Spannowsky/Runkel/Goppel, ROG, § 1, Rn. 68.

umfasst, sondern die Befugnis, all diejenigen Aufgaben der örtlichen Gemeinschaft wahrzunehmen, die das Gesetz nicht schon anderen Trägern öffentlicher Verwaltung übertragen hat („Allzuständigkeit" der Gemeinde bzw. „Universalität" des gemeindlichen Wirkungskreises).[414] Das Bundesverfassungsgericht führt dazu wörtlich aus: „... (W)as herkömmlich das Bild der gemeindlichen Selbstverwaltung in ihren verschiedenen historischen und regionalen Erscheinungsformen durchlaufend und entscheidend prägt, darf weder faktisch noch rechtlich beseitigt werden."[415]

Konkret bezogen auf die Planungshoheit bedeutet das, dass diese den Gemeinden nicht generell entzogen bzw. so ausgehöhlt werden darf, dass sie letztlich „nur noch ein Scheindasein" führt.[416]

Ob ein unzulässiger Eingriff in den Kernbereich vorliegt, ist einzelfallabhängig zu beurteilen.

b) Eingriffe in den Randbereich

Bei Eingriffen in den Randbereich kommt es für den Prüfungsmaßstab darauf an, ob das fragliche Ziel der Raumordnung die vom Grundgesetz vorgesehene Aufgabenverteilung oder deren eigenverantwortliche Wahrnehmung betrifft.

Wenn das Aufgabenverteilungsprinzip tangiert ist, muss der Gesetzgeber – und erst recht der Plangeber eines Raumordnungsplans – die vorrangige Zuständigkeit der Gemeinde für Angelegenheiten der örtlichen Gemeinschaft berücksichtigen.[417] Ein Aufgabenentzug darf nur dann vorgenommen werden, wenn Gründe des Gemeininteresses überwiegen. Für eine Entscheidung des Gesetzgebers in diesem Bereich wird lediglich eine Vertretbarkeitskontrolle verlangt.[418] Diese Anforderung gilt (mindestens) auch für den Plangeber eines Regionalen Raumordnungsprogramms oder eines Regionalplans.

---

414 BVerfG, Beschl. v. 23.11.1988 – 2 BvR 1619/83, 2 BvR 1628/83, zit. nach juris, Rn. 47 f.

415 BVerfG, Beschl. v. 07.02.1991 – 2 BvL 24/84 (Krankenhausfinanzierungsumlage (Rheinland-Pfalz)), zit. nach juris, Rn. 65.

416 BVerfG, Beschl. v. 23.11.1988 – 2 BvR 1619/83, 2 BvR 1628/83, zit. nach juris, Rn. 68; BVerfG, Beschl. v. 07.05.2001 – 2 BvK 1/00 (Schleswig-Holsteinisches Landesnaturschutzgesetz), zit. nach juris, Rn. 123; Mehde in: Maunz/Dürig, GG, Art. 28 Abs. 2, Rn. 115.

417 BVerfG, Beschl. v. 23.11.1988 – 2 BvR 1618/83, 2 BvR 1628/83, zit. nach juris, Rn. 56; Bunzel/Hanke, S. 22.

418 BVerfG, Beschl. v. 23.11.1988 – 2 BvR 1619/83, 2 BvR 1628/83, zit. nach juris, Orientierungssatz 3. b).

Für die Frage, ob ein Eingriff in die eigenverantwortliche Aufgabenwahrnehmung gerechtfertigt ist, ist entscheidend, „ob die Planung durch ein überörtliches Interesse gerechtfertigt ist, was unter Wahrung des Verhältnismäßigkeitsgebots nur dann der Fall ist, wenn das überörtliche Interesse von höherem Gewicht ist als das betroffene Recht auf uneingeschränkte Selbstverwaltung".[419]

aa) Überörtliches Interesse

Dieser Maßstab hat zunächst einmal zur Folge, dass sich Zielfestlegungen in Raumordnungsplänen zur Steuerung der gemeindlichen Bauleitplanung für großflächigen Einzelhandel auf die in § 2 Abs. 2 ROG niedergelegten überörtlichen und fachübergreifenden Gesichtspunkte beschränken müssen.[420]

Weiterhin ist zwischen Raumordnungsplänen auf Landes- und Regionalebene zu unterscheiden.[421]

Für beide Pläne muss nur für ihre jeweilige Ebene bzw. „Stufe" innerhalb des Raumplanungssystems ein überörtliches Interesse bestehen, das heißt, dass der Regionalplan – wie in der Region Stuttgart – nur aus regionaler Perspektive erforderlich sein muss.[422]

Hinsichtlich der Anforderungen, die an Raumordnungspläne zu stellen sind, damit diese die kommunale Planungshoheit (gerade) nicht verletzen, ist zwischen übergemeindlichen, gemeinde-, gebiets- und parzellenscharfen Zielfestlegungen zu differenzieren.[423]

In Ansehung des Untersuchungsgegenstandes (konkret: Untersuchung des Regionalen Raumordnungsprogramms der Region Hannover und des Regionalplans der Region Stuttgart) sollen hier insbesondere die an Regionalpläne zu stellenden Anforderungen im Mittelpunkt stehen.

(1) Übergemeindliche Festlegungen

Übergemeindliche, also das Gebiet mehrerer Gemeinden betreffende Zielfestlegungen in Raumordnungsplänen sind im Hinblick auf die gemeindliche Planungshoheit zulässig. Hier können die betreffenden Gemeinden – ebenso wie

419 Bunzel/Hanke, S. 26.

420 Runkel in: Bielenberg/Runkel/Spannowsky, ROG, L § 4, Rn. 318.

421 Bunzel/Hanke, S. 26.

422 Ibid.

423 Brohm, DVBl. 1980, 653 f.; Brohm, DÖV 1989, 429, 433; Erbguth, RuR 1997, 270, 273; vgl. zu dieser Problematik Goppel, UPR 2009, 51 f. und Schmidt-Aßmann, VerwArch 1980, 117, 136.

bei gemeindescharfen Festlegungen – selbst entscheiden, an welchem Standort innerhalb des Gemeindegebietes ein Vorhaben konkret angesiedelt werden soll.

(2) Gemeindeschärfe

Gemeindescharfe Festlegungen sind solche, die sich an die Gemeinde als Einheit richten und keine gebietsscharfen Zuordnungen enthalten.[424] Sie sind zulässig. Beispiel wäre die Festlegung bestimmter Zentralitätsstufen für Gemeinden (Ober-, Mittel- oder Unterzentren).[425]

Für den Regionalplan ist die gemeindescharfe Ausweisung die Regel, gebiets- und parzellenscharfe Zuordnungen hingegen bleiben regelmäßig der kommunalen Bauleitplanung vorbehalten.[426]

(3) Gebiets- bzw. Bereichsschärfe

Gebiets- bzw. bereichsscharfe Festlegungen (Beispiele: Regionales Raumordnungsprogramm Hannover, Regionalplan Stuttgart und Regionaler Flächennutzungsplan Frankfurt/Rhein-Main) betreffen Teilbereiche innerhalb einer oder mehrerer Gemeinden.[427] Die Begriffe „gebiets- und bereichsscharf" sind inhaltsgleich.[428]

Bei der Frage der Zulässigkeit gebietsscharfer Festlegungen tauchen vielfach Abgrenzungsprobleme zwischen dem Aufgabenbereich der Raumordnung und dem der kommunalen Selbstverwaltung auf.

Der Regionalplanung kommt die Aufgabe zu, ein Gesamtkonzept für die Regionalentwicklung zu erarbeiten, welches räumliche Nutzungs-, Funktions- und Vorsorgezuweisungen trifft, wenn und soweit dies aus regionalplanerischer Sicht erforderlich ist.[429]

Seit Inkrafttreten des neuen Raumordnungsgesetzes ist unstreitig, dass ein Raumordnungsplan auch *gemeindeinterne* Flächennutzungs- und -funktionszuweisungen enthalten darf.[430] Die Zulässigkeit solcher Festlegungen als Ziel der

---

424 So Erbguth, RuR 1997, 270, 273.

425 Brohm, DVBl. 1980, 653; Brohm, DÖV 1989, 429, 433.

426 Erbguth, RuR 1997, 270, 273.

427 Siehe dazu 2. Teil B. I. 1. c).

428 Siehe dazu 2. Teil B. I. 1. c).

429 Runkel in: Bielenberg/Runkel/Spannowsky, ROG, L § 1, Rn. 41; ders. in: Spannowsky/Runkel/Goppel, ROG, § 1, Rn. 69.

430 Runkel in: Bielenberg/Runkel/Spannowsky, ROG, L § 1, Rn. 42; ders. in: E/Z/B/K, BauGB, § 1, Rn. 56; ders. in: Spannowsky/Runkel/Goppel, ROG, § 1, Rn. 70.

Raumordnung ergibt sich aus § 8 Abs. 5 ROG,[431] wonach Raumordnungspläne Festlegungen zur Raumstruktur, insbesondere zur anzustrebenden Siedlungs- und Freiraumstruktur sowie den zu sichernden Standorten und Trassen für Infrastruktur treffen sollen. Zwecks Gewährleistung hinreichender Bestimmbarkeit wird hierfür *Bereichsschärfe* verlangt.[432] Jedoch ist dem Plangeber des Raumordnungsplans nur eine grobe Festlegung der vorgesehenen Nutzung anhand der Kategorien Siedlung, Industrie, Gewerbe und Sondergebiet gestattet.[433] Hingegen darf er nicht auf die verschiedenen Gebietskategorien der Baunutzungsverordnung nach deren §§ 2 ff. zurückgreifen.[434]

So können im Einzelfall (z. B. Flughafen/Messe-Stuttgart) also auch bereichsscharfe Standortausweisungen erforderlich und zulässig sein.[435]

Für Standortausweisungen für Infrastrukturvorhaben gilt, dass sie wegen ihrer raumfreihaltenden Zielrichtung und dementsprechenden Bindung der Gemeinden gerade keinen möglichst geringen, sondern – im Gegenteil – einen möglichst hohen Konkretisierungsgrad aufweisen sollten.[436] Detailliert gefasste Ziele der Raumordnung können demnach zur Entschärfung des Konfliktes zwischen Raumordnung und kommunaler Planungshoheit beitragen.

Die Zulässigkeit gebietsscharfer Zuordnungen in einem Regionalplan setzt allerdings voraus, dass diese aus überörtlichen Gestaltungsinteressen ausnahmsweise erforderlich sind.[437]

Eine solche Erforderlichkeit bzw. Verhältnismäßigkeit ist insbesondere für regional bedeutsame Großvorhaben wie beispielsweise Kraftwerke oder Flughäfen anzunehmen,[438] die durch ihre geographischen Besonderheiten geprägt sind (Flächenfunktionszuweisungen).[439] Ausnahmen können aber auch in sonstigen besonderen Planungssituationen, in denen die Gemeinde aufgrund

431 Runkel in: Bielenberg/Runkel/Spannowsky, ROG, L § 1, Rn. 42; ders. in: E/Z/B/K, BauGB, § 1, Rn. 56; ders. in: Spannowsky/Runkel/Goppel, ROG, § 1, Rn. 70.

432 Ibid.

433 Ibid.

434 Runkel in: Bielenberg/Runkel/Spannowsky, ROG, L § 1, Rn. 42; ders. in: Spannowsky/Runkel/Goppel, ROG, § 1, Rn. 70.

435 BVerwG, Urt. v. 15.05.2003 – 4 CN 9/01, zit. nach juris, Rn. 11 (Flughafen/Messe Stuttgart); Runkel in: Bielenberg/Runkel/Spannowsky, ROG, L § 1, Rn. 41; ders. in: Spannowsky/Runkel/Goppel, ROG, § 1, Rn. 69.

436 BVerwG, Urt. v. 15.05.2003 – 4 CN 9/01, zit. nach juris, Rn. 16.

437 So ausdrücklich Erbguth, RuR 1997, 270, 273.

438 Halama, S. 219.

439 BVerwG, Beschl. v. 20.08.1992 – 4 NB 20/91, zit. nach juris, Rn. 20; BVerwG, Urt. v. 15.05.2003 – 4 CN 9/01, zit. nach juris, Rn. 14 f.; Erbguth, RuR 1997, 270, 273; Runkel

ihres Ausstattungspotentials einer Situationsgebundenheit unterliegt, zum Tragen kommen (flächendeckende raumordnerische Zielfestlegungen).[440]

Wenn also keine geographischen Besonderheiten oder besonderen Planungssituationen vorliegen, ist die betreffende gebietsscharfe Festlegung rechtswidrig.

(4) Parzellenschärfe

Parzellenscharfe Festlegungen sind nur in besonders zu begründenden Ausnahmefällen zulässig.[441] So ist beispielsweise die parzellenscharfe Festlegung von Kraftwerksstandorten nach überwiegender Meinung zulässig.[442] Die im Rahmen dieser Untersuchung relevanten regionalen Einzelhandelskonzepte enthalten keine parzellenscharfen Festlegungen.

bb) Verhältnismäßigkeitsprinzip

Ziele der Raumordnung verletzen das Selbstverwaltungsrecht nicht, wenn sie den Gemeinden einen hinreichend großen Gestaltungsspielraum für die Konkretisierung der in ihnen getroffenen Festsetzungen einräumen.[443] Die Frage, ob diese Anforderung einzelfallspezifisch eingehalten wird, muss anhand des aus dem Rechtsstaatsprinzip abgeleiteten verfassungsrechtlichen Grundsatzes der Verhältnismäßigkeit beurteilt werden,[444] der sowohl für den Kern- als auch für den Randbereich der kommunalen Selbstverwaltung gilt.[445]

Dementsprechend muss ein Ziel der Raumordnung sachlich legitimiert, geeignet, erforderlich und angemessen sein, um nicht unzulässig in die gemeindliche Planungshoheit einzugreifen.[446]

---

in: Bielenberg/Runkel/Spannowsky, ROG, L § 1, Rn. 43; ders. in: E/Z/B/K, BauGB, § 1, Rn. 56; ders. in: Spannowsky/Runkel/Goppel, ROG, § 1, Rn. 71.

440 BVerwG, Urt. v. 15.05.2003 – 4 CN 9/01, zit. nach juris, Rn. 14; Bunzel/Hanke, S. 27; Erbguth, RuR 1997, 270, 273.

441 Siehe zur Parzellenschärfe 2. Teil B. I. 1. c); Schmidt-Eichstaedt, LKV 2012, 49.

442 Vgl. Brohm, DÖV 1989, 429, 434; Runkel in: E/Z/B/K, BauGB, § 1, Rn. 56 m. w. N.

443 Runkel in: Spannowsky/Runkel/Goppel, ROG, § 1, Rn. 68.

444 BVerwG, Urt. v. 04.08.1983 – 7 C 2/81, zit. nach juris, Rn. 13; BVerwG, Urt. v. 15.05.2003 – 4 CN 9/01, zit. nach juris, Rn. 14; VerfGH NRW, Urt. v. 26.08.2009 – 18/08, zit. nach juris, Rn. 62; Runkel in: Spannowsky/Runkel/Goppel, ROG, § 1, Rn. 68.

445 Bunzel/Hanke, S. 28.

446 Bunzel/Hanke, S. 28; Hoppe/Otting, Der Landkreis 2000, 376, 378; Runkel in: Bielenberg/Runkel/Spannowsky, ROG, L § 1, Rn. 40; ders. in: Spannowsky/Runkel/Goppel, ROG, § 1, Rn. 68.

(1) Legitimer Zweck

Zunächst muss die Regionalplanung bzw. muss das raumordnerische Ziel den Grundsatz der sachlichen Legitimation beachten, das heißt, dass Eingriffe in die Planungshoheit der Gemeinden nur aus sachlich gerechtfertigten, insbesondere überörtlichen Gründen vorgenommen werden dürfen.[447]

Wenn dies nicht der Fall ist, ist die Zielfestlegung rechtswidrig.

(2) Geeignetheit

Weiter muss das Ziel der Raumordnung geeignet sein, den mit ihm verfolgten Zweck – also die Verwirklichung des überörtlichen Interesses – zu erreichen oder zumindest zu fördern.[448]

(a) Möglichkeit der Umsetzung durch die Bauleitplanung

So dürfen einer Konkretisierung durch die betroffene Gemeinde keine unüberwindbaren rechtlichen oder tatsächlichen Hindernisse entgegenstehen.[449] Die Unmöglichkeit der Konkretisierung führt im Bauplanungsrecht parallel dazu, dass die städtebauliche Erforderlichkeit (§ 1 Abs. 3 BauGB) nicht gegeben ist.[450]

Wenn ein raumordnerisches Ziel die Bauleitplanung binden und sie möglicherweise sogar zur Aufstellung oder Änderung von Bebauungsplänen verpflichten soll, dann muss dieses Ziel auch mit den Mitteln der Bauleitplanung umsetzbar sein.[451] Der Gemeinde steht von Gesetzes wegen nur ein bestimmtes Instrumentarium an Festsetzungsmöglichkeiten zur Verfügung, dessen Rahmen sie nicht überschreiten darf (kein Festsetzungserfindungsrecht).[452]

Beispiel dafür, dass eine Umsetzung durch die Bauleitplanung mangels Festsetzungsmöglichkeit im Bebauungsplan nicht möglich ist, ist die baugebietsbezogene, vorhabenunabhängige Verkaufsflächenbeschränkung in Sondergebieten.[453]

---

447 Bunzel/Hanke, 28; Paßlick, S. 74 m. w. N.; Runkel in: E/Z/B/K, BauGB, § 1, Rn. 56; ders. in: Spannowsky/Runkel/Goppel, ROG, § 1, Rn. 68.

448 Bunzel/Hanke, S. 28 f.; Runkel in: E/Z/B/K, BauGB, § 1, Rn. 56.

449 So ausdrücklich Bunzel/Hanke, S. 29.

450 Wie Fn. 449.

451 So ausdrücklich Bunzel/Hanke, S. 29; Jahn, ThürVBl. 2012, 97; Runkel in: E/Z/B/K, BauGB, § 1, Rn. 56.

452 So ausdrücklich Bunzel/Hanke, S. 29 f.

453 Zum „Windhundrennen": BVerwG, Urt. v. 03.04.2008 – 4 CN 3/07; BVerwG, Urt. v. 24.03.2010 – 4 CN 3/09; BVerwG, Beschl. v. 06.08.2013 – 4 BN 24/13; zu Zaunwerten: BVerwG, Beschl. v. 10.08.1993 – 4 NB 2/93; so ausdrücklich Bunzel/Hanke, S. 30; Rojahn, S. 52.

Ausnahmsweise zulässig kann jedoch eine anlagen- und betriebsbezogene Kontingentierung der Nutzungsart sein.[454]

(b) Anderweitige Umsetzungswege

Nicht außer Acht gelassen werden darf, dass neben der Bauleitplanung noch andere Umsetzungsmöglichkeiten wie die kommunale Liegenschaftspolitik, der städtebauliche Vertrag (Zielbindungsvertrag gem. § 11 Abs. 1 S. 2 Nr. 2 BauGB) oder informelle Planungen bestehen.[455]

(3) Erforderlichkeit

Das Ziel der Raumordnung muss zudem zur Verwirklichung des überörtlichen Interesses erforderlich sein, das heißt, dass dieser Zweck nicht in gleichem Maße durch andere, weniger einschneidende Mittel als die betreffende Zielfestlegung erreicht werden können darf („Übermaßverbot").[456]

Die Erforderlichkeit fehlt, wenn der Zweck beispielsweise auch durch einen planerischen Grundsatz oder ein Raumordnungsverfahren erreicht werden kann.[457]

Bei der Beurteilung der Erforderlichkeit steht dem jeweiligen Plangeber zwar eine Einschätzungsprärogative zu,[458] er muss aber eigene Prognosen nachvollziehbar begründen.[459]

(4) Angemessenheit

Schließlich ist die Angemessenheit (auch „Verhältnismäßigkeit im engeren Sinn" oder „Zumutbarkeit") zu überprüfen, das heißt, dass Schutzzweck und Schwere des Eingriffs nicht außer Verhältnis zueinander stehen dürfen. Wenn also eine Güterabwägung ergibt, dass der mit dem Ziel der Raumordnung angestrebte Zweck bzw. Nutzen – die Abgestimmtheit des Gesamtraumes unter dem Gesichtspunkt einer ausgewogenen Verteilung großflächigen Einzelhandels – nicht außer Verhältnis zu den dadurch bewirkten Beschränkungen der kommunalen Planungshoheit steht, ist die Angemessenheit zu bejahen.[460]

---

454 BVerwG, Urt. v. 03.04.2008 – 4 CN 3/07; Rojahn, S. 53.

455 Bunzel/Hanke, S. 30.

456 Bunzel/Hanke, S. 28, 31; Paßlick, S. 74; Runkel in: E/Z/B/K, BauGB, § 1, Rn. 56.

457 Runkel in: Bielenberg/Runkel/Spannowsky, ROG, L § 4, Rn. 318.

458 BVerwG, Urt. v. 16.12.2010 – 4 C 8/10, zit. nach juris, Rn. 19; Bunzel/Hanke, S. 31.

459 VerfGH NRW, Urt. v. 26.08.2009 – 18/08, zit. nach juris, Rn. 63; Runkel in: Spannowsky/Runkel/Goppel, ROG, § 1, Rn. 68.

460 Bunzel/Hanke, S. 29 u. 31; Runkel in: E/Z/B/K, BauGB, § 1, Rn. 56.

Die Frage, ob eine raumordnerische Zielvorgabe angemessen ist oder nicht, richtet sich nach ihrem Gegenstand und ihrer Zielsetzung.[461] Dies ist anhand einer einzelfallbezogenen Prüfung zu ermitteln.[462] Als entscheidende Kriterien sind für den großflächigen Einzelhandel die konkreten Bedingungen und Erfordernisse des Planungsraums heranzuziehen.[463]

cc) Willkürverbot

Die überörtliche Einzelhandelssteuerung darf die kommunale Selbstverwaltungsgarantie auch nicht willkürlich beschränken. Das Willkürverbot basiert auf Art. 3 Abs. 1 GG. Der Gleichheitssatz ist dann verletzt, „wenn eine Gruppe von Normadressaten im Vergleich zu anderen Normadressaten anders behandelt wird, obwohl zwischen beiden Gruppen keine Unterschiede von solcher Art und solchem Gewicht bestehen, dass sie die ungleiche Behandlung rechtfertigen könnten" (sog. Neue Formel des Bundesverfassungsgerichts).[464]

(1) Anwendbarkeit

Da den Grundrechten in erster Linie die Funktion von Abwehrrechten des Einzelnen gegenüber dem Staat zukommt und der Staat aus ihnen nicht gleichzeitig berechtigt und verpflichtet werden können soll (sog. Konfusionsargument) ist fraglich, ob die Regionalplanung überhaupt an das Willkürverbot gebunden ist und die Gemeinden sich darauf berufen können.[465]

Die Rechtsgleichheit wird neben Art. 3 Abs. 1 GG allerdings auch aus dem Rechtsstaatsprinzip nach Art. 20 Abs. 3 GG[466] und dem objektiven Gerechtigkeitsprinzip[467] abgeleitet.[468] Das Bundesverfassungsgericht hat die Pflicht zu sachgerechtem Handeln unter Einschluss des Willkürverbotes daher als auf

461 Bunzel/Hanke, S. 32.

462 Ibid.

463 So ausdrücklich Bunzel/Hanke, S. 34.

464 BVerfG, Beschl. v. 07.10.1980 – 1 BvL 50/79, 1 BvL 89/79, 1 BvR 240/79 (Präklusion, ZPO, verspätetes Vorbringen), zit. nach juris, Rn. 47; vgl. BVerfG, Beschl. v. 27.02.2007 – 1 BvL 10/00 (Rentenanwartschaft), zit. nach juris, Rn. 70; Bunzel/Hanke, S. 34.

465 Bunzel/Hanke, S. 34.

466 Stern, S. 790.

467 BVerfG, E. v. 24.06.1969 – 2 BvR 446/64 (Schulzweckverbandsausschluss Sorsum), zit. nach juris, Rn. 63.

468 Bunzel/Hanke, S. 34 f.

öffentlich-rechtliche Körperschaften im Bereich ihrer öffentlichen Aufgaben anwendbar erklärt.[469]

Als Beispiel für einen Verstoß gegen das Willkürverbot mangels besonderer Rechtfertigung durch den Landesgesetzgeber kann die Regelung des § 24a LEPro NRW a. F. herangezogen werden, wonach Hersteller-Direktverkaufszentren mit einer Verkaufsfläche von über 5.000 qm nur in Zentralen Orten mit einer Einwohnerzahl von über 100.000 angesiedelt werden durften.[470] Hier war ein sachlicher Grund für die ausnahmslose Festlegung dieser Schwellenwerte den Gesetzesmaterialien nicht entnehmbar.[471] Dies gilt insbesondere im Hinblick darauf, dass die Begründungslast des Gesetzgebers für seine Prognoseentscheidungen bei strikt wirkenden Schwellenwerten erhöht ist.[472]

(2) Begründungspflicht

Aus dem Willkürverbot folgt eine Begründungspflicht für Ziele der Raumordnung.[473] So muss die Raumordnungsplanung darlegen, dass sie den entscheidungserheblichen Sachverhalt zutreffend und vollständig ermittelt sowie alle betroffenen Belange ihrer Entscheidung zugrunde gelegt und nachvollziehbar abgewogen hat.[474] Bei Wertungen und Prognosen des jeweiligen Plangebers ist der verfassungsgerichtliche Prüfungsumfang auf offensichtliche Fehlerhaftigkeit, eindeutige Widerlegbarkeit und einen Widerspruch zur verfassungsrechtlichen Ordnung beschränkt.[475]

c) Eingriffskompetenz durch Beteiligungsrechte

Ein Eingriff in die kommunale Planungshoheit könnte sich neben den bereits erörterten Möglichkeiten auch durch eine erhöhte – über die Anforderungen des Raumordnungsgesetzes hinausgehende – verfahrensmäßige Beteiligung der Gemeinden kompensieren und damit rechtfertigen lassen.[476]

---

469 BVerfG, E. v. 24.06.1969 – 2 BvR 446/64, zit. nach juris, Rn. 63; so ausdrücklich Bunzel/Hanke, S. 35.

470 VerfGH NRW, Urt. v. 26.08.2009 – 18/08, zit. nach juris, Rn. 65 ff.; Bunzel/Hanke, S. 35.

471 VerfGH NRW, Urt. v. 26.08.2009 – 18/08, zit. nach juris, Rn. 67 f.

472 Ibid.

473 Bunzel/Hanke, S. 36.

474 So ausdrücklich Bunzel/Hanke, S. 36; Runkel in: E/Z/B/K, BauGB, § 1, Rn. 94.

475 Wie Fn. 474.

476 Bunzel/Hanke, S. 37; vgl. Röhl in: Schoch, S. 34 f.

Das Beteiligungsrecht der Gemeinden bei der Aufstellung der Raumordnungspläne ergibt sich zum einen aus § 10 Abs. 1 ROG (Stellungnahme), lässt sich zum anderen aber auch aus Art. 28 Abs. 2 S. 1 GG herleiten (Anhörung).[477]

So umfasst die Garantie der kommunalen Selbstverwaltung notwendig auch die sog. Erstreckungs- bzw. Ergänzungsgarantien, beispielsweise in Form eines Mitwirkungsrechtes der Gemeinden an staatlichen Planungen.[478]

Die Beteiligung muss sich in Art und Umfang nach dem Maß der Betroffenheit der jeweiligen Gemeinde in ihren Angelegenheiten richten.[479] Zu beachten ist hierbei jedoch, dass rechtswidrige Zielfestlegungen nicht durch ein „Mehr" an Beteiligung rechtmäßig gemacht werden können.[480] Eine Kompensation durch Verfahren ist mit der kommunalen Selbstverwaltungsgarantie folglich nicht vereinbar.[481]

III. Eigentum gem. Art. 14 GG

Regionale Einzelhandelskonzepte müssen auch mit dem Grundrecht auf Eigentum aus Art. 14 Abs. 1 GG in Einklang stehen.

1. Eingriff in den Schutzbereich

Die in einzelnen Konzepten verankerten (raumordnerischen Ziel-)Festlegungen könnten in das Eigentum eingreifen, indem sie durch ihre standortsteuernde und damit auch -beschränkende Wirkung Grundstückseigentümer an der Verwirklichung von Einzelhandelsgroßprojekten auf ihrem Grundeigentum hindern.

---

477 Bunzel/Hanke, S. 38; Just in: Hoppe/Bönker/Grotefels, § 2, Rn. 37 f.; vgl. Röhl in: Schoch, S. 34 f.

478 Nierhaus in: Sachs, GG, Art. 28, Rn. 74 ff.; vgl. Röhl in: Schoch, S. 34.
Die Erstreckungsgarantie des Grundsatzes des gemeindefreundlichen Verhaltens ist hier nicht anwendbar, da sie lediglich eine allgemeine Rücksichtnahmepflicht begründet und sich ein gesondertes Beteiligungsrecht der Gemeinden aus ihr nicht ableiten lässt (vgl. Röhl in: Schoch, S. 35).
Vgl. zum Grundsatz des bundes- bzw. länderfreundlichen Verhaltens BVerfG, Entscheidung v. 28.02.1961 – 2 BvG 1/60, 2 BvG 2/60, zit. nach juris, Rn. 175 (Deutschland-Fernsehen, 1. Rundfunkurteil): „Auch das procedere und der Stil der Verhandlungen, die zwischen dem Bund und seinen Gliedern und zwischen den Ländern im Verfassungsleben erforderlich werden, stehen unter dem Gebot bundesfreundlichen Verhaltens."

479 Battis, Öffentliches Baurecht und Raumordnungsrecht, Rn. 101; Bunzel/Hanke, S. 38.

480 Bunzel/Hanke, S. 39.

481 Battis, Öffentliches Baurecht und Raumordnungsrecht, Rn. 101, 106; Bunzel/Hanke, S. 38.

a) *Eröffnung des Schutzbereiches*

Der Schutzbereich des Art. 14 Abs. 1 GG erstreckt sich auf das Privateigentum an Grundstücken und alle aus diesem abgeleiteten Rechte.[482] Essentieller Bestandteil des Grundeigentums ist die Baufreiheit, das heißt die Freiheit der baulichen Nutzung im Rahmen der Gesetze.[483] Einfachgesetzlich ergeben sich die Eigentümerbefugnisse aus den §§ 903 ff. BGB.[484]

Art. 14 GG schützt in Abgrenzung zu Art. 12 GG das Erworbene und nicht den Erwerb.[485] Zukünftige Rechtspositionen wie bloße Aussichten, Erwartungen oder Hoffnungen fallen dementsprechend nicht unter Art. 14 GG.[486] Inbegriffen ist im Gegensatz dazu das Recht am eingerichteten und ausgeübten Gewerbebetrieb – wie beispielsweise an einem Einzelhandelsgroßbetrieb.[487]

b) *Eingriff*

Eingriffe in den Schutzbereich können entweder durch Inhalts- und Schrankenbestimmungen (Art. 14 Abs. 1 S. 2 GG) oder durch Enteignung (Art. 14 Abs. 3 GG) vorgenommen werden.

Inhalts- und Schrankenbestimmungen schränken die Eigentumsbefugnisse im Vergleich zur bisherigen Rechtslage ein oder begründen in abstrakt-genereller Weise neue Pflichten für die Zukunft.[488]

Enteignung ist der staatliche Zugriff auf das Eigentum des Einzelnen.[489] Sie bezweckt die vollständige oder teilweise Entziehung konkreter subjektiver Rechtspositionen.[490]

---

482 BVerfG, Beschl. v. 19.06.1985 – 1 BvL 57/79, zit. nach juris, Rn. 22; Papier in: Maunz/Dürig, GG, Art. 14, Rn. 55; Pieroth/Schlink/Kingreen/Poscher, Rn. 980.

483 Papier in: Maunz/Dürig, GG, Art. 14, Rn. 57.

484 Pieroth/Schlink/Kingreen/Poscher, Rn. 979.

485 BVerfG, Entscheidung v. 16.03.1971 – 1 BvR 52/66, 1 BvR 665/66, 1 BvR 667/66, 1 BvR 754/66 (Erdölbevorratung), zit. nach juris, Rn. 110 f.

486 BVerfG, Beschl. v. 18.03.1970 – 2 BvO 1/65 (Spielbank), zit. nach juris, Rn. 84.

487 BVerwG, Urt. v. 27.05.1981 – VII C 34/77, zit. nach juris, Rn. 10; Papier in: Maunz/Dürig, GG, Art. 14, Rn. 95.

488 BVerfG, Beschl. v. 12.06.1979 – 1 BvL 19/76 (Kleingartenentscheidung), zit. nach juris, Rn. 113.

489 BVerfG, a. a. O., Rn. 111.

490 Ibid.

Inhalts- und Schrankenbestimmungen können sich aus der gemeindlichen Bauleitplanung ergeben (vgl. Flächennutzungsplan des Zweckverbandes Raum Kassel).[491]

Besonders problematisch erscheint in diesem Zusammenhang die Bedeutung raumordnerischer Zielfestlegungen für die Rechtsstellung Privater (vgl. Regionales Raumordnungsprogramm Hannover, Regionalplan Stuttgart, regionaler Flächennutzungsplan Frankfurt/Rhein-Main).

Raumordnerische Zielfestlegungen können nur dann in Grundrechte Privater eingreifen, wenn sie sowohl eine vorhabenbezogene Ausschlusswirkung als auch Außenwirkung gegenüber dem Bürger – hier dem Vorhabenträger – entfalten.[492]

aa) Ausschlusswirkung

Um einen Eingriff in Art. 14 GG bejahen zu können, muss sicher sein, dass das in Frage stehende Grundstück überhaupt innerhalb einer Fläche liegt, für die ein Ziel der Raumordnung einen Ausschluss bestimmter baulicher Nutzungen festlegt.[493] Die raumordnerische Zielfestlegung muss eine abschließende, negative Entscheidung über das Eigentum – oder andere private Belange – treffen.[494]

Bei gemeindescharfen Festlegungen wird aufgrund der vorhandenen räumlichen Unschärfe noch nicht abschließend auf der Ebene der Raumordnung über private Belange – und damit auch das Eigentum – entschieden.[495] Demnach liegt in dieser Fallkonstellation noch kein Eingriff in Art. 14 GG vor.

Anders verhält es sich bei gebiets- und parzellenscharfen Ausweisungen, die regelmäßig räumlich hinreichend konkret sind, um die Zulässigkeit etwaiger baulicher Nutzungen für einzelne Grundstücke positiv oder negativ zu regeln.[496] Auch bei der Festlegung von Vorranggebieten sind entgegenstehende Nutzungen im betreffenden Gebiet ausgeschlossen (§ 8 Abs. 7 S. 1 Nr. 1 ROG).[497] Hier kommt ein Eingriff in Art. 14 GG in Betracht.

---

491 Vgl. BVerwG, Urt. v. 26.04.2007 – 4 CN 3/06, zit. nach juris, Rn. 16; Papier in: Maunz/Dürig, GG, Art. 14, Rn. 339.

492 Bartram, S. 246.

493 Bartram, S. 247; Heemeyer, S. 68.

494 Heemeyer, S. 68.

495 Bartram, S. 247.

496 Ibid.

497 Ibid.

bb) Außenwirkung

Die Ziele der Raumordnung wenden sich zuvorderst an öffentliche Stellen als Adressaten (vgl. §§ 4 Abs. 1 S. 1 i. V. m. 3 Abs. 1 Nr. 5 ROG) und werden dem Bürger gegenüber in der Regel erst durch vermittelnde Bauleitplanung verbindlich.[498] Deswegen hat das Bundesverwaltungsgericht bisher auch eine generelle Außenwirkung raumordnerischer Ziele nicht angenommen.[499]

Wenn jedoch Ziele der Raumordnung so strikt gefasst sind, dass der Ebene der Bauleitplanung praktisch kein eigener Gestaltungsspielraum mehr verbleibt und sich deren Funktion in der eines bloßen Umsetzungsaktes der Raumordnung erschöpft, können schon die Zielfestlegungen auf raumordnerischer Ebene die Grundrechte des Einzelnen tangieren.[500] Die so konkret formulierten Ziele können dann die gleiche Funktion wie bauleitplanerische Festsetzungen wahrnehmen und demzufolge Inhalts- und Schrankenbestimmung für das Eigentum sein.[501]

Eine unmittelbare Außenwirkung von raumordnerischen Zielen wird vom Bundesverwaltungsgericht im Hinblick auf § 35 Abs. 3 S. 3 BauGB für die Festlegung von Konzentrationszonen für Windenergieanlagen oder andere privilegierte Außenbereichsvorhaben anerkannt, wenn durch Ziele der Raumordnung eine Ausweisung erfolgt und damit ein Ausschluss an anderer Stelle verbunden ist.[502] Diese Rechtsprechung wird auf Ziele der Raumordnung, die den Außenbereich zum Gegenstand haben, und Zielbindungsklauseln, die mit § 35 Abs. 3 S. 3 BauGB vergleichbar sind und sich auf den unbeplanten Innenbereich beziehen, übertragen.[503]

2. *Verfassungsrechtliche Rechtfertigung*

Die verfassungsrechtliche Rechtfertigung von Inhalts- und Schrankenbestimmungen orientiert sich insbesondere am Grundsatz der Verhältnismäßigkeit, die verfassungsrechtliche Rechtfertigung von Enteignungen richtet sich nach der Vorschrift des Art. 14 Abs. 3 GG.

---

498 BVerwG, Beschl. v. 07.11.1996 – 4 B 170/96, zit. nach juris, Rn. 11; El Bureiasi, S. 293 f.

499 BVerwG, Urt. v. 16.01.2003 – 4 CN 8/01, zit. nach juris, Rn. 30 (zur Trassenfestlegung der A 94); Bartram, S. 249.

500 El Bureiasi, S. 292 f.

501 Ders., S. 294.

502 BVerwG, Urt. v. 26.04.2007 – 4 CN 3/06, zit. nach juris, Rn. 14; Bartram, S. 248.

503 Bartram, S. 249 f.

Die Annahme, dass eine überörtliche Einzelhandelssteuerung zu einer Enteignung führen könnte, ist eher fernliegend.

Werden bislang zulässige Nutzungsmöglichkeiten eines Grundstücks durch raumordnerische Zielfestlegungen eingeschränkt, so muss dem Eigentümer unter Berücksichtigung der Situationsgebundenheit des Grundeigentums die Möglichkeit einer sinnvollen, ökonomisch vertretbaren Verwendung verbleiben.[504]

IV. Berufsfreiheit gem. Art. 12 GG

Regionale Einzelhandelskonzepte müssen weiter den Anforderungen des Art. 12 GG genügen, der bezüglich des Rechts der beruflichen Freizügigkeit lex specialis zu der Freizügigkeitsgewährleistung des Art. 11 GG ist[505].

1. Eingriff in den Schutzbereich

a) Eröffnung des Schutzbereiches

Der Schutzbereich des Art. 12 Abs. 1 GG umfasst das Recht aller Deutschen zur freien Wahl von Beruf, Arbeitsplatz und Ausbildungsstätte. Beruf ist dabei jede auf Dauer angelegte, selbstständige oder unselbstständige Tätigkeit zur Schaffung und Erhaltung einer Lebensgrundlage.[506] Auch die Gewerbefreiheit als unternehmerische Berufsfreiheit – hier der (potentiellen) Vorhabenträger von Einzelhandelsgroßprojekten – und die Wettbewerbsfreiheit (i. V. m. Art. 14 GG) sind in den Schutzbereich einbezogen.[507]

Art. 12 GG gewährleistet die Freiheit der Berufswahl und der Berufsausübung, sodass neben Art, Zeitpunkt und Umfang unternehmerischer Tätigkeit insbesondere die sich an betriebswirtschaftlichen Kriterien orientierende Entscheidung, an welchem Standort großflächiger Einzelhandel stattfinden soll, von dem Schutzbereich des Art. 12 GG erfasst ist.[508] In regionalen Einzelhandelskonzepten enthaltene (raumordnerische Ziel-)Festlegungen zu Standorten, maximaler Verkaufsfläche

---

504 Vgl. BVerfG, Beschl. v. 02.03.1999 – 1 BvL 7/91 (Denkmalschutz): Keinerlei sinnvolle Nutzungsmöglichkeit für geschütztes Baudenkmal mit der Folge der nahezu vollständigen Beseitigung von dessen Privatnützigkeit; Axer in: BeckOK, GG, Art. 14, Rn. 92; Bartram, S. 252.

505 Scholz in: Maunz/Dürig, GG, Art. 12, Rn. 200.

506 BVerfG, Urt. v. 11.06.1958 – 1 BvR 596/56 (Apotheken-Urteil), zit. nach juris, Rn. 55, 59; Pieroth/Schlink/Kingreen/Poscher, Rn. 881; Scholz in: Maunz/Dürig, GG, Art. 12, Rn. 29.

507 Scholz in: Maunz/Dürig, GG, Art. 12, Rn. 143 f.

508 El Bureiasi, S. 274; Ernst, S. 101.

und Sortiment könnten die Berufsfreiheit von Betreibern und Investoren großflächigen Einzelhandels (unzulässig) einschränken.[509] Der Schutzbereich ist demnach eröffnet.

b) *Eingriff*

Im Hinblick auf mögliche Eingriffe in den Schutzbereich wird zwischen Beschränkungen mit subjektiv berufsregelnder Tendenz (unmittelbar-finale Beeinträchtigung) und solchen mit objektiv berufsregelnder Tendenz (mittelbar-faktische Beeinträchtigung) unterschieden.[510]

Für die Annahme einer objektiv berufsregelnden Tendenz ist nicht erforderlich, dass die Berufstätigkeit ganz oder teilweise unterbunden wird; vielmehr genügt es, dass sie nicht in der gewünschten Form ausgeübt werden kann.[511] Ist eine objektiv berufsregelnde Tendenz nicht gegeben, greift die Maßnahme nur in die allgemeine Handlungsfreiheit in ihrer Ausgestaltung als wirtschaftliche Betätigungsfreiheit ein.[512]

Einzelhandelsbezogene Ziele der Raumordnung bezwecken nicht in erster Linie eine Beschränkung der Berufstätigkeit von Vorhabenträgern, sondern eine raumverträgliche Steuerung großflächigen Einzelhandels gemäß dem System der Zentralen Orte (keine unmittelbar-finale Beeinträchtigung).[513] Sie können aber durch ihre standortlenkende Wirkung Vorhabenträger an der Realisierung des Projektes am gewünschten Standort hindern.[514] Unter Zugrundelegung betriebswirtschaftlicher Maßstäbe wird die Wahl eines geeigneten Standortes oftmals auf verkehrs- und kostengünstig gelegene Standorte außerhalb der Zentren fallen.[515] Damit kommt (nur) noch eine mittelbar-faktische Beeinträchtigung der Berufsfreiheit in Betracht.[516]

Zweifel hinsichtlich des gefundenen Ergebnisses könnten sich daraus ergeben, dass die Ansiedlung eines Vorhabens sowieso nur vorbehaltlich entsprechend positiver gemeindlicher Bauleitplanung zulässig ist.[517] Folgt man

509 Bartram, S. 246.
510 Scholz in: Maunz/Dürig, GG, Art. 12, Rn. 300 f.
511 BVerfG, Beschl. v. 12.06.1990 – 1 BvR 355/86 (Krankenhausplan), zit. nach juris, Rn. 62; Scholz in: Maunz/Dürig, GG, Art. 12, Rn. 301.
512 Bartram, S. 251.
513 Vgl. El Bureiasi, S. 275.
514 Bartram, S. 251; El Bureiasi, S. 276.
515 Bartram, S. 251; El Bureiasi, S. 276 f.
516 El Bureiasi, S. 275; a. A. Uechtritz, NVwZ 2007, 1337, 1340 f.
517 El Bureiasi, S. 277.

dieser Argumentation, könnte die Berufsfreiheit auch nicht über § 11 Abs. 3 BauNVO hinausgehend eingeschränkt werden.[518]

Dagegen spricht jedoch, dass Art. 12 GG den Erwerb als in die Zukunft gerichteten Prozess schützt und dieser Gestaltungsspielraum faktisch dadurch verengt werden kann, dass Vorhabenträger ihr Projekt an das zentralörtliche Gliederungssystem anpassen oder – sollte diese Möglichkeit unter betriebswirtschaftlichen Gesichtspunkten nicht bestehen – ganz davon Abstand nehmen müssen.[519] Eine Verletzung des Art. 12 GG kommt daher in Betracht.

Bezüglich der Bedeutung raumordnerischer Zielfestlegungen für die Rechtsstellung Privater gelten die bei Art. 14 GG zur Ausschluss- und Außenwirkung gemachten Ausführungen entsprechend.[520]

2. *Verfassungsrechtliche Rechtfertigung*

Eingriffe in die Berufsfreiheit können nach dem Schrankenvorbehalt des Art. 12 Abs. 1 S. 2 GG nicht nur durch formelle Gesetze, sondern auch durch Rechtsverordnungen und Satzungen erfolgen.[521]

Dieser Schrankenvorbehalt gilt sowohl für die Freiheit der Berufsausübung als auch für die Freiheit der Berufswahl (einheitliches Grundrecht der Berufsfreiheit).[522]

Raumordnerische Zielfestlegungen und Darstellungen in Flächennutzungsplänen sind regelmäßig der Berufsausübung, d. h. der Frage nach dem „Wie“ der Berufstätigkeit, und nicht der Berufswahl, d. h. der Frage nach dem „Ob“ der Berufstätigkeit zuzuordnen, weil lediglich der Ort der Berufsausübung betroffen ist.[523] Dies gilt letztlich auch für Vorhabenträger von Factory Outlet Centern.[524]

Das Bundesverfassungsgericht hat in seinem sog. Apothekenurteil die Grenzen für Eingriffe in die Freiheit der Berufswahl – differenziert nach objektiven und subjektiven Zulassungsvoraussetzungen – und die Freiheit der

518 Ibid.

519 Ders., S. 277 f.

520 Siehe dazu 3. Teil B. III. 1. b).

521 Scholz in: Maunz/Dürig, GG, Art. 12, Rn. 323, 326.

522 BVerfG, Urt. v. 11.06.1958 – 1 BvR 596/56, zit. nach juris, Rn. 68 f.; vgl. zur Unterscheidung zwischen Berufswahl und Berufsausübung BVerfG, Entscheidung v. 17.12.1958 – 1 BvL 10/56, zit. nach juris, Rn. 36 zum Milchhandel; Scholz in: Maunz/Dürig, GG, Art. 12, Rn. 312.

523 Bartram, S. 256; Ernst, S. 107 m. w. N.

524 El Bureiasi, S. 279 ff.

Berufsausübung festgelegt.[525] Danach lassen sich die verfassungsrechtliche Rechtfertigung eines Eingriffs in Art. 12 Abs. 1 GG und insbesondere dessen Verhältnismäßigkeit anhand der Drei-Stufen-Theorie beurteilen.[526] Die Voraussetzungen für die Rechtfertigung von Eingriffen richten sich nach der Schwere des Eingriffs. Dem strengsten Regelungsregime sind die objektiven Zulassungsvoraussetzungen für die Berufswahl unterworfen. Sie sind nur zur Abwehr nachweisbarer oder höchstwahrscheinlich schwerer Gefahren für ein überragend wichtiges Gemeinschaftsgut zulässig.[527] Subjektive Zulassungsvoraussetzungen für die Berufswahl sind gerechtfertigt, wenn durch sie ein wichtiges Gemeinschaftsgut geschützt werden soll und der Grundsatz der Verhältnismäßigkeit gewahrt ist.[528]

Eingriffe in die Berufsausübungsfreiheit – wie hier einschlägig – sind zulässig, soweit vernünftige Erwägungen des Gemeinwohls diese als zweckmäßig erscheinen lassen.[529] „Der Grundrechtsschutz beschränkt sich insoweit auf die Abwehr in sich verfassungswidriger, weil etwa übermäßig belastender und nicht zumutbarer gesetzlicher Auflagen; von diesen Ausnahmen abgesehen, trifft die hier in Frage stehende Beeinträchtigung der Berufsfreiheit den Grundrechtsträger nicht allzu empfindlich, da er bereits im Beruf steht und die Befugnis, ihn auszuüben, nicht berührt wird.“[530]

V. Gleichheitsgrundsatz des Art. 3 GG

Regionale Einzelhandelskonzepte müssen auch dem allgemeinen Gleichheitsgrundsatz des Art. 3 Abs. 1 GG entsprechen.

1. Bebauungspläne

Bei Verankerung von Einzelhandelskonzepten in Bebauungsplänen ergibt sich die Einhaltung der Anforderungen des Art. 3 Abs. 1 GG regelmäßig aus den die Bauleitplanung rechtfertigenden städtebaulichen Gründen.[531] Dies setzt eine gerechte Abwägung aller privaten und öffentlichen Belange voraus (vgl. § 1 Abs. 7 BauGB). Etwas Anderes gilt jedoch dann, wenn für vergleichbare Bebauungsplangebiete

---

525 BVerfG, Urt. v. 11.06.1958 – 1 BvR 596/56, zit. nach juris, Rn. 73 ff.
526 BVerfG, a. a. O., Rn. 75 ff.
527 BVerfG, a. a. O., Rn. 79.
528 Scholz in: Maunz/Dürig, GG, Art. 12, Rn. 355.
529 BVerfG, Urt. v. 11.06.1958 – 1 BvR 596/56, zit. nach juris, Rn. 74.
530 BVerfG, a. a. O., Rn. 76.
531 OVG Koblenz, Urt. v. 01.06.2011 – 8 A 10399/11, zit. nach juris, Rn. 36.

dieselben städtebaulichen Ziele verfolgt werden, aber zur Erreichung dieser Ziele die bauliche Nutzbarkeit in einem der beiden Gebiete eingeschränkt werden muss (z.B. soll in einem Gebiet großflächiger Einzelhandel ohne Sortimentsbeschränkung, im anderen aber nur mit Sortimentsbeschränkung zulässig sein).[532] In diesem Fall verlangt Art. 3 Abs. 1 GG eine gleichmäßige Lastenverteilung auf die jeweiligen Grundstücke (Prinzip der Lastengleichheit).[533] Abweichungen davon sind rechtfertigungsbedürftig.[534]

2. Städtebauliche Verträge

Art. 3 Abs. 1 GG kann auch durch den gleichheitswidrigen Abschluss städtebaulicher Verträge zwischen Gemeinde und ansiedlungswilligem Unternehmen verletzt werden.[535]

Dies gilt beispielsweise für den Fall der Verpflichtung einer Gemeinde, die Ausweisung geeigneter Flächen für die Ansiedlung eines Konkurrenzunternehmens zu unterlassen und auch alle Maßnahmen zur Verhinderung der konkurrierenden Ansiedlung zu treffen.[536]

Eine entsprechende Vereinbarung wäre nach § 59 Abs. 1 VwVfG i. V. m. § 134 BGB und Art. 3 Abs. 1 GG nichtig.[537]

VI. Prinzip der Nachhaltigkeit gem. Art. 20a GG

Eine rechtliche Grenze, die bei der Erstellung regionaler Einzelhandelskonzepte zu beachten ist, könnte sich auch aus Art. 20a GG ergeben. Das Prinzip der Nachhaltigkeit ist nunmehr sowohl im Grundgesetz als auch im EU-Vertrag verankert.

Gemäß der Staatszielbestimmung des Art. 20a GG schützt der Staat auch in Verantwortung für die künftigen Generationen die natürlichen Lebensgrundlagen. Art. 3 Abs. 3 des EU-Vertrages hat einen ähnlichen Regelungsgehalt: Danach wirkt die Union u.a. auf die nachhaltige Entwicklung Europas, eine wettbewerbsfähige soziale Marktwirtschaft und ein hohes Maß an Umweltschutz hin.

---

532 Ibid.

533 Ibid.

534 Ibid.

535 Spannowsky, UPR 1999, 241, 244.

536 So ausdrücklich Spannowsky, UPR 1999, 241, 244.

537 Spannowsky, UPR 1999, 241, 244.

Damit enthält Art. 20a GG die Vorgabe an die Regional- und Bauleitplanung – und damit indirekt auch an die Einzelhandelssteuerung –, die Nachhaltigkeit und den Umweltschutz auch im Bereich der Einzelhandelssteuerung (siehe nur verantwortungsvolles Bodenmanagement, Mobilitätssteuerung, etc.) zum Maßstab ihres Handelns zu machen.[538] Diese Vorgabe ist von der überörtlichen Einzelhandelssteuerung zu beachten.

C. Einfaches Bundesrecht

Neben dem Recht der Europäischen Union und dem nationalen Verfassungsrecht stellt auch das einfache Bundesrecht Anforderungen an regionale Einzelhandelskonzepte.

Die Regelung erfolgt auf Bundesebene im Wesentlichen durch das Raumordnungsgesetz, das Baugesetzbuch und die Baunutzungsverordnung. Hierbei beziehen sich das Raumordnungsgesetz auf die überörtliche und das Baugesetzbuch und die Baunutzungsverordnung auf die örtliche Steuerung.

I. Raumordnungsgesetz

Die überörtliche Steuerung großflächigen Einzelhandels ist in hohem Maße durch das Raumordnungsgesetz des Bundes geprägt.

Die Steuerung selbst erfolgt dabei vornehmlich durch die landesrechtliche Planung.[539] Das ergibt sich daraus, dass die Länder die Teilräume im Sinne des § 1 Abs. 1 S. 1 i. V. m. § 8 Abs. 1 S. 1 Nr. 1 ROG bilden. Das neu geschaffene Instrument des Raumordnungsplanes für das gesamte Bundesgebiet nach § 17 Abs. 1 S. 1 ROG kann zwar einzelne Grundsätze der Raumordnung mit der Folge einer Berücksichtigungspflicht durch die Länder konkretisieren; hiervon ist aber im Hinblick auf den Einzelhandel bislang kein Gebrauch gemacht worden.

1. Einfachgesetzliche Konkretisierung des Aufgabenbereichs der Raumordnung gem. § 1 Abs. 1 ROG

§ 1 ROG trifft mit seinen Bestimmungen über die überörtliche und fachübergreifende Funktion der Raumordnungspläne (§ 1 Abs. 1 S. 1 ROG) sowie dem Koordinierungs-, Konfliktausgleichs- und Vorsorgeauftrag der Raumordnung

538 Calliess, S. 216 f.

539 Runkel in: Bielenberg/Runkel/Spannowsky, ROG, L § 1, Rn. 22.

(§ 1 Abs. 1 S. 2 ROG)[540] eine *abstrakte* Aussage zu der Frage, in welchem Umfang der Raumordnung Kompetenzen zustehen.[541]

Welche *konkreten* Festlegungen Raumordnungspläne – wie beispielsweise das Regionale Raumordnungsprogramm Hannover oder der Regionalplan Stuttgart – und damit auch Ziele der Raumordnung zulässigerweise enthalten dürfen, bestimmt das Gesetz insbesondere in § 2 Abs. 1 und 2 sowie § 8 Abs. 5 ROG.[542] Diese Regelungen haben zwar keinen abschließenden Charakter, wenn sich ein Raumordnungsplan aber daran hält, bewegt er sich grundsätzlich auch innerhalb des Aufgabenbereichs der Raumordnung.[543]

Für die Steuerung des großflächigen Einzelhandels besonders relevant sind die Grundsätze des § 2 Abs. 2 Nr. 3 S. 1 (Versorgung mit Dienstleistungen und Infrastrukturen der Daseinsvorsorge, insbesondere Erreichbarkeit von Einrichtungen und Angeboten der Grundversorgung für alle Bevölkerungsgruppen), S. 2 (Bündelung sozialer Infrastruktur vorrangig in Zentralen Orten) und S. 3 (Schaffung räumlicher Voraussetzungen für die Erhaltung der Innenstädte und örtlichen Zentren als zentrale Versorgungsbereiche) ROG.[544] Nach § 2 Abs. 1 ROG können diese drei Grundsätze in Raumordnungsplänen durch Zielfestlegungen konkretisiert werden, um Teilräume zu entwickeln, zu ordnen und zu sichern (vgl. § 1 Abs. 1 ROG).[545] Die in § 2 ROG genannten Grundsätze genießen grundsätzlich Vorrang vor den Festlegungen in landesweiten Raumordnungsplänen, Regionalplänen und regionalen Flächennutzungsplänen.[546] Ihnen kommt eine Abwägungsdirektiv-, Konkretisierungs-, Maßstabs- und Schrankenfunktion zu.[547]

540 Runkel in: Spannowsky/Runkel/Goppel, ROG, § 1, Rn. 82 ff.
Leitvorstellung ist dabei nach § 1 Abs. 2 ROG eine nachhaltige Raumentwicklung, die die sozialen und wirtschaftlichen Ansprüche an den Raum mit seinen ökologischen Funktionen in Einklang bringt und zu einer dauerhaften, großräumig ausgewogenen Ordnung mit gleichwertigen Lebensverhältnissen in den Teilräumen führt (Nachhaltigkeitsprinzip). Teilräume sind auch die Verflechtungsbereiche Zentraler Orte oberster Stufe und der Begriff der Lebensverhältnisse umfasst den Bereich des Einkaufens (Runkel in: Spannowsky/Runkel/Goppel, ROG, § 1, Rn. 104).

541 Runkel in: Bielenberg/Runkel/Spannowsky, ROG, L § 1, Rn. 33; ders. in: Spannowsky/Runkel/Goppel, ROG, § 1, Rn. 63.

542 Ibid.

543 Ibid.

544 Runkel in: Bielenberg/Runkel/Spannowsky, ROG, L § 4, Rn. 316.

545 Ibid.

546 Spannowsky in: Spannowsky/Runkel/Goppel, ROG, § 2, Rn. 23.

547 So ausdrücklich Spannowsky, a. a. O., Rn. 29.

Gem. § 8 Abs. 5 S. 1 Nr. 1 b) ROG sollen Raumordnungspläne insbesondere Festlegungen zur anzustrebenden Siedlungsstruktur enthalten, wozu auch die Zentralen Orte gehören können.

Da es sich bei dem Hinweis aus § 2 Abs. 1 ROG auf den Katalog der Grundsätze aus § 2 Abs. 2 ROG und den beispielhaft aufgezählten Festlegungsmöglichkeiten aus § 8 Abs. 5 ROG nur um einen Orientierungsrahmen handelt, muss im Einzelfall geprüft werden, ob die jeweilige Zielfestlegung durch überörtliche Interessen gerechtfertigt ist.[548] Dies ist der Fall, wenn sie sich aus den Erfordernissen des Planungsraumes ergibt und ausdrücklich begründet ist.[549]

2. Ziele der Raumordnung gem. §§ 4 Abs. 1, 3 Abs. 1 Nr. 2 ROG

Ziele der Raumordnung können nur durch einen Raumordnungsplan aufgestellt werden und sind bereits endabgewogen, das heißt das Ergebnis einer abschließenden integrierenden Gesamtabwägung, in der andere öffentliche und private Belange schon berücksichtigt worden sind (vgl. § 7 Abs. 2 S. 1, 2. HS ROG).[550]

Raumordnerische Zielfestlegungen dürfen einerseits – dies ist der Einhaltung des Aufgabenbereichs der Raumordnung geschuldet – nicht zu konkret sein, andererseits müssen sie aber auch räumlich und sachlich bestimmte oder bestimmbare, vom Träger der Raumordnung abschließend abgewogene Vorgaben enthalten (§ 3 Abs. 1 Nr. 2 ROG).[551]

Von ihrer Rechtsnatur her sind die Ziele der Raumordnung gegenüber der Fachplanung interne Verwaltungsrichtlinien, gegenüber den Gemeinden entfalten sie hingegen Außenwirkung, da sie in die kommunale Selbstverwaltungsgarantie eingreifen.[552] Sie sind daher zum Teil als abstrakt-generelle Regelungen materielle Rechtsnormen.[553] Ziele der Raumordnung in Regionalplänen sind also Rechtsvorschriften im Sinne des § 47 Abs. 1 Nr. 2 VwGO.[554]

---

548 Bunzel/Hanke, S. 27.

549 Ibid.

550 Koch/Hendler, § 3, Rn. 14 ff.; Reidt/Wahlhäuser, UPR 2008, 169 f.; Runkel in: Spannowsky/Runkel/Goppel, ROG, § 3, Rn. 8, 11.; vgl. Söfker, DVBl. 1987, 597 f.

551 Bunzel/Hanke, S. 39 f.

552 Runkel in: Spannowsky/Runkel/Goppel, ROG, § 3, Rn. 52.

553 Ibid.

554 Runkel, a. a. O., Rn. 55.

a) *Voraussetzungen*

aa) Bindungswirkung

Die endabgewogenen Vorgaben müssen gem. § 3 Abs. 1 Nr. 2 ROG „verbindlich" sein.

Verbindliche Vorgaben sind *inhaltliche* Vorgaben, die sich auf gestaltbare Elemente beziehen.[555] Die Zielqualität einer Planaussage hängt infolgedessen von ihrem materiellen Gehalt ab.[556] Eine Vorgabe in einem Raumordnungsplan ist dann verbindlich bzw. hat dann einen eigenständigen räumlichen und sachlichen Regelungsgehalt, wenn sie nicht auf Festlegungen durch die Bauleitplanung angewiesen ist.[557]

Liegt ein wirksames Ziel der Raumordnung vor, so kann die Gemeinde den ihr durch das Ziel eingeräumten Spielraum zur Konkretisierung desselben in größtmöglichem Umfang ausnutzen.[558] Das Gesetz erlegt ihr keine dahingehende Verpflichtung auf, es in einer dem (mutmaßlichen) Willen des übergeordneten Plangebers voll und ganz entsprechenden Art und Weise, also „optimal", umzusetzen.[559] Sie kann sich daher im Rahmen dessen halten, was dem Ziel gerade noch entspricht, wobei hierbei eine gewisse „Grauzone" und

---

555 Runkel in: Bielenberg/Runkel/Spannowsky, ROG, L § 3, Rn. 24; ders. in: Spannowsky/Runkel/Goppel, ROG, § 3, Rn. 16.

556 BVerwG, Beschl. v. 15.04.2003 – 4 BN 25/03, zit. nach juris, Rn. 4; BVerwG, Beschl. v. 01.07.2005 – 4 BN 26/05, zit. nach juris, Rn. 4; Runkel in: Bielenberg/Runkel/Spannowsky, ROG, L § 3, Rn. 23; ders. in: Spannowsky/Runkel/Goppel, ROG, § 3, Rn. 15.

557 OVG Münster, Urt. v. 30.09.2009 – 10 A 1676/08, zit. nach juris, Rn. 81; so ausdrücklich Runkel in: Bielenberg/Runkel/Spannowsky, ROG, L § 3, Rn. 24 und ders. in: Spannowsky/Runkel/Goppel, ROG, § 3, Rn. 16.

558 Goppel/Runkel in: Spannowsky/Runkel/Goppel, ROG, § 4, Rn. 138; Runkel in: Bielenberg/Runkel/Spannowsky, ROG, L § 4, Rn. 302.

559 Vgl. OVG Lüneburg, Urt. v. 29.01.2004 – 1 KN 321/02, zit. nach juris, Leitsatz 1 (keine Verpflichtung der Gemeinde, „die Errichtung der nach den raumordnerischen Vorgaben maximal zulässigen Zahl von Windenergieanlagen zu ermöglichen, wenn schon die festgesetzte Zahl die Verwirklichung der Mindestnennleistung (hier: 9 MW für das Gemeindegebiet) ermöglicht"); vgl. OVG Koblenz, Urt. v. 09.04.2008 – 8 C 11217/07, zit. nach juris, Leitsatz 1 (keine Anpassung des Bebauungsplans an die Ziele der Raumordnung, „wenn er ohne überzeugende Gründe die Errichtung von Windenergieanlagen für etwa ein Drittel der Fläche ausschließt, die im regionalen Raumordnungsplan als Konzentrationszone für Windenergienutzung im Sinne des § 35 Abs. 3 Satz 3 BauGB dargestellt ist"); Goppel/Runkel in: Spannowsky/Runkel/Goppel, ROG, § 4, Rn. 138.

Auslegungsspielräume vorhanden sein können, deren Grenzen es im Einzelfall auszuloten, einzuhalten und nicht zu überschreiten gilt.

Zielaussagen müssen nach dem Grundsatz der Rechtsklarheit strikt formuliert sein.[560] Sie müssen klar, eindeutig und konkret formuliert sein, wobei sich ihre Konkretisierungsfähigkeit nach Maßstab und Geltungsbereich des jeweiligen Plans bemisst.[561]

Die Frage nach der Zielqualität stellt sich insbesondere bei den Raumordnungsprinzipien Kongruenzgebot, Integrationsgebot und Beeinträchtigungsverbot sowie bei Regel-Ausnahme- und Soll-Formulierungen.

Neben den drei bereits genannten Raumordnungsprinzipien hat die Landesplanung auch das Konzentrations- bzw. Zentralitätsgebot (Zulässigkeit großflächiger Einzelhandelsvorhaben nur an Zentralen Orten[562]) zur Umsetzung des Prinzips der Zentralen Orte entwickelt und in den landesweiten Raumordnungsplänen verankert.[563] Die Regionalpläne konkretisieren die vier Prinzipien und ergänzen diese um eigene Regelungen.[564] Dabei enthalten sie Festlegungen zu Standorten, Größe und Sortiment großflächiger Einzelhandelsbetriebe.[565]

Die Frage nach der Zielqualität der einzelnen Gebote ist deswegen von Bedeutung, weil raumordnerische Zielfestlegungen von der Gemeinde im Rahmen der Bauleitplanung zu beachten sind. Raumordnerische Grundsätze sind hingegen nur zu berücksichtigen.

bb) Räumliche und sachliche Bestimmtheit oder Bestimmbarkeit

Neben dem Merkmal der Verbindlichkeit müssen Ziele der Raumordnung auch räumlich und sachlich bestimmte oder bestimmbare Vorgaben enthalten (vgl. §§ 4 Abs. 1, 3 Abs. 1 Nr. 2 ROG).

Eine Festlegung ist dann bestimmbar, wenn ihr Gehalt durch Auslegung oder Untersuchung ermittelt werden kann.[566] Für die Bestimmbarkeit ist ebenso wenig wie für die Bestimmtheit ein Maximum an Konkretisierung erforderlich, jedoch muss die betreffende Festlegung allein oder wenigstens im

---

560 Runkel in: Bielenberg/Runkel/Spannowsky, ROG, L § 3, Rn. 25; ders. in: Spannowsky/Runkel/Goppel, ROG, § 3, Rn. 17.

561 So ausdrücklich Werk in: Schumacher/Werk/Albrecht, ROG, § 3, Rn. 5.

562 Gawron, S. 16.

563 Bartram, S. 77; Bienek, UPR 2008, 370 f.; vgl. dazu Hoppe, NVwZ 2006, 1345, der auf die „Trias" Kongruenzgebot, Beeinträchtigungsverbot und Integrationsgebot abstellt.

564 Bartram, S. 77.

565 Ibid.

566 Bunzel/Hanke, S. 46.

Zusammenhang mit anderen Festlegungen, naturräumlichen Gegebenheiten oder anerkannten Regeln und Standards auf einen bestimmten Inhalt hin konkretisierbar sein, sodass der Adressat erkennen kann, was er bei seinen Planungen zu beachten hat.[567]

Bei der Beurteilung der Bestimmtheit oder Bestimmbarkeit raumordnerischer Festlegungen sowie deren Auslegung ist die Sicht der jeweiligen Zieladressaten maßgeblich.[568] Da dies hauptsächlich öffentliche Stellen oder große private Unternehmen sind, ist die Sichtweise eines ausgebildeten, mit öffentlichen Planwerken vertrauten Betrachters zugrunde zu legen.[569]

Bereits ernstzunehmende Zweifel bezüglich der räumlichen oder sachlichen Bestimmbarkeit lassen die Zielqualität einer raumordnerischen Festlegung ganz oder teilweise entfallen.[570]

(1) Räumliche Bestimmtheit bzw. Bestimmbarkeit

Ziele der Raumordnung dürfen nur ausnahmsweise einen hohen Grad an räumlicher Bestimmtheit oder Bestimmbarkeit aufweisen. Parzellen- bzw. funktionsscharfe Festlegungen können aber auch notwendig sein,[571] wobei parzellenscharfe Festlegungen eher die Ausnahme sind.[572]

Die Bestimmtheit bzw. Bestimmbarkeit kann sich auf Landes- und Regionalebene aus textlichen und/oder zeichnerischen Festlegungen ergeben.[573] Zeichnerische Festlegungen können – abgestuft nach dem Grad ihrer Genauigkeit – mit Hilfe von Strichen, Gebietsschraffuren oder Symbolen erfolgen.[574]

---

567 So ausdrücklich Runkel in: Bielenberg/Runkel/Spannowsky, ROG, L § 3, Rn. 28 und ders. in: Spannowsky/Runkel/Goppel, ROG, § 3, Rn. 21 f.

568 OVG Münster, Urt. v. 06.06.2005 – 10 D 145/04.NE, zit. nach juris, Rn. 96; Kment DVBl. 2006, 1336 f.; Runkel in: Spannowsky/Runkel/Goppel, ROG, § 3, Rn. 36.

569 Runkel in: Spannowsky/Runkel/Goppel, ROG, § 3, Rn. 36.

570 Runkel, a. a. O., Rn. 28.

571 BVerwG, Urt. v. 15.05.2003 – 4 CN 9/01; Brohm DVBl. 1980, 653, 659; Brohm, DÖV 1989, 429, 440; Runkel in: Bielenberg/Runkel/Spannowsky, ROG, L § 3, Rn. 47; ders. in: Spannowsky/Runkel/Goppel, ROG, § 3, Rn. 31; Steinberg/Steinwachs, NVwZ 2004, 530, 536.

572 Runkel in: Bielenberg/Runkel/Spannowsky, ROG, L § 3, Rn. 47.

573 Runkel in: Bielenberg/Runkel/Spannowsky, ROG, L § 3, Rn. 34; ders. in: Spannowsky/Runkel/Goppel, ROG, § 3, Rn. 25.

574 Kment, DVBl. 2006, 1336, 1339.

(2) Sachliche Bestimmtheit bzw. Bestimmbarkeit

Mit der Frage der Bestimmtheit bzw. Bestimmbarkeit stellt sich auch die Frage nach dem zulässigen Inhalt sachlicher Festlegungen.

Eine raumordnerische Zielfestlegung bestimmt in der Regel positiv, welche Nutzungen oder Funktionen in dem in Bezug genommenen Gebiet zulässig sein sollen; dies hat (zulässigerweise) zur Folge, dass damit implizit andere Nutzungen oder Funktionen ausgeschlossen werden.[575] Zwar besteht schon wegen § 8 Abs. 7 ROG die Möglichkeit, Vorhaben, die ein Ziel beeinträchtigen, negativ zu bestimmen oder auszuschließen; unzulässig ist es jedoch, Ziele mit rein negativem Inhalt aufzustellen.[576] Das ist dann der Fall, wenn die Negativwirkung Primärzweck des Ziels ist und keine positive Nutzungs- oder Funktionszuweisung getroffen wird oder diese ohne praktische Bedeutung bleibt.[577] Für die Abgrenzung kann auf die Grundsätze zur sog. Negativplanung im Rahmen der Bauleitplanung in entsprechender Anwendung zurückgegriffen werden.[578]

Problematisch sind daher zum Beispiel Sortimentsfestlegungen in Regionalplänen, die innenstadtrelevante Sortimente festlegen.[579] Die raumordnerische Bestimmbarkeit ist gegeben, wenn allgemein auf innenstadtrelevante Sortimente Bezug genommen wird ohne auf Details einzugehen.[580] Empfehlenswert ist es aber, eine beispielhafte Aufzählung innenstadtrelevanter Sortimente in der Begründung zum Bebauungsplan vorzunehmen oder aber sie durch ein informelles regionales Einzelhandelskonzept zu konkretisieren.[581]

Unzulässig im Hinblick auf die Bestimmbarkeit ist es, der nachgeordneten Ebene der Bauleitplanung Handlungspflichten aufzuerlegen, die einen Plansatz auf Ebene der Landesplanung erst zu einem raumordnerischen Ziel erstarken

---

575 Runkel in: Bielenberg/Runkel/Spannowsky, ROG, L § 3, Rn. 54; ders. in: Spannowsky/Runkel/Goppel, ROG, § 3, Rn. 42.

576 Runkel in: Bielenberg/Runkel/Spannowsky, ROG, L § 3, Rn. 54; ders. in: Spannowsky/Runkel/Goppel, ROG, § 3, Rn. 42; Werk in: Schumacher/Werk/Albrecht, ROG, § 3, Rn. 12.

577 Runkel in: Bielenberg/Runkel/Spannowsky, ROG, L § 3, Rn. 54; ders. in: Spannowsky/Runkel/Goppel, ROG, § 3, Rn. 42.

578 Zur Negativplanung i. R. d. Bauleitplanung: BVerwG, Urt. v. 14.07.1972 – IV C 8.70 und BVerwG, Beschl. v. 18.12.1990 – 4 NB 8/90 und Grooterhorst, DVBl. 1985, 703, 707; Runkel in: Bielenberg/Runkel/Spannowsky, ROG, L § 3, Rn. 54; ders. in: Spannowsky/Runkel/Goppel, ROG, § 3, Rn. 42.

579 So ausdrücklich Runkel in: Bielenberg/Runkel/Spannowsky, ROG, L § 4, Rn. 320.

580 Wie Fn. 579.

581 Wie Fn. 579.

lassen.[582] Dies lässt sich am Beispiel des § 24a Abs. 1 S. 1, 1. HS LEPro NRW a. F. verdeutlichen: Danach durften Kern- und Sondergebiete für Vorhaben i. S. d. § 11 Abs. 3 BauNVO, also Einkaufszentren, großflächige Einzelhandelsbetriebe und sonstige großflächige Handelsbetriebe, nur in zentralen Versorgungsbereichen ausgewiesen werden.[583] Streitig ist, ob die Gemeinde zur Festlegung zentraler Versorgungsbereiche verpflichtet ist, weil das Ziel sonst leer läuft[584] oder ob bereits faktische zentrale Versorgungsbereiche (vgl. § 34 Abs. 3 BauGB) das betreffende Ziel der Raumordnung bestimmbar und damit eine explizite Festlegung durch die Gemeinde entbehrlich machen.[585] Auf diese Problematik wird ebenfalls im 4. Teil der Untersuchung näher eingegangen.

cc) Abschließende Abgewogenheit

Weiterhin müssen raumordnerische Zielfestlegungen vom Träger der Raumordnung abschließend abgewogen sein (§§ 7 Abs. 2 S. 1, 2. HS, 3 Abs. 1 Nr. 2 ROG).

Ein Ziel der Raumordnung setzt sich in der Regel aus einem verbindlichen Kern und einem für die Gemeinde gestaltbaren Rahmen zusammen.[586] Abschließend abgewogen muss nur der Zielkern, nicht der Zielrahmen sein.[587] Empfehlenswert ist es daher, in den Erläuterungen zu den Zielfestlegungen den verbindlichen Kern explizit zu benennen und zu erklären, inwieweit diesbezüglich eine abschließende ebenenspezifische Abwägung stattgefunden hat.[588]

Problematisch erscheint die Frage, ob und wenn ja inwieweit die gebotene Zurückhaltung der Raumordnungsplanung mit dem Erfordernis der abschließenden Abgewogenheit eines Ziels der Raumordnung in Einklang zu bringen ist.[589]

Hierbei muss nur die jeweilige Planungsstufe betrachtet werden.[590] „Abschließend abgewogen im Sinne einer ebenenspezifischen Letztentscheidung ist die raumordnerische Festlegung deshalb schon dann, wenn der durch sie gesetzte

582 So ausdrücklich Runkel in: Bielenberg/Runkel/Spannowsky, ROG, L § 4, Rn. 177.

583 Wie Fn. 582.

584 OVG Münster, Urt. v. 30.09.2009 – 10 A 1676/08, zit. nach juris, Rn. 94; Reidt/Wahlhäuser, UPR 2008, 169, 172.

585 So ausdrücklich Runkel in: Bielenberg/Runkel/Spannowsky, ROG, L § 4, Rn. 177.

586 Vgl. Kment, DVBl. 2006, 1336, 1338; Runkel in: Bielenberg/Runkel/Spannowsky, ROG, L § 3, Rn. 48; L § 4, Rn. 320; ders. in: Spannowsky/Runkel/Goppel, ROG, § 3, Rn. 32.

587 Bunzel/Hanke, S. 42 f.

588 So ausdrücklich Bunzel/Hanke, S. 44.

589 Bunzel/Hanke, S. 39 f.

590 Dies., S. 40.

Rahmen in den nachfolgenden Planungsverfahren nicht mehr disponibel ist."[591] Die Festlegung muss aus diesem Grund so formuliert sein, dass die Gemeinde keine Möglichkeit hat, sie durch eigene Abwägung ohne Zuhilfenahme eines Zielabweichungsverfahrens im Sinne von § 6 Abs. 2 ROG zu überwinden.[592]

b) *Ausnahmen gem. § 6 Abs. 1 ROG*

Das Problem hinreichender Bestimmtheit stellt sich auch in Bezug auf Ausnahmen nach § 6 Abs. 1 ROG.

aa) tatbestandliche Bestimmung

Werden die Ausnahmen in der Festlegung abschließend aufgezählt, ist das Ziel hinreichend bestimmt.[593] Werden sie nur beispielhaft aufgelistet, kommt es auf die Umstände des Einzelfalls an.[594]

Eine abstrakte Beschreibung der Ausnahmen ist im Hinblick auf die erforderliche Bestimmtheit ausreichend, wenn der Adressat unter Hinzuziehung gefestigter Rechtsprechung oder durch Auslegung den Aussagegehalt ermitteln kann.[595]

Problematisch sind insbesondere die Fälle, in denen der Plangeber keinerlei Vorgaben für das Vorliegen einer Ausnahme gemacht hat.[596] Hier dürfte die Zielqualität an einer abschließend abgewogenen Letztentscheidung des Plangebers scheitern.[597]

bb) bedingungsabhängige Bestimmung

Es besteht die Möglichkeit, eine Ausnahme von einem Ziel der Raumordnung (§ 6 Abs. 1 ROG) unter die Bedingung zu stellen, dass die betroffenen Gemeinden ein interkommunal abgestimmtes regionales Einzelhandelskonzept verabschieden.[598] So darf eine Ausnahme neben der Vorgabe materiell-rechtlicher Kriterien „zusätzlich von der Durchführung eines Verfahrens abhängig gemacht

---

591 Bunzel/Hanke, S. 41 unter Verweis auf BVerwG, Urt. v. 18.09.2003 – 4 CN 20/02, zit. nach juris, Rn. 30.
592 BVerwG, Beschl. v. 20.08.1992 – 4 NB 20/91, zit. nach juris, Rn. 18; OVG Münster, Urt. v. 30.09.2009 – 10 A 1676/08, zit. nach juris, Rn. 81; Bunzel/Hanke, S. 41 f.
593 Kment, DVBl. 2006, 1336, 1341.
594 Ibid.
595 Ibid.
596 Kment, DVBl. 2006, 1336, 1342.
597 Ibid.
598 Runkel in: Bielenberg/Runkel/Spannowsky, ROG, L § 3, Rn. 24, 27.

werden, wenn die Voraussetzungen und Bindungen eines solchen Verfahrens hinreichend bestimmt oder wenigstens bestimmbar sind".[599]

Fraglich ist jedoch, ob dieser Weg auch dann gangbar ist, wenn der Plangeber dafür keine materiellen Anforderungen im Raumordnungsplan aufstellt.[600] Das erscheint zumindest zweifelhaft,[601] da die Entscheidung über den materiellen Gehalt der Ausnahme in diesem Falle nicht mehr vom Plangeber selbst, sondern vom jeweiligen Adressaten getroffen würde.[602]

Für diese Problematik sind zwei Lösungswege denkbar.

Einmal könnten die materiellen Maßstäbe für die Ausnahme im Plan selbst festlegt werden.[603] Das regionale Einzelhandelskonzept müsste dann den im Raumordnungsplan gestellten materiellen Vorgaben[604] und das raumbedeutsame Vorhaben wiederum dem Konzept genügen.[605] Dies wäre zulässig.[606] Unzulässig wegen Verstoßes gegen die kommunale Planungshoheit wäre es hingegen, eine Zustimmungspflicht des Trägers der Raumordnung zu den Einzelhandelskonzepten zu verankern.[607]

Zum Zweiten ist es möglich, die Kriterien für Ausnahmen im Raumordnungsplan enumerativ aufzuzählen und ein regionales Einzelhandelskonzept gegebenenfalls in einem Zielabweichungsverfahren nach § 6 Abs. 2 zu würdigen.[608]

c) Zielabweichung gem. § 6 Abs. 2 ROG

Von Zielen der Raumordnung kann gem. § 6 Abs. 2 S. 1 ROG abgewichen werden, wenn die Abweichung unter raumordnerischen Gesichtspunkten vertretbar ist und die Grundzüge der Planung nicht berührt werden (Zielabweichungsverfahren). „Das bedeutet, dass sie auch von vornherein in den jeweiligen Plan unter Beachtung der Grundsätze der §§ 1 bis 3 ROG hätten aufgenommen werden können".[609]

---

599 BVerwG, Urt. v. 22.06.2011 – 4 CN 4/10, zit. nach juris, Rn. 27 (Strelapark Stralsund).
600 Runkel in: Bielenberg/Runkel/Spannowsky, ROG, L § 3, Rn. 27.
601 Ibid.
602 Ibid.
603 Runkel, a. a. O., Rn. 24, 27.
604 Vgl. OVG Greifswald, Urt. v. 29.03.2010 – 3 K 27/07, Rn. 44 ff.; Runkel in: Bielenberg/Runkel/Spannowsky, ROG, L § 3, Rn. 27.
605 So ausdrücklich Runkel in: Bielenberg/Runkel/Spannowsky, ROG, L § 3, Rn. 24.
606 Runkel in: Bielenberg/Runkel/Spannowsky, ROG, L § 3, Rn. 24, 27.
607 So ausdrücklich Runkel in: Bielenberg/Runkel/Spannowsky, ROG, L § 3, Rn. 24.
608 So ausdrücklich Runkel, a. a. O., Rn. 27.
609 Werk/J. Schumacher in: Schumacher/Werk/Albrecht, ROG, § 6, Rn. 10.

3. *Grundsätze der Raumordnung gem. §§ 4 Abs. 1, 3 Abs. 1 Nr. 3, 1. HS ROG*

Im Gegensatz zu den Zielen der Raumordnung, die bei raumbedeutsamen Planungen und Maßnahmen öffentlicher Stellen zu beachten sind, sind die Grundsätze der Raumordnung lediglich zu berücksichtigen (§ 4 Abs. 1 ROG).

Grundsätze der Raumordnung sind gem. § 3 Abs. 1 Nr. 3, 1. HS ROG Aussagen zur Entwicklung, Ordnung und Sicherung des Raums als Vorgaben für nachfolgende Abwägungs- oder Ermessensentscheidungen. Sie können durch Gesetz oder Raumordnungspläne aufgestellt werden und enthalten raumordnerische Belange, die sich in einer zeitlich später stattfindenden Gesamtabwägung anderen öffentlichen und privaten Belangen stellen müssen.[610] Das bedeutet gleichzeitig, dass sie diesen gegenüber auch unterliegen können.[611] Auf der Ebene der Raumordnungspläne müssen sie hingegen nur gegeneinander und untereinander abgewogen sein (§ 7 Abs. 2 S. 1, 1. HS ROG). Die Abwägung von Grundsätzen ist ein Spezifikum des Planungsrechts, weil hier Rechtsnormen in Form von Rechtsverordnungen abgewogen und nicht wie sonst üblich ausgelegt werden.[612] Grundsätze können im Unterschied zu Zielen in kongruentem, divergentem, neutralem oder sich gegenseitig ausschließendem Verhältnis zueinander stehen.[613] Sie sind – wie bereits erwähnt – „nur" zu berücksichtigen, nicht zu beachten.

Aufgrund dieser stark divergierenden Rechtswirkungen von Zielen und Grundsätzen der Raumordnung ist die Unterscheidung zwischen beiden in den zu prüfenden regionalen Einzelhandelskonzepten von zentraler Bedeutung.

4. *Spezielle Vorgaben für Regionale Flächennutzungspläne gem. § 8 Abs. 4 ROG*

Auch regionale Flächennutzungspläne, die Regionalplan und gemeinsamer Flächennutzungsplan zugleich sind, müssen daraufhin untersucht werden, ob sie mit Bundesrecht in Einklang stehen. Das gilt im Rahmen dieser Untersuchung nur für den Regionalen Flächennutzungsplan Frankfurt/Rhein-Main.

Erfolgt nach § 8 Abs. 4 ROG die Regionalplanung durch Zusammenschlüsse von Gemeinden und Gemeindeverbänden zu regionalen Planungsgemeinschaften, so kann ein Regionalplan zugleich die Funktion eines gemeinsamen

---

610 Koch/Hendler, § 3, Rn. 3; Runkel in: Spannowsky/Runkel/Goppel, ROG, § 3, Rn. 9 f.; Werk in: Schumacher/Werk/Albrecht, ROG, § 3, Rn. 24 f.

611 Goppel/Runkel in: Spannowsky/Runkel/Goppel, ROG, § 4, Rn. 52 f.

612 Goppel/Runkel, a. a. O., Rn. 54.

613 Werk in: Schumacher/Werk/Albrecht, ROG, § 3, Rn. 24.

Flächennutzungsplans nach § 204 BauGB übernehmen, wenn er den Vorschriften des Abschnitts 2 des ROG (Raumordnung in den Ländern, §§ 8 – 16) und den Vorschriften des BauGB entspricht (§ 8 Abs. 4 S. 1 ROG).

Der regionale Flächennutzungsplan stellt praktisch eine Kombination der Einzelhandelssteuerung „von oben“ durch regionalplanerische Festlegungen und „von unten“ durch gemeinsame Flächennutzungsplanung dar.[614]

Regionalplan und gemeinsamer Flächennutzungsplan weisen neben einigen Gemeinsamkeiten (vorbereitende Bodennutzungsplanung, Abwägungsgebot) auch zahlreiche Unterschiede (Maßstab und Regelungstiefe der Pläne, Bindungswirkung, Zuordnung zu Staats- oder Selbstverwaltungsaufgaben) auf.[615]

Von dem neuen Planungsinstrument des regionalen Flächennutzungsplans haben die Länder bisher nur zurückhaltend Gebrauch gemacht, da sie eine Aushöhlung der klassischen Regionalplanung durch zu weitgehende Kompetenzverlagerung auf die nachgelagerte Ebene der örtlichen Bauleitplanung befürchten.[616]

Ein solcher regionaler Flächennutzungsplan ist erstmals für den Ballungsraum Frankfurt/Rhein-Main geschaffen worden.[617]

Voraussetzung für einen regionalen Flächennutzungsplan ist gem. § 8 Abs. 4 S. 1 ROG, dass die Regionalplanung durch Zusammenschlüsse von Gemeinden und Gemeindeverbänden zu regionalen Planungsgemeinschaften erfolgt. Die kommunal verfasste Regionalplanung soll verhindern, dass der regionale Flächennutzungsplan einseitig die Kompetenzen von Raumordnungs- oder Bauleitplanung beschneidet.[618]

Legt man die Vorschrift eng aus, so müssten die Gemeinden und Gemeindeverbände unmittelbar für die Regionalplanung verantwortlich sein, was in den meisten Bundesländern nicht der Fall ist.[619] Bei gebotener weiter Auslegung reicht jedoch auch eine mittelbare Vertretung einzelner Gemeinden aus, die dann in ihrer Gesamtheit die Zustimmung nach § 204 BauGB erteilen müssen (kommunal verfasste Regionalplanung im weiteren Sinne).[620] Zwingend ist wegen der Funktion des Plans als gemeinsamer Flächennutzungsplan also nicht nur eine

614 Runkel in: E/Z/B/K, BauGB, § 204, Rn. 62.

615 Runkel, a. a. O., Rn. 63 f.

616 Goppel in: Spannowsky/Runkel/Goppel, ROG, § 8, Rn. 42, 52.

617 Runkel in: E/Z/B/K, BauGB, § 204, Rn. 62; Art. 2 § 1 Abs. 1 Gesetz über den Planungsverband Ballungsraum Frankfurt/Rhein-Main (PlanvG) v. 19. Dezember 2000; siehe dazu 2. Teil B. II. 1.

618 Battis in: B/K/L, BauGB, § 204, Rn. 1a.

619 Goppel in: Spannowsky/Runkel/Goppel, ROG, § 8, Rn. 44.

620 Goppel, a. a. O., Rn. 45.

Beteiligung, sondern auch eine Mitwirkung der betroffenen Gemeinden bei der Aufstellung des regionalen Flächennutzungsplans.[621] Dies kann indirekt durch die Entsendung gewählter Delegierter geschehen.[622]

Da die Gemeinden in der Regel frei über den Zusammenschluss zu einem Planungsverband entscheiden können, stellen Planungsverbände nach § 205 Abs. 1 BauGB den im Vergleich zu Stadt-Umland-Verbänden geringeren Eingriff in die Selbstverwaltungsgarantie der Gemeinden dar.[623] Die jeweilige Gemeinde überträgt mit Verbandsgründung und Zustimmung zur Satzung ihre Planungshoheit auf den Verband, die damit auf diesen – und nicht auf die Gesamtheit aller beteiligten Gemeinden – im Sinne einer Funktionsnachfolge übergeht (vgl. § 205 Abs. 1 S. 2 BauGB).[624]

Weitere Anforderungen an einen regionalen Flächennutzungsplan ergeben sich aus S. 2 des § 8 Abs. 4 ROG: Es besteht eine Kennzeichnungspflicht hinsichtlich der Festlegungen im Sinne der Abs. 5–7, der Darstellungen im Sinne des § 5 BauGB sowie der Ziele und Grundsätze der Raumordnung.

Verfahrensrechtlich gelten die in der Regel weitergehenden Vorschriften der Flächennutzungsplanung (zweistufige Bürgerbeteiligung nach § 3 BauGB, Beteiligung der betroffenen Gemeinden nach § 205 Abs. 7 BauGB).[625]

5. *Bundesrechtliche Form- und Verfahrensanforderungen*

Für das wirksame Zustandekommen raumordnerischer Festlegungen ist neben der Beachtung der bereits benannten materiell-rechtlichen Regelungen[626] auch die Einhaltung der Verfahrens- und Formvorschriften gem. §§ 9 – 11 ROG erforderlich.

Die formellen Anforderungen an raumordnerische Festlegungen bestehen insbesondere in der Beteiligung der öffentlichen Stellen und der Öffentlichkeit im Aufstellungsverfahren, der Planbegründung, der Umweltprüfung mit Umweltbericht sowie der ordnungsgemäßen Bekanntmachung.

Während materiell-rechtliche Fehler zur Nichtigkeit der entsprechenden Festlegungen führen, können Verfahrens- und Formfehler bei Vorliegen der

---

621 Runkel in: E/Z/B/K, BauGB, § 204, Rn. 66.

622 Runkel, a. a. O., Rn. 66.

623 Durinke, LKV 2012, 343, 344.

624 Durinke, LKV 2012, 343, 345 f.; Hornmann in: BeckOK, BauGB, § 205, Rn. 33; Runkel in: E/Z/B/K, BauGB, § 205, Rn. 31.

625 Runkel in: E/Z/B/K, BauGB, § 204, Rn. 69.

626 Siehe dazu 3. Teil C. I. 1.-4.

Voraussetzungen des § 12 ROG unbeachtlich bleiben. Dies führt dann zur Planerhaltung.

6. *Raumordnerische Zusammenarbeit gem. § 13 ROG*

Regionale Einzelhandelskonzepte können auch im Rahmen raumordnerischer Zusammenarbeit nach § 13 ROG verabschiedet werden.

Dadurch kann eine rechtliche Bindung der Kooperationspartner erreicht werden, die über das interkommunale Abstimmungsgebot aus § 2 Abs. 2 S. 2 BauGB und das bauleitplanerische Abwägungsgebot hinausgeht.[627]

Anders als beim städtebaulichen Vertrag nach § 11 BauGB kann bei der raumordnerischen Zusammenarbeit gem. § 13 ROG auch das Land Kooperationspartner sein.[628] Das hat zur Folge, dass sich nicht nur Gemeinden auf horizontaler Ebene, sondern auch Land und Gemeinden auf vertikaler Ebene abstimmen können.[629]

Die in § 13 ROG geregelte Form der Zusammenarbeit stellt zwar keinen Ersatz für die übrigen raumordnerischen Instrumente, wohl aber eine Ergänzung für diese dar.[630] Sie kommt im Zeitraum der Vorbereitung und Verwirklichung von Raumordnungsplänen oder sonstigen raumbedeutsamen Maßnahmen und Planungen zum Einsatz (siehe § 13 Abs. 1 S. 1 ROG) und implementiert das Kooperationsprinzip.[631] Mit Einbeziehung der „sonstigen raumbedeutsamen Maßnahmen und Planungen" ist § 13 ROG gesetzlicher Anknüpfungspunkt für die sog. weichen Instrumente der Raumordnung geworden (früher „Experimentierparagraph").[632] Durch § 13 ROG hat auch der sog. landesplanerische Vertrag, der

627 Vgl. ARL, Raumordnerische Verträge zielorientiert und aufgabengerecht einsetzen, S. 1 ff.; vgl. zu interkommunalen Gewerbeparks: Spannowsky, UPR 1999, 241, 245.

628 Greiving, RuR 2003, 371, 374.

629 Ibid.

630 ILS/Stüer, S. 15; Janssen in: Schumacher/Werk/Albrecht, ROG, § 13, Rn. 18, 21; Runkel in: Spannowsky/Runkel/Goppel, ROG, § 1, Rn. 80.

631 Goppel in: Spannowsky/Runkel/Goppel, ROG, § 13, Rn. 8, 11; Janssen in: Schumacher/Werk/Albrecht, ROG, § 13, Rn. 1 f.; Runkel in: Spannowsky/Runkel/Goppel, ROG, § 1, Rn. 80; Werk in: Schumacher/Werk/Albrecht, ROG, § 1, Rn. 23.

632 Goppel in: Spannowsky/Runkel/Goppel, ROG, § 13, Rn. 7, 11. Das Instrument des raumordnerischen Vertrages wurde im Jahr 1998 in das Baugesetzbuch aufgenommen und hat mit der Novellierung des § 13 ROG 2009 eine breitere Ausrichtung erfahren (ARL, Raumordnerische Verträge zielorientiert und aufgabengerecht einsetzen, S. 1).

der Verfestigung der aus sich heraus unverbindlichen weichen Planungsansätze dient, grundsätzliche und weitere gesetzliche Anerkennung erfahren.[633]

Beim Hinwirken (wenn Träger der Landes- und Regionalplanung nicht selbst Träger sind[634]) auf eine Zusammenarbeit zur Verwirklichung weicher Instrumente ist allerdings das „bottom-up-Prinzip" zu beachten, wonach Wille und Anstoß zu einem weichen Instrument aus dem Raum, das heißt „von unten" kommen müssen und nicht „von oben" („top-down-Prinzip") vorgegeben werden dürfen.[635]

a) *Akteure*

Akteure im Bereich der raumordnerischen Zusammenarbeit sind zunächst der Träger der Raumordnungsplanung, Gemeinden und Fachplanungsträger.[636] Aber auch Akteure des LEADER (Förderprogramm der Europäischen Union zur Entwicklung der ländlichen Wirtschaft) und des ILEK (integriertes ländliches Entwicklungskonzept) können miteinbezogen werden.[637] Im Gegensatz zu den klassischen, förmlichen Instrumenten der Raumordnung können außerdem Private Vertragspartner sein (vgl. § 13 Abs. 1 S. 1 ROG).[638] So ist es möglich, eine unmittelbare Umsetzung des Raumordnungsplans bis auf die Bodennutzungsebene hin festzulegen.[639]

b) *Inhalte*

Inhalt raumordnerischer Verträge kann zunächst die Konkretisierung von Raumordnungsplänen sein.[640] Dies ist der häufigste Anwendungsfall raumordnerischer Verträge.[641] Weitere mögliche Regelungsinhalte bestehen in der Lösung von Konflikten, die sich aus einem Raumordnungsplan ergeben,[642] und in der Vereinbarung

---

633 Goppel in: Spannowsky/Runkel/Goppel, ROG, § 13, Rn. 9, 19.

634 Janssen in: Schumacher/Werk/Albrecht, ROG, § 13, Rn. 12.

635 Goppel in: Spannowsky/Runkel/Goppel, ROG, § 13, Rn. 14.

636 ARL, Raumordnerische Verträge zielorientiert und aufgabengerecht einsetzen, S. 3; ILS/Grotefels, S. 26.

637 ARL, Raumordnerische Verträge zielorientiert und aufgabengerecht einsetzen, S. 3.

638 Ibid.

639 Ibid.

640 ARL, Raumordnerische Verträge zielorientiert und aufgabengerecht einsetzen, S. 2; Greiving, RuR 2003, 371, 375; ILS/Grotefels, S. 10; vgl. Janssen in: Schumacher/Werk/Albrecht, ROG, § 13, Rn. 10.

641 ARL, Raumordnerische Verträge zielorientiert und aufgabengerecht einsetzen, S. 2.

642 Spannowsky, UPR 1999, 241, 245.

von Kompensationsmaßnahmen zwischen den Vertragspartnern.[643] Meist enthalten raumordnerische Verträge eine Kombination dieser drei verschiedenen Regelungsinhalte.[644]

Um zum Beispiel eine ungerechte Verteilung der durch die Ansiedlung von großflächigem Einzelhandel erzielbaren Gewerbesteuereinnahmen zu vermeiden, können Standort- und Nachbargemeinde(n) im Voraus vereinbaren, nach welchem Schlüssel diese Einnahmen verteilt werden sollen.[645] Dies dient dem interkommunalen Interessenausgleich.

Einsatzgebiete eines raumordnerischen Vertrages liegen daher unter anderem im Vorfeld der Realisierung von großflächigen Einzelhandelsvorhaben.[646] Durch Vereinbarung von Faktoren wie Gesamtverkaufsfläche, Warensortiment und Verkehrsführung können Konflikte vermieden werden.[647]

Gegenstand von Raumordnungsverträgen kann auch die Übernahme von Kosten sein, die dem Träger der Landes- oder Regionalplanung bei der im Interesse des Vertragspartners liegenden Vorbereitung oder Verwirklichung von Raumordnungsplänen entstehen (§ 13 Abs. 2 S. 2 ROG). Es besteht also die Möglichkeit, die Planungskosten dem durch das geplante Vorhaben Begünstigten aufzuerlegen.[648]

Im Unterschied zu den klassischen raumordnerischen Instrumenten können in einem raumordnerischen Vertrag Vertragsende und Sanktionen bei Nichterfüllung festgelegt werden.[649]

Daneben gibt es aber auch noch eine Vielzahl weiterer Regelungsinhalte, die in § 13 Abs. 2 ROG nicht abschließend aufgeführt sind.

So kann etwa ein regionales Entwicklungskonzept – von diesem Begriff sind die regionalen Einzelhandelskonzepte erfasst[650] – Gegenstand der raumordnerischen Zusammenarbeit sein (§ 13 Abs. 2 S. 1 Nr. 2, 1. Var. ROG).

643 ARL, Raumordnerische Verträge zielorientiert und aufgabengerecht einsetzen, S. 2.
644 Ibid.
645 Spannowsky, UPR 1999, 241, 245.
646 Ibid.
647 Ibid.
648 Janssen in: Schumacher/Werk/Albrecht, ROG, § 13, Rn. 19.
649 ARL, Raumordnerische Verträge zielorientiert und aufgabengerecht einsetzen, S. 4.
650 Siehe dazu 2. Teil A. I.

c) *Grenzen*

Trotz der von jeder vertraglichen Vereinbarung beanspruchbaren Gestaltungsfreiheit müssen auch raumordnerische Verträge rechtliche Grenzen beachten.[651]

So darf insbesondere der Aufgabenbereich der Raumordnung nicht überschritten werden.[652] Es muss ein Bezug zu einem Raumordnungsplan oder einem anderen raumordnerischen Instrument gegeben sein.[653]

Die Vereinbarung darf weiterhin nicht das Ergebnis eines förmlichen Planungsverfahrens vorwegnehmen.[654] Eine Gemeinde bzw. eine Region darf sich nicht dazu verpflichten, Bauleit- bzw. Regionalpläne in einer bestimmten Art und Weise zu ändern (vgl. § 1 Abs. 3 BauGB).[655]

Ihrer Rechtsnatur nach sind Raumordnungsverträge koordinations- oder subordinationsrechtliche öffentlich-rechtliche Verträge.[656] Für sie gelten daher – wie für alle öffentlich-rechtlichen Verträge – die rechtlichen Grenzen, die sich aus den §§ 54 ff. VwVfG ergeben.[657]

Unzulässig ist es schließlich, einen raumordnerischen Vertrag mit der Bindungswirkung von Zielen der Raumordnung auszustatten.[658] Die in den Raumordnungsplänen als materiellen Rechtsnormen enthaltenen Ziele der Raumordnung dürfen nicht durch vertragliche Vereinbarungen ersetzt werden (Verbot des planersetzenden Vertrages).[659]

II. Baugesetzbuch und Baunutzungsverordnung

Der Rechtsrahmen für die Steuerung großflächigen Einzelhandels durch regionale Einzelhandelskonzepte ergibt sich schließlich auch aus Vorschriften des Baugesetzbuchs und der Baunutzungsverordnung.

In den letzten zehn Jahren ist mit Hilfe verschiedener Novellierungen des Baugesetzbuches versucht worden, eine Verbesserung der Steuerungsmöglichkeiten für den großflächigen Einzelhandel herbeizuführen.

---

651 ARL, Raumordnerische Verträge zielorientiert und aufgabengerecht einsetzen, S. 3; Greiving, RuR 2003, 371, 374 f.; ILS/Grotefels, S. 10.
652 ARL, Raumordnerische Verträge zielorientiert und aufgabengerecht einsetzen, S. 3.
653 Ibid.
654 ARL, a. a. O., S. 5.
655 Ibid.
656 Greiving, RuR 2003, 371, 374.
657 Greiving, RuR 2003, 371, 374 f.
658 Greiving, RuR 2003, 371, 375; ILS/Grotefels, S. 9.
659 Ibid.

1. Baugesetzbuch

So wurden durch das am 20. Juli 2004 in Kraft getretene Gesetz zur Anpassung des Baugesetzbuches an EU-Richtlinien[660] die §§ 2 Abs. 2 S. 2 sowie 34 Abs. 3 und 3a BauGB neu eingefügt. Dies bezweckte eine Stärkung des innerstädtischen Handels.[661]

a) § 2 Abs. 2 S. 2 BauGB

Die Einführung des § 2 Abs. 2 S. 2 BauGB, nach dem sich benachbarte Gemeinden bei der Abstimmung ihrer Bauleitpläne auch auf die ihnen durch Ziele der Raumordnung zugewiesenen Funktionen sowie auf Auswirkungen auf ihre zentralen Versorgungsbereiche berufen können, zielt auf eine Ausweitung der nachbargemeindlichen Rechte ab.[662] § 2 Abs. 2 S. 2 ROG erweitert den Rechtsschutz von Gemeinden.[663] In diesem Zusammenhang wird es hauptsächlich darum gehen, dass Kommunen sich auf ihre Funktion als Zentraler Ort bestimmter Stufe und die Verletzung des daraus abgeleiteten Kongruenzgebotes berufen.[664]

b) § 34 BauGB n. F.

Dieselbe Zielrichtung verfolgt der neue § 34 BauGB, der nicht das Planungs-, sondern das Genehmigungsverfahren betrifft.[665] § 34 Abs. 3 BauGB bestimmt im Sinne eines zu berücksichtigenden öffentlichen Belangs, dass von Vorhaben nach Abs. 1 oder 2 keine schädlichen Auswirkungen auf zentrale Versorgungsbereiche in der Gemeinde oder in anderen Gemeinden zu erwarten sein dürfen.[666] Gemäß § 34 Abs. 3a S. 2 BauGB kann vom Erfordernis des Einfügens in die Eigenart der näheren Umgebung (vgl. § 34 Abs. 3a S. 1 BauGB) nicht abgewichen werden, wenn das geplante Vorhaben ein Einzelhandelsbetrieb ist, der die verbrauchernahe Versorgung der Bevölkerung beeinträchtigt oder schädliche Auswirkungen

---

660 BGBl. I S. 1359.

661 Battis/Krautzberger/Löhr, NJW 2004, 2553 f.

662 Battis/Krautzberger/Löhr, NJW 2004, 2553, 2556; vgl. zur früheren Rechtslage: BVerwG, Urt. v. 01.08.2002 – 4 C 5/01 (DOC Zweibrücken).

663 Vgl. BT-Drs. 15/2250, S. 41; Goppel/Runkel in: Spannowsky/Runkel/Goppel, ROG, § 4, Rn. 146; Hoppe/Otting, DVBl. 2004, 1125; Uechtritz, NVwZ 2004, 1025, 1029; vgl. zur früheren Rechtslage: Uechtritz, NVwZ 2003, 176 f.; Zierau, DVBl. 2009, 693, 695.

664 Goppel/Runkel in: Spannowsky/Runkel/Goppel, ROG, § 4, Rn. 146.

665 Uechtritz, NVwZ 2004, 1025, 1032.

666 Battis/Krautzberger/Löhr, NJW 2004, 2553, 2557.

auf zentrale Versorgungsbereiche in der Gemeinde oder in anderen Gemeinden haben kann.

c) § 1 Abs. 6 Nr. 4 BauGB

Mit dem Gesetz zur Erleichterung von Planungsvorhaben für die Innenentwicklung der Städte[667], welches am 01.01.2007 in Kraft getreten ist, sollte eine Stärkung zentraler Versorgungsbereiche erfolgen.

So ist die Erhaltung und Entwicklung zentraler Versorgungsbereiche nunmehr als bei der Aufstellung der Bauleitpläne insbesondere zu berücksichtigender Belang in § 1 Abs. 6 Nr. 4 BauGB explizit aufgeführt.

d) § 9 Abs. 2a BauGB

Auch der im Jahr 2007 neu eingefügte § 9 Abs. 2a BauGB dient dem Schutz zentraler Versorgungsbereiche.[668] Für im Zusammenhang bebaute Ortsteile nach § 34 BauGB können zu diesem Zweck isolierte Festsetzungen zu Einzelhandelsnutzungen getroffen werden (§ 9 Abs. 2a S. 1 BauGB).[669] Dabei sind jetzt städtebauliche Entwicklungskonzepte – unter diesen Begriff fallen auch regionale Einzelhandelskonzepte[670] – zu berücksichtigen (§ 9 Abs. 2a S. 2 BauGB). Dies ist deswegen von Bedeutung, weil sich die Beurteilung der Frage des Einfügens in die Eigenart der näheren Umgebung grundsätzlich nicht nach Konzepten, sondern nach dem bereits vorhandenen Bestand an Gebäuden und Nutzungen richtet.[671]

e) § 5 Abs. 2 Nr. 2 d) BauGB

Den Einzelhandel und die „zentralen Versorgungsbereiche" rückt das Gesetz zur Stärkung der Innenentwicklung in den Städten und Gemeinden und weiteren Fortentwicklung des Städtebaurechts, in Kraft getreten am 20. September 2013[672], weiter in den Mittelpunkt.

So regelt § 5 Abs. 2 Nr. 2 d) BauGB nun ausdrücklich, dass im Flächennutzungsplan insbesondere die Ausstattung des Gemeindegebiets mit zentralen

---

667 BGBl. I S. 3316.

668 Schmitz, ZfBR 2007, 532, 534.

669 Bunzel, KommJur 2009, 449, 454; Butt, KommJur 2007, 369, 371; Krautzberger/Stüer, DVBl. 2007, 160, 165; Schmitz, ZfBR 2007, 532, 534 m. w. N.

670 Siehe dazu 2. Teil A. I.

671 Krautzberger/Stüer, DVBl. 2007, 160, 165.

672 BGBl. I S. 1548.

Versorgungsbereichen dargestellt werden kann.[673] Hiermit soll ein Anreiz für die Gemeinden geschaffen werden, ihren informellen Einzelhandelskonzepten mittels des Instruments des Flächennutzungsplanes ein stärkeres rechtliches Gewicht zu verleihen.[674]

2. Baunutzungsverordnung

Neben dem Baugesetzbuch enthält auch die Baunutzungsverordnung Vorschriften, die den Rechtsrahmen der Steuerung großflächigen Einzelhandels betreffen.

Ganz wesentlich ist hierbei die Steuerung über Bebauungspläne. Im Bereich des einfachen und qualifizierten Bebauungsplans erfolgt diese durch Festsetzung von Baugebietskategorien nach der Baunutzungsverordnung und Feinsteuerung innerhalb einer Baugebietskategorie gem. § 1 Abs. 5 bis 9 und 10 BauNVO.

Relevant in Bezug auf die Baunutzungsverordnung ist insbesondere die Festsetzung von Sondergebieten für den großflächigen Einzelhandel nach § 11 Abs. 3 BauNVO.[675]

3. Hochzonung der Bauleitplanung durch § 205 BauGB

§ 205 BauGB ist Teil eines abgestuften Instrumentariums zur Koordination zwischengemeindlicher Planungen.[676]

Im Hinblick auf die hier untersuchten Einzelhandelskonzepte erfüllt zum Beispiel der Zweckverband Raum Kassel gem. § 1 seiner Satzung die Aufgabe eines Planungsverbandes im Sinne des § 205 BauGB.[677]

Die erste Stufe des Systems zur Koordination zwischengemeindlicher Planungen bildet das sog. interkommunale Abstimmungsgebot des § 2 Abs. 2 S. 1 BauGB,[678] wonach die Bauleitpläne benachbarter Gemeinden aufeinander abzustimmen sind. Ergänzt wird diese Regelung durch § 2 Abs. 2 S. 2 BauGB[679] und § 34 Abs. 3 BauGB.

Die weiteren Stufen des Systems interkommunaler Zusammenarbeit ermöglichen eine über die nachbargemeindliche Abstimmungspflicht hinausgehende

---

673 Battis/Mitschang/Reidt, NVwZ 2013, 961, 963.
674 Krautzberger/Stüer, DVBl. 2013, 805, 810.
675 Siehe dazu 2. Teil A. VI. 2. b).
676 Battis in: B/K/L, BauGB, § 204, Rn. 1; Hornmann in: BeckOK, BauGB, § 204, Rn. 3, Vorbemerkung zu § 205; Runkel in E/Z/B/K, BauGB, § 204, Rn. 8.
677 Siehe dazu 2. Teil B. III. 1.
678 Hornmann in: BeckOK, BauGB, § 204, Rn. 3.
679 Ibid.

Beschränkung der gemeindlichen Planungshoheit.[680] Ziel ist es hierbei jeweils, einem erhöhten Koordinationsbedarf nachzukommen.[681]

So besteht die zweite Stufe in der Aufstellung eines gemeinsamen Flächennutzungplans nach § 204 BauGB.[682]

Die dritte – und damit am stärksten organisatorisch und rechtlich ausgeprägte – Stufe stellt der Zusammenschluss zu Planungsverbänden nach § 205 BauGB dar.[683]

§ 203 BauGB über die Übertragung der Planungsbefugnis auf andere Gebietskörperschaften oder Verbände flankiert diese Regelungen.[684] Er ermöglicht eine „Hochzonung" der der einzelnen Gemeinde nach dem Baugesetzbuch obliegenden Aufgaben.[685] Diese „Hochzonung" kann freiwillig (Abs. 1) oder zwangsweise durch Landesgesetz (Abs. 2) erfolgen.

D. Landesrecht

Neben den bundesrechtlichen Regelungen sind bei der Aufstellung regionaler Einzelhandelskonzepte auch die jeweils einschlägigen landesrechtlichen Regelungen wie Landesplanungsgesetze, Landesentwicklungsprogramme und -pläne, Einzelhandelserlasse und Verwaltungsvorschriften zu beachten.

Da sich der Prüfungsmaßstab für die zu untersuchenden regionalen Einzelhandelskonzepte aus niedersächsischem, nordrhein-westfälischem, hessischem und baden-württembergischem Landesrecht ergibt, ist es nicht angezeigt, diese sämtlichen landesrechtlichen Bestimmungen hier zusammenhängend darzustellen. Auf die landesrechtlichen Vorschriften wird – soweit erforderlich – im Rahmen der Prüfung der Rechtmäßigkeit der einzelnen Konzepte eingegangen.

---

680 Battis in: B/K/L, BauGB, § 204, Rn. 1; Hornmann in: BeckOK, BauGB, Vorbemerkung zu § 205 BauGB.

681 Ibid.

682 Hornmann in: BeckOK, BauGB, § 204, Rn. 3.

683 Hornmann in: BeckOK, BauGB, § 204, Rn. 3, Vorbemerkung zu § 205 BauGB.

684 Hornmann in: BeckOK, BauGB, § 204, Rn. 3.

685 Ibid.

4. Teil: Vereinbarkeit regionaler Einzelhandelskonzepte mit den Steuerungsgrenzen

Nach Zusammenstellung der rechtlichen Rahmenbedingungen, die bei der Ansiedlungssteuerung für großflächigen Einzelhandel zu beachten sind,[686] erfolgt nun eine Überprüfung der fünf exemplarisch ausgewählten regionalen Einzelhandelskonzepte[687] anhand des erarbeiteten Rechtsrahmens.

Dabei orientiert sich das Vorgehen der besseren Übersicht halber nicht an den einzelnen Konzepten, sondern an dem Rechtsrahmen der Steuerung. Die Einzelhandelskonzepte werden demnach anhand des im 3. Teil dargestellten und gegliederten Rechtsrahmens (Recht der Europäischen Union, Verfassungsrecht, Bundesrecht und Landesrecht) geprüft.

Hierbei steht die Frage nach der Rechtmäßigkeit einzelner problematischer Festlegungen im Mittelpunkt der Untersuchung.

A. Recht der Europäischen Union

In Bezug auf das Unionsrecht müssen Festlegungen in Einzelhandelskonzepten den Anforderungen der Niederlassungs- und der Dienstleistungsfreiheit entsprechen.[688]

Die Prüfung der Niederlassungsfreiheit wird dabei aufgrund ihrer Bedeutung und Tragweite den Schwerpunkt der Untersuchung bilden.

I. Niederlassungsfreiheit gem. Art. 49 AEUV

Wie bereits gesagt, bezieht sich die Untersuchung auf einzelne problematische, häufig wiederkehrende Festlegungen. Dies sind insbesondere die vier grundlegenden Raumordnungsprinzipien Kongruenzgebot, Beeinträchtigungsverbot, Integrations- und Konzentrationsgebot. Alle untersuchten Einzelhandelskonzepte enthalten diese zentralen Ge-/Verbote.[689]

---

686 Siehe dazu 3. Teil.

687 Siehe dazu 2. Teil B.

688 Siehe dazu 3. Teil A.

689 Siehe dazu 2. Teil B.

Fraglich ist also, ob die in den zu untersuchenden Einzelhandelskonzepten verankerten Strukturprinzipien gegen die Niederlassungsfreiheit aus Art. 49 AEUV verstoßen.

Das ist der Fall, wenn sie in den Schutzbereich der Niederlassungsfreiheit eingreifen und der Eingriff nicht gerechtfertigt ist.

1. Schutzbereich

Der Schutzbereich umfasst in persönlicher Hinsicht (großflächige) Einzelhandelsunternehmen und in sachlicher Hinsicht deren individuelle Einzelhandelstätigkeit.[690]

Ausfluss der Niederlassungsfreiheit sind das konkrete Diskriminierungs- und das allgemeine Beschränkungsverbot.[691]

a) Konkretes Diskriminierungsverbot

Bei den in den regionalen Einzelhandelskonzepten enthaltenen Raumordnungsprinzipien könnte es sich um eine offene oder versteckte Diskriminierung handeln.

aa) Offene Diskriminierung

Der Rat der Europäischen Union hat in seinem gem. Art. 50 Abs. 1 AEUV beschlossenen Allgemeinen Programm solche Verbote (und Behinderungen, dazu unter b)) als diskriminierend eingestuft, die unmittelbar die Aufnahme und Ausübung selbstständiger Tätigkeiten durch EU-Ausländer zum Gegenstand haben.[692] Ebenfalls erfasst sind solche Bestimmungen, die die Befugnis zur Ausübung von Rechten, die normalerweise mit der Ausübung einer selbstständigen Tätigkeit verbunden sind, nur für EU-Ausländer ausschließen oder einschränken.[693]

Indes gelten die Regelungen in Einzelhandelskonzepten zur Steuerung großflächigen Einzelhandels dem Grundsatz nach für in- und ausländische Unternehmen gleichermaßen.[694]

---

690 Siehe dazu 3. Teil A. III. 1. a) u. b) aa).
691 Siehe dazu 3. Teil A. III. 1. b) bb) u. cc).
692 Kotzur in: Geiger/Khan/Kotzur, AEUV, Art. 49, Rn. 11 f.
693 Kotzur, a. a. O., Rn. 13.
694 Kment, EuR 2011, 269, 276.

Auch die zum Zwecke dieser Untersuchung ausgewählten raumordnerischen und sonstigen Festlegungen knüpfen nicht an die Staatsangehörigkeit an, sodass eine offene Diskriminierung ausscheidet.[695]

bb) Versteckte Diskriminierung

In Betracht kommt eine versteckte Diskriminierung, die zwar nicht direkt an die Staatsangehörigkeit anknüpft, in der Regel aber nur ausländische Staatsangehörige trifft und nicht aus besonderen Gründen sachlich gerechtfertigt ist.[696]

Eine solche Art der Diskriminierung wäre in dem hier infrage stehenden Zusammenhang anzunehmen, wenn EU-ausländische Einzelhandelsunternehmen im Vergleich zu deutschen Einzelhandelsunternehmen eher Vorhaben im Bereich des großflächigen Einzelhandels verwirklichen wollten und infolgedessen dort eher auf Probleme bei der Ansiedlung stießen.[697]

Konkret auf das aktuelle Vertragsverletzungsverfahren gegen die Bundesrepublik[698] bezogen bedeutet das, dass die Kommission schlüssig darlegen muss, dass großflächiger gegenüber sonstigem Einzelhandel ungleich und nachteilig behandelt wird, sowie dass deutsche Staatsangehörige dadurch insofern bevorzugt werden, als sie eher kleine und mittlere Einzelhandelseinrichtungen und Staatsangehörige anderer Länder eher große Einzelhandelseinrichtungen unterhalten.[699]

Unmittelbare Anhaltspunkte dafür bestehen nicht.[700]

Etwas anderes kann sich aber dann ergeben, wenn Positiv- und Negativplanungen lediglich der Sicherung und Beibehaltung des bereits vorhandenen – wohl größtenteils deutschen – Einzelhandelsbestandes dienen.[701] Beispiele hierfür sind die Ausweisung von Eignungsgebieten mit Konzentrationswirkung nach § 8 Abs. 7 ROG oder die Festsetzung von Sondergebieten mit engen betriebsbezogenen Vorgaben[702], die die Ansiedlung neuen – EU-ausländischen – Einzelhandels erschweren oder ganz unmöglich machen.[703]

---

695 Vgl. Janning/Grotefels, S. 68.

696 Vgl. Kotzur in: Geiger/Khan/Kotzur, AEUV, Art. 49, Rn. 14.

697 Kment, EuR 2011, 269, 277.

698 Siehe dazu 3. Teil A. III. 4.

699 Vgl. EuGH, Urt. v. 24.03.2011 – C-400/08, Rn. 59 – EuZW 2011, 557, 560.

700 Kment, EuR 2011, 269, 277.

701 Kment, EuR 2011, 269, 277; a. A. Battis, DVBl. 2011, 196, 200.

702 Battis, DVBl. 2011, 196, 200.

703 Vgl. BVerwG, Beschl. v. 11.11.2009 – 4 BN 63/09, zit. nach juris, Rn. 2 (Ausnahme vom Verbot einer gebietsbezogenen Verkaufsflächenbegrenzung lediglich für den

Auch für den Fall, dass Positiv- und Negativplanungen nur „vorrangig" der Sicherung des vorhandenen Einzelhandelsbestandes dienen, dürfte eine versteckte Diskriminierung gegeben sein.

Im Ergebnis sind aber keine Anhaltspunkte dafür feststellbar, dass die deutschen raumordnerischen Prinzipien – insbesondere das Kongruenzgebot – nachteilige Auswirkungen insbesondere oder nur auf EU-Ausländer haben. Zwar werden gerade auch durch den Ausschluss großflächigen Einzelhandels an bestimmten Standorten (z.B. „Tabubereiche" in Hannover) Neuansiedlungen verhindert; jedoch ist nicht ersichtlich, dass Kommunen im Sinne einer nach § 1 Abs. 3 S. 1 BauGB verbotenen Negativplanung versuchen würden, ausschließlich den deutschen Einzelhandelsbestand zu sichern.

Die von der Kommission beanstandete Diskriminierungsgefahr aufgrund weiter Ermessens- und Gestaltungsspielräume im Planungsprozess[704] besteht nicht, weil von Ermessens- und Gestaltungsspielräumen rechtsfehlerfrei Gebrauch gemacht werden muss. Im Übrigen sind unbestimmte Rechtsbegriffe in diesem Bereich notwendig, um die Regelungen flexibel zu halten.[705] In der Praxis finden sich für die von der Kommission angenommene Diskriminierungsgefahr ebenfalls keine Anhaltspunkte.[706]

b) Allgemeines Beschränkungsverbot

Das allgemeine Beschränkungsverbot „umfasst die Beseitigung der Hindernisse, die sich aus den zwischen den Mitgliedstaaten bestehenden Unterschieden in den für alle gleichermaßen anwendbaren nationalen Vorschriften für die Berufszulassung und die Ausübung des Berufs ergeben."[707]

Beschränkungen bzw. nationale Maßnahmen, „die die Ausübung der durch den Vertrag garantierten grundlegenden Freiheiten hindern oder weniger attraktiv machen können"[708] sind dann zulässig, wenn sie in nicht diskriminierender Weise angewendet werden, durch zwingende Gründe des Allgemeininteresses

---

Fall, dass in dem Sondergebiet nur ein einziger Handelsbetrieb zulässig ist); so ausdrücklich Kment, EuR 2011, 269, 277.

704 Kment, EuR 2011, 269, 277.

705 Runkel in: Bielenberg/Runkel/Spannowsky, ROG, L § 4, Rn. 329.

706 Kment, EuR 2011, 269, 277.

707 Kotzur in: Geiger/Khan/Kotzur, AEUV, Art. 49, Rn. 15.

708 EuGH, Urt. v. 30.11.1995 – C-55/94, Rn. 37 (Gebhard).

gerechtfertigt sowie zur Erreichung des mit ihnen verfolgten Ziels geeignet und erforderlich sind.[709]

Gleichzeitig verpflichtet das Beschränkungsverbot die EU-Mitgliedstaaten über das Diskriminierungsverbot hinaus auch zu einer Förderung der Niederlassungsfreiheit.[710]

Im Hinblick auf das angesprochene Verbot wird vertreten, die raumordnerische Einzelhandelssteuerung – u.a. in Form von Kongruenzgebot, Beeinträchtigungsverbot, Integrations- und Konzentrationsgebot – berühre schon nicht den Tatbestand des Art. 49 AEUV.[711] Das wird damit begründet, dass die Niederlassungsfreiheit lediglich im Rahmen geltenden Planungsrechts bestehe:[712] Da ein Unternehmer schon keinen Anspruch gegen die Gemeinde auf Aufstellung eines bestimmten Bebauungsplanes und Schaffung eines bestimmten Baurechts habe (§ 1 Abs. 3 S. 2 BauGB und Verbot der Negativplanung), existiere folglich kein Recht im Sinne des Art. 49 AEUV, in das landes- und regionalplanerische Vorschriften eingreifen könnten.[713]

Mit diesem Argument wird auch der Auffassung der Kommission, planerische Festlegungen in deutschen Raumordnungsplänen könnten die Niederlassungsfreiheit verletzen, entgegengetreten. Der Ansatzpunkt der Kommission, dass die in Frage gestellten nationalen Bestimmungen unmittelbar die bauplanungsrechtliche Zulässigkeit von Einzelhandelsvorhaben regelten, sei nicht zutreffend, da diese Bestimmungen nur die kommunale Planungshoheit einschränkten (§ 1 Abs. 4 BauGB), nicht aber die Zulassungsentscheidung der Baugenehmigungsbehörde.[714]

Die Rechtsprechung geht allerdings zutreffend davon aus, dass der Schutzbereich der Niederlassungsfreiheit hinsichtlich raumordnerischer Maßnahmen wegen mittelbarer Beschränkungen privater Investoren eröffnet sein kann.[715] Sie trifft keine punktgenaue Differenzierung zwischen Schutzbereich und Eingriff,

709 EuGH, Urt. v. 30.11.1995 – C-55/94, Rn. 37; Geiger/Khan/Kotzur/Kotzur, Art. 49 AEUV, Rn. 15.

710 Kotzur in: Geiger/Khan/Kotzur, AEUV, Art. 49, Rn. 15.

711 Bischopink, BauR 2009, 1688 f.; Uechtritz, ZfBR 2011, 648, 653.

712 Bischopink, BauR 2009, 1688 f.

713 Ibid.

714 Ders., a. a. O., 1688, 1690.

715 EuGH, Urt. v. 24.03.2011 – C-400/08, Rn. 63 ff. – EuZW 2011, 557, 560; BVerwG, Urt. v. 16.12.2010 – 4 C 8/10, zit. nach juris, Rn. 22; so auch Runkel in: Bielenberg/Runkel/Spannowsky, ROG, L § 4, Rn. 329 und Kment, EuR 2011, 269, 274.

sondern legt den Schwerpunkt der Prüfung auf die Frage der verfassungsrechtlichen Rechtfertigung. Zum Zwecke dieser Untersuchung wird dieser – im Zweifel eher strengere – Ansatz übernommen.

2. *Eingriff*

Die zu prüfenden Strukturprinzipien in den regionalen Einzelhandelskonzepten könnten einen Eingriff in Art. 49 AEUV darstellen.

Zwar lösen als Grundsätze der Raumordnung formulierte Festlegungen in Einzelhandelskonzepten für die nachfolgenden Planungsebenen lediglich eine Pflicht zur Berücksichtigung aus, so dass sie nicht unmittelbar in die Niederlassungsfreiheit eingreifen.[716] Zudem enthalten auch Zielfestlegungen keine unmittelbaren Beschränkungen, weil sie sich an die Gemeinden als Träger der Bauleit- bzw. Standortplanung und nicht an die ansiedlungswilligen Einzelhandelsunternehmen selbst richten.[717] Adressaten der Raumordnungspläne sind zunächst die öffentlichen Planungsträger, denen durch die höherstufige Raumordnung allgemeine Kompatibilitätsanforderungen an ihre Pläne vorgegeben werden.[718] Der konkrete Vorhabenträger bzw. Investor für ein Vorhaben großflächigen Einzelhandels steht zum Zeitpunkt der Entscheidung über den Raumordnungsplan meist noch gar nicht fest.[719]

Indessen erfasst das Beschränkungsverbot „nicht nur Maßnahmen mit unmittelbarer Wirkung gegenüber dem Betroffenen, sondern auch mittelbare Einschränkungen".[720] So gehen Bundesverwaltungsgericht und Europäischer Gerichtshof

716 Spannowsky in: Spannowsky/Holl, S. 26.
717 Ibid.
718 Spannowsky, a. a. O., S. 46.
719 Spannowsky in: Spannowsky/Holl, S. 46.
Dennoch hat beispielsweise der Europäische Gerichtshof im Vertragsverletzungsverfahren gegen Spanien das Erfordernis einer neben die Baugenehmigung tretenden, zusätzlichen Gewerbeerlaubnis für die Zulassung eines Einzelhandelsbetriebes als unmittelbare Beschränkung der Niederlassungsfreiheit qualifiziert, wenn die Erteilung der Erlaubnis von der Einzelhandelsdichte und den Implikationen der Neuansiedlung auf die Einzelhandelsstruktur abhängig gemacht wird (EuGH, Urt. v. 24.03.2011 – C-400/08, Rn. 65, 87, 94, 98; Spannowsky in: Spannowsky/Holl, S. 27). Eine solche zusätzliche Erlaubnis ist allerdings nach deutschem Recht nicht erforderlich (Spannowsky in: Spannowsky/Holl, S. 27).
720 BVerwG, Urt. v. 16.12.2010 – 4 C 8/10, zit. nach juris, Rn. 22.

davon aus, dass eine Beschränkung der Niederlassungsfreiheit durch raumordnerische Festlegungen vorliegen kann.[721] Die Restriktionen bezüglich Standort/Ansiedlungsgebiet und Verkaufsfläche/Größe großflächigen Einzelhandels, die durch Konzentrations-, Kongruenz- und Integrationsgebote sowie durch Beeinträchtigungsverbote verursacht werden, greifen daher in Art. 49 AEUV ein.[722]

3. *Rechtfertigung*

Dieser Eingriff könnte allerdings durch zwingende - auch nationale - Gründe des Allgemeininteresses gerechtfertigt sein.[723] Zudem müsste er den Anforderungen des unionsrechtlichen Grundsatzes der Verhältnismäßigkeit genügen.[724]

Als zwingende Gründe des Allgemeininteresses hat das Bundesverwaltungsgericht die Vermeidung von Sozial- und Umweltlasten mit Mitteln des deutschen Raumordnungsrechts - wie raumordnerischen Zielfestlegungen - anerkannt.[725]

Auch der Europäische Gerichtshof hat den Umweltschutz[726], die Raumordnung[727] oder den Verbraucherschutz[728] als zwingende Gründe des Allgemeininteresses qualifiziert.[729]

Rein wirtschaftliche - wie beispielsweise konkurrenzschützende[730] - Ziele rechtfertigen Beschränkungen von Art. 49 AEUV indes nicht.[731]

---

721 EuGH, Urt. v. 24.03.2011 - C-400/08, Rn. 76 ff.; BVerwG, Urt. v. 16.12.2010 - 4 C 8/10, zit. nach juris, Rn. 23.

722 Vgl. EuGH, Urt. v. 24.03.2011 - C-400/08, Rn. 76 ff. und BVerwG, Urt. v. 16.12.2010 - 4 C 8/10, zit. nach juris, Rn. 23.

723 Spannowsky, EurUP 2012, 216, 218; ders. in: Spannowsky/Holl, S. 31 f.

724 Vgl. EuGH, Urt. v. 10.03.2009 - C-169/07, zit. nach juris, Rn. 44 (Hartlauer); vgl. EuGH, Urt. v. 19.05.2009 - C-171/07 und C-172/07, zit. nach juris, Rn. 25 (Apothekerkammer des Saarlandes); vgl. EuGH, Urt. v. 24.03.2011 - C-400/08, Rn. 73 und BVerwG, Urt. v. 16.12.2010 - 4 C 8/10, zit. nach juris, Rn. 22.

725 BVerwG, Urt. v. 16.12.2010 - 4 C 8/10, zit. nach juris, Rn. 23.

726 Vgl. EuGH, Urt. v. 11.03.2010 - C-384/08, zit. nach juris, Rn. 50 (Attanasio).

727 Vgl. EuGH, Urt. v. 01.10.2009 - C-567/07, zit. nach juris, Rn. 29 (Woningstichting Sint Servatius); so auch Kment, EuR 2011, 269, 277 f.

728 Vgl. EuGH, Urt. v. 13.09.2007 - C-260/04, zit. nach juris, Rn. 27 (Kommission/Italien).

729 EuGH, Urt. v. 24.03.2011 - C-400/08, Rn. 74.

730 Dziallas, NZBau 2010, 618, 620.

731 EuGH, Urt. v. 24.03.2011 - C-400/08, Rn. 74 - EuZW 2011, 557, 561; Runkel in: Bielenberg/Runkel/Spannowsky, ROG, L § 4, Rn. 329.

a) Zwingende Gründe des Allgemeininteresses

aa) Ziele des nationalen Raumordnungsrechts

Die Ziele, die die deutsche Raumordnungsplanung und namentlich auch die vier Raumordnungsprinzipien verfolgen, bestehen vor allem in der Erhaltung bzw. Gewährleistung funktionsfähiger Zentren und Versorgungsstrukturen; dies gilt gerade auch im Hinblick auf den demographischen Wandel und den nicht motorisierten Teil der Bevölkerung (vgl. § 2 Abs. 2 Nr. 3 S. 1–3 ROG).[732] Weiter sind hier der schonende Umgang mit Flächen (§ 2 Abs. 2 Nr. 6 S. 2 u. 4 ROG) sowie die Vermeidung hoher Infrastrukturfolgekosten durch Zersiedelung zu nennen (vgl. § 2 Abs. 2 Nr. 3 S. 5 u. 6 ROG).[733]

bb) Ziele auf europäischer Ebene

Hinsichtlich der Ziele auf europäischer Ebene ist neben der Präambel des EGV („im Rahmen der Verwirklichung des Binnenmarkts sowie der Stärkung des Zusammenhalts und des Umweltschutzes den wirtschaftlichen und sozialen Fortschritt ihrer Völker zu fördern und Politiken zu verfolgen, die gewährleisten, dass Fortschritte bei der wirtschaftlichen Integration mit parallelen Fortschritten auf anderen Gebieten einhergehen“) und Art. 11 AEUV („Die Erfordernisse des Umweltschutzes müssen bei der Festlegung und Durchführung der Unionspolitiken und -maßnahmen insbesondere zur Förderung einer nachhaltigen Entwicklung einbezogen werden.“) insbesondere Art. 3 Abs. 3 EUV von Belang.[734]

Weiterhin ist in Art. 169 Abs. 1 AEUV geregelt, dass die Union einen Beitrag zum Schutz der wirtschaftlichen Interessen der Verbraucher leistet. Hierzu gehört auch die Erreichbarkeit von Versorgungseinrichtungen des Einzelhandels.[735]

Die UVP-RL (2011/92/EU)[736] unterwirft in Anhang II Nr. 10 b) die Errichtung von Einkaufszentren den Auswahlkriterien des Anhanges III[737]. Auswahlkriterien

---

732 Spannowsky, EurUP 2012, 216, 219; ders. in: Spannowsky/Holl, S. 33.

733 Ibid.

734 Siehe zu Art. 3 EUV: 3. Teil A. II.; Spannowsky, EurUP 2012, 216, 219; ders. in: Spannowsky/Holl, S. 33.

735 Spannowsky, EurUP 2012, 216, 220; ders. in: Spannowsky/Holl, S. 37.

736 Richtlinie 2011/92/EU des Europäischen Parlaments und des Rates vom 13. Dezember 2011 über die Umweltverträglichkeitsprüfung bei bestimmten öffentlichen und privaten Projekten.

737 Runkel in: Spannowsky/Runkel/Goppel, ROG, § 1, Rn. 77.

sind hierbei die Merkmale der Projekte, der Standort der Projekte und die Merkmale der potentiellen Auswirkungen.

Die genannten Interessen, die die Raumordnungsprinzipien verfolgen,[738] werden zudem von der Europäischen Kommission anerkannt.[739]

Beispielhaft dafür sei zum einen der Bericht der Europäischen Kommission zur Überwachung des Handels- und Vertriebsmarktes „Ein effizienterer und fairerer Binnenmarkt in Handel und Vertrieb bis 2020" vom 05. Juli 2010 angeführt.[740] Darin wird festgestellt: „Läden in erreichbarer Nähe, die Waren und Dienstleistungen des Grundbedarfs, insbesondere Lebensmittel anbieten, werden immer wichtiger für ältere Menschen (…) und Behinderte (…), isoliert oder in dünn besiedelten Gebieten lebende Menschen und für die 9 % der EU-Bevölkerung, die sich kein Auto leisten können."[741]

Zum anderen sei auf die Leitlinien der Europäischen Kommission zur Begrenzung der Bodenversiegelung[742] und die Arbeitsunterlage der Kommissionsdienststellen „Leitlinien für bewährte Praktiken zur Begrenzung, Milderung und Kompensierung der Bodenversiegelung" vom 15.05.2012[743] verwiesen.[744]

Mit den also bereits auf europäischer Ebene auftretenden Zielkonflikten zwischen der Niederlassungs- und Dienstleistungsfreiheit, dem Eigentumsgrundrecht und der kommunalen Planungshoheit auf der einen sowie Verbraucher-, Umweltschutz- und sozialen Zielen auf der anderen Seite muss das deutsche Raumplanungsrecht umgehen.[745] Es muss diese divergierenden Interessen in Ausgleich bringen.[746] Dabei ist den Mitgliedstaaten ein angemessener Gestaltungsspielraum einzuräumen.[747]

---

738 Siehe dazu 4. Teil A. I. 3. a) aa).

739 Spannowsky, EurUP 2012, 216, 219 ff.; ders. in: Spannowsky/Holl, S. 34 ff.

740 KOM(2010)355 endgültig; Spannowsky, Die Niederlassungsfreiheit und die Einzelhandelsentwicklung in den Städten im Recht der Europäischen Union, S. 17; ders., EurUP 2012, 216, 220; ders. in: Spannowsky/Holl, S. 35.

741 KOM(2010)355 endgültig, S. 5.

742 Pressemitteilung der Europäischen Kommission vom 12.04.2012 (IP/12/361).

743 SWD(2012)101 final/2.

744 Spannowsky, Die Niederlassungsfreiheit und die Einzelhandelsentwicklung in den Städten im Recht der Europäischen Union, S. 18; ders., EurUP 2012, 216, 220; ders. in: Spannowsky/Holl, S. 36.

745 So ausdrücklich Spannowsky, EurUP 2012, 216, 220 und ders. in: Spannowsky/Holl, S. 38.

746 Spannowsky, EurUP 2012, 216, 220 f.; ders. in: Spannowsky/Holl, S. 38.

747 Ibid.

cc) Ziele des Raumordnungsrechts in anderen EU-Mitgliedstaaten

Auch wenn die einzelnen Staaten ihren Spielraum in unterschiedlicher Weise ausfüllen, verfolgen sie im Bereich der Raumordnung dennoch gemeinsame Zwecke:[748] Diese bestehen in der Bereitstellung bzw. Gewährung eines Raumes für eine differenzierte Einzelhandelsentwicklung sowie einer Steuerung der Ansiedlung großflächigen Einzelhandels durch Genehmigungs- und Planungsanforderungen.[749] Das Zentrale-Orte-Prinzip und mit den Kongruenz-, Integrations- und Konzentrationsgeboten sowie dem Beeinträchtigungsverbot vergleichbare Regelungen existieren nicht nur in Deutschland.[750] Dadurch soll EU-weit eine nachhaltige Raumentwicklung unter Berücksichtigung sozioökonomischer Gesichtspunkte sichergestellt bzw. erreicht werden.[751]

dd) Ergebnis

Die in den regionalen Einzelhandelskonzepten enthaltenen Ge- bzw. Verbote präzisieren die zwingenden Allgemeininteressen,[752] die nach der Rechtsprechung des Bundesverwaltungsgerichts[753] und des Europäischen Gerichtshofs[754] Beschränkungen der Niederlassungsfreiheit rechtfertigen können. Sie dienen insbesondere auch der Ausgestaltung des Allgemeininteresses der Raumordnung und der Grundgedanken des Zentrale-Orte-Prinzips[755].

Das lässt sich damit begründen, dass sie (mehr oder weniger detaillierte) Bestimmungen zur Lenkung der Auswirkungen großflächiger Einzelhandelsansiedlungen auf Städtebau, Raumstruktur und Raumfunktion beinhalten.[756] Ihre Aufstellung erfolgt in einem formalisierten Verfahren als Ergebnis einer

---

748 Spannowsky, Die Niederlassungsfreiheit und die Einzelhandelsentwicklung in den Städten im Recht der Europäischen Union, S. 19 ff.; ders., EurUP 2012, 216, 219 f.; ders. in: Spannowsky/Holl, S. 38 ff.

749 Spannowsky, Die Niederlassungsfreiheit und die Einzelhandelsentwicklung in den Städten im Recht der Europäischen Union, S. 21; ders., EurUP 2012, 216, 222; ders. in: Spannowsky/Holl, S. 41.

750 Spannowsky, EurUP 2012, 216, 222 m. w. N.; ders. in: Spannowsky/Holl, S. 41 f. m. w. N.

751 Spannowsky, Die Niederlassungsfreiheit und die Einzelhandelsentwicklung in den Städten im Recht der Europäischen Union, S. 21.

752 Ders. in: Spannowsky/Holl, S. 42; vgl. Schröer/Kullick, NZBau 2011, 349, 351.

753 BVerwG, Urt. v. 16.12.2010 – 4 C 8/10, zit. nach juris, Rn. 23.

754 EuGH, Urt. v. 24.03.2011 – C-400/08, Rn. 73.

755 Kment, EuR 2011, 269, 277 f.

756 Spannowsky, EurUP 2012, 216, 222.

Abwägung unter Einbeziehung verschiedenster divergierender öffentlicher und privater Belange.[757]

Die in den untersuchten regionalen Einzelhandelskonzepten enthaltenen Konzentrations-, Kongruenz- und Integrationsgebote sowie Beeinträchtigungsverbote stellen daher zwingende Gründe des Allgemeininteresses dar.

b) Verhältnismäßigkeit

Die in den Einzelhandelskonzepten ausgestalteten Raumstrukturprinzipien müssten auch verhältnismäßig sein.

aa) Geeignetheit

Eine Maßnahme, die zur Verfolgung eines bestimmten Zweckes eingesetzt wird, muss zunächst geeignet sein, diesen Zweck zumindest zu fördern.[758] Der Zweck der Verwendung der vier Ge- bzw. Verbote besteht darin, die in § 2 ROG bezüglich der Einzelhandelssteuerung enthaltenen Grundsätze umzusetzen.

Der Grundsatz des § 2 Abs. 2 Nr. 2 S. 4 ROG, nach dem die Siedlungstätigkeit auf ein System leistungsfähiger zentraler Orte auszurichten ist, ist Ziel der raumordnerischen Festlegungen. „Aus diesem Grund ist der Einzelhandel an den Standorten zu sichern, die in das städtebauliche Ordnungssystem funktionsgerecht eingebunden sind. Das Kongruenzgebot dient – ebenso wie das Konzentrationsgebot, das Integrationsgebot und das Beeinträchtigungsverbot – der Sicherstellung einer raumstrukturell und –funktionell verträglichen Ansiedlung großflächiger Einzelhandelsbetriebe."[759]

Das Zentrale-Orte-Prinzip und die raumordnerischen Strukturprinzipien fördern also zumindest die Erreichung des legitimen Zwecks einer den Anforderungen des § 2 ROG entsprechenden Standortplanung. Eine Eignung der Prinzipien ist gegeben.

bb) Erforderlichkeit

Die Frage nach der Erforderlichkeit einer Maßnahme richtet sich danach, ob das (nationale) Raumordnungsrecht mildere, gleich wirksame Mittel bereithält.[760]

757 Ibid.

758 Grzeszick in: Maunz/Dürig, GG, Art. 20 VII., Rn. 112.

759 BVerwG, Urt. v. 16.12.2010 – 4 C 8/10, zit. nach juris, Rn. 18.

760 BVerwG, Urt. v. 16.12.2010 – 4 C 8/10, zit. nach juris, Rn. 24; vgl. Grzeszick in: Maunz/Dürig, GG, Art. 20 VII., Rn. 113.

Als milderes Mittel ist ein neben die Baugenehmigung tretendes, weiteres staatliches Genehmigungserfordernis in Erwägung zu ziehen, wie es in anderen EU-Ländern in Form einer „planning permission“ (Großbritannien), einer „autorisation“ (z. B. Frankreich) oder einer Gewerbeerlaubnis (Spanien) üblich ist.[761] Allerdings würden solche staatlichen Genehmigungserfordernisse strikter wirken als das Zentrale-Orte-Prinzip und die Raumordnungsprinzipien im deutschen Recht, zumal im Rahmen der Aufstellung von Raumordnungsplänen Öffentlichkeit und Behörden umfassend beteiligt werden müssen.[762]

Weiter gibt es im deutschen Raumordnungsrecht keine milderen Alternativen zum Kongruenzgebot.[763] Der jeweilige Plangeber hat hier eine Einschätzungsprärogative.[764] Zwar können ein Beeinträchtigungsverbot oder ein mit einem Integrationsgebot verbundenes Beeinträchtigungsverbot im Einzelfall deswegen milder als ein strikt gefasstes Kongruenzgebot sein, weil sie ein Vorhaben nicht strikt ausschließen, sondern eine wesentliche Beeinträchtigung der Versorgungssituation in der Standortgemeinde und betroffenen Nachbargemeinden verlangen; allerdings weist ein striktes Kongruenzgebot eine höhere Wirksamkeit in Bezug auf die Erreichung des legitimen Ziels einer flächensparenden Raumnutzung und Verkehrsvermeidung auf.[765]

Die vier Raumstrukturprinzipien sind demnach erforderlich.

cc) Angemessenheit

Sie müssten schließlich noch angemessen sein. Angemessen bzw. zumutbar ist eine Maßnahme, wenn die Schwere des Eingriffs nicht außer Verhältnis zum Zweck der Maßnahme steht (Verhältnismäßigkeit im engeren Sinn).[766]

Die öffentlichen Zwecke, die mit den raumordnerischen Ge- bzw. Verboten verfolgt werden, sind vor allem Verteilungsgerechtigkeit durch ausgeglichene Versorgungsstrukturen im Raum, Erhaltung der Innenstädte aus soziologischen und ökonomischen Gründen sowie Umweltschutz mittels Vermeidung unnötiger Zerschneidung der Landschaft und unnötigen Verkehrs.[767]

---

761 Spannowsky, EurUP 2012, 216, 223; ders. in: Spannowsky/Holl, S. 38 ff., 44.

762 Spannowsky, EurUP 2012, 216, 223; ders. in: Spannowsky/Holl, S. 44.

763 BVerwG, Urt. v. 16.12.2010 – 4 C 8/10, zit. nach juris, Rn. 19, 24.

764 BVerwG, a. a. O., Rn. 19.

765 So ausdrücklich BVerwG, a. a. O., Rn. 19.

766 Grzeszick in: Maunz/Dürig, GG, Art. 20 VII., Rn. 117 m. w. N.

767 Spannowsky, EurUP 2012, 216, 219, 226 f.; ders. in: Spannowsky/Holl, S. 33, 54 f.

Diese Ziele sind schon einzeln, erst recht aber in ihrer Summe als zwingende Allgemeininteressen, die Eingriffe in die Niederlassungsfreiheit rechtfertigen, anerkannt.[768]

Die Angemessenheit von Kongruenzgebot, Beeinträchtigungsverbot sowie Integrations- und Konzentrationsgebot ergibt sich aus der Existenz von Regel-Ausnahme-Plansätzen sowie der Möglichkeit der Durchführung von Zielabweichungsverfahren gem. § 6 Abs. 2 ROG.[769]

Die Schwere des Eingriffs steht damit nicht außer Verhältnis zum Zweck der Maßnahmen. Die im Regionalen Raumordnungsprogramm Hannover, Regionalplan Stuttgart, Regionalen Flächennutzungsplan Frankfurt/Rhein-Main, Flächennutzungsplan Kassel und regionalen Einzelhandelskonzept Östliches Ruhrgebiet enthaltenen Raumordnungsprinzipien bzw. deren Grundgedanken stellen keine Verletzung der Niederlassungsfreiheit des Art. 49 AEUV dar.

II. Dienstleistungsfreiheit gem. Art. 56 AEUV i. V. m. EU-Dienstleistungsrichtlinie

Die vier grundlegenden Strukturprinzipien Kongruenzgebot, Beeinträchtigungsverbot, Integrations- und Konzentrationsgebot in den fünf regionalen Einzelhandelskonzepten müssten auch den Anforderungen der Dienstleistungsfreiheit nach Art. 56 AEUV entsprechen.

Zunächst stellt sich die Frage, ob die überörtliche Einzelhandelssteuerung überhaupt vom Anwendungsbereich der Dienstleistungsrichtlinie erfasst ist. Denn Erwägungsgrund 9 der Dienstleistungsrichtlinie[770] nimmt unter anderem

768 Spannowsky, EurUP 2012, 216, 226; ders. in: Spannowsky/Holl, S. 54 f.

769 Speziell zu Kongruenzgebot und Zielabweichungsverfahren: BVerwG, Urt. v. 16.12.2010 – 4 C 8/10, zit. nach juris, Rn. 24; i. Ü.: Spannowsky, EurUP 2012, 216, 227; ders. in: Spannowsky/Holl, S. 56 f.
Voraussetzung für eine Unionsrechtskonformität von Regel-Ausnahme-Festlegungen ist wiederum eine ordnungsgemäße Abwägung zwischen den öffentlichen Interessen, denen die Festlegungen dienen sollen, der gemeindlichen Planungshoheit und den Interessen großflächiger Einzelhandelsbetriebe (Spannowsky, EurUP 2012, 216, 228).

770 Erwägungsgrund 9 DL-RL lautet: „Diese Richtlinie findet nur auf die Anforderungen für die Aufnahme oder Ausübung einer Dienstleistungstätigkeit Anwendung. Sie findet somit keine Anwendung auf Anforderungen wie Straßenverkehrsvorschriften, Vorschriften bezüglich der Stadtentwicklung oder Bodennutzung, der Stadtplanung und der Raumordnung, Baunormen sowie verwaltungsrechtliche Sanktionen, die wegen der Nichteinhaltung solcher Vorschriften verhängt werden, die nicht die Dienstleistungstätigkeit als solche regeln oder betreffen, sondern von Dienstleistungserbringern im

boden- und raumordnungsrechtliche Regelungen aus ihrem Anwendungsbereich heraus, allerdings unter der Prämisse, dass sich der Regelungsgehalt dieser Vorschriften auf Dienstleistende und Private gleichermaßen erstreckt.[771] Dies ist für die überörtliche Einzelhandelssteuerung aber gerade nicht der Fall, da diese bereits aufgrund ihres Regelungsziels die wirtschaftliche Tätigkeit eines Dienstleistungserbringers deutlich stärker betrifft.

Der Dienstleistungsfreiheit kann ihre Relevanz als Rechtsgrenze daher nicht per se abgesprochen werden. Im Rahmen dieser Untersuchung kommt ihr aber eine gegenüber der Niederlassungsfreiheit nachrangige Rolle zu.

Das folgt einerseits daraus, dass im Bereich des großflächigen Einzelhandels der Schwerpunkt der Problematik nicht auf der Frage wirtschaftlicher Betätigung ohne Niederlassung, sondern vielmehr auf der Frage wirtschaftlicher Betätigung mit Niederlassung liegt, und andererseits daraus, dass der Europäische Gerichtshof eine Beschränkung von Standorten und Verkaufsflächen als Beschränkung der Niederlassungsfreiheit qualifiziert.[772] Einzelhandelsunternehmen, die sich an einem bestimmten Standort ansiedeln möchten, sind zuvorderst in ihrer Niederlassungsfreiheit betroffen. Es ist schon kaum absehbar, dass überörtliche Einzelhandelssteuerung in Form der fünf regionalen Einzelhandelskonzepte in den Schutzbereich des Art. 56 AEUV eingreifen könnte.

Im Übrigen ergeben sich bei der Prüfung der Dienstleistungsfreiheit im Vergleich zur Prüfung der Niederlassungsfreiheit keine abweichenden Besonderheiten.

Bei der Rechtfertigung aus zwingenden Gründen des Allgemeininteresses kommt es – wie bei Art. 49 AUEV auch – unter anderem auf die Frage an, ob die Aufstellung der regionalen Einzelhandelskonzepte aus Gründen der Raumordnung oder aber aus rein wirtschaftlichen Erwägungen heraus erfolgt ist. Eine Festlegung beispielsweise im Regionalen Raumordnungsprogramm Hannover oder im Regionalplan Stuttgart allein aus wirtschaftlichen Erwägungen zum Schutz des dort bereits ansässigen Einzelhandels vor Konkurrenz und Wettbewerb wäre unzulässig.

Hierbei ist anzumerken, dass hinsichtlich dieser Fragestellung Gesichtspunkte zu berücksichtigen sind, die inhaltlich schwerpunktmäßig die Wettbewerbsfreiheit und damit Art. 12 GG betreffen. Dementsprechend werden sie auch dort zusammenfassend behandelt.

Zuge der Ausübung ihrer Wirtschaftstätigkeit genauso beachtet werden müssen wie von Privatpersonen."

771 Siehe dazu Otto, S. 131.

772 Siehe dazu 3. Teil A. III. 2.

Aus der Dienstleistungsfreiheit folgen jedenfalls keine Rechtsgrenzen, die gegenüber den Rechtsgrenzen der Niederlassungsfreiheit eigenständiges Gewicht haben.

B. Verfassungsrecht

Nachdem die fünf regionalen Einzelhandelskonzepte auf ihre Vereinbarkeit mit dem Unionsrecht hin untersucht worden sind, soll nun ihre Vereinbarkeit mit dem Verfassungsrecht geprüft werden.

Der Schwerpunkt der Untersuchung liegt dabei – neben Art. 14 GG und Art. 12 GG – wegen der bereits zu Eingang dieser Arbeit aufgezeigten interkommunalen Konflikte und der vielfältigen Abgrenzungsschwierigkeiten zwischen den Kompetenzen der kommunalen Bauleitplanung und denen der Regionalplanung auf Art. 28 Abs. 2 GG.

I. Selbstverwaltungsgarantie aus Art. 28 Abs. 2 GG

Die kommunale Selbstverwaltungsgarantie des Art. 28 Abs. 2 S. 1 GG gewährleistet den Gemeinden das Recht, alle Angelegenheiten der örtlichen Gemeinschaft im Rahmen der Gesetze in eigener Verantwortung zu regeln.

Zu den Angelegenheiten der örtlichen Gemeinschaft gehört auch die gemeindliche Planungshoheit.[773]

Eingriffe in die gemeindliche Selbstverwaltungsgarantie stehen unter dem Vorbehalt gesetzlicher Regelung. Der Begriff des Gesetzes umfasst dabei neben förmlichen Bundes- und Landesgesetzen unter anderem auch Rechtsverordnungen, Raumordnungsprogramme und Satzungen anderer Verwaltungsträger.[774]

Da Ausgangspunkt des Art. 28 Abs. 2 GG die kommunale Selbstverwaltung ist, gilt es zunächst einmal abzugrenzen, welche Regelungen der überörtlichen Einzelhandelssteuerung nach der vom Verfassungsgeber getroffenen Kompetenzverteilung der gemeindlichen Planungshoheit zuzuordnen sind.

Die fünf regionalen Einzelhandelskonzepte sollen sodann daraufhin untersucht werden, ob die in den Konzepten enthaltenen raumordnerischen Ge- bzw. Verbote und die Agglomerationsregelungen einschließlich ihres Detaillierungsgrades im Hinblick auf Art. 28 Abs. 2 S. 1 GG zulässig sind. Dabei sollen der besseren Übersichtlichkeit halber jeweils die Gesichtspunkte des Eingriffs und der verfassungsrechtlichen Rechtfertigung einbezogen werden.

---

773 Siehe dazu 3. Teil B. II. 1. b).

774 Hellermann in: BeckOK, GG, Art. 28, Rn. 44.2.

Schließlich wird geprüft, ob die erforderliche Beteiligung der Gemeinden bei der Aufstellung und Anwendung der Einzelhandelskonzepte gewährleistet ist. Im Falle einer fehlenden Beteiligung läge eine Verletzung des Art. 28 Abs. 2 S. 1 GG vor.

1. *Kompetenzen*

Zu klären ist bezüglich der fünf regionalen Einzelhandelskonzepte, für welche Regelungen die Ebene der Regionalplanung und für welche Regelungen die Ebene der kommunalen Bauleitplanung die Sachkompetenz bzw. Zuständigkeit besitzt.

Diese Frage stellt sich sowohl generell im Hinblick auf die Zuweisung von Standorten für großflächigen Einzelhandel innerhalb von Gemeinden als auch speziell hinsichtlich der Festlegung zentraler Versorgungsbereiche innerhalb des Gemeindegebietes.

Schwierigkeiten bereitet weiter die Festlegung von Vorrang- und Ausschlussgebieten durch die Regionalplanung.

Fraglich ist zudem, ob die Bezugnahme in Raumordnungsplänen auf § 11 Abs. 3 BauGB, das heißt auf Bodenrecht, die entsprechenden Regelungen zu städtebaulichen werden lässt und die Raumordnungsplanung dadurch im konkreten Einzelfall die Bauleitplanung der Gemeinden unzulässig einschränkt.

a) *Zuweisung von Standorten innerhalb von Gemeinden*

Problematisch bezüglich Standortzuweisungen durch Landes- bzw. Regionalplanung innerhalb von Gemeinden ist, dass die überörtliche Ebene hierbei nicht nur eine Standortverteilung zwischen verschiedenen Gemeinden – diese können dann immer noch selbst bestimmen, wo innerhalb ihrer Gemarkungsgrenzen Einzelhandelsgroßvorhaben angesiedelt werden dürfen –, sondern eine Standortverteilung innerhalb des Gemeindegebietes – welches grundsätzlich der Gebiets- und Planungshoheit der betreffenden Gemeinde unterfällt – vornimmt.

Die aufgeworfene Frage nach der Zulässigkeit gemeindeinterner Flächennutzungs- und Flächenfunktionszuweisungen ist gleichzeitig die Frage nach der grundsätzlichen Zulässigkeit einer innerörtlich wirkenden raumordnerischen Ansiedlungssteuerung für großflächigen Einzelhandel.

Ein uneingeschränktes Verbot innerörtlich wirkender raumordnerischer Festlegungen stünde in Widerspruch zu den Wechselbeziehungen zwischen Raumordnungs- und Bodenrecht, die der Gesetzgeber in Raumordnungsgesetz und Baugesetzbuch gerade vorsieht.[775]

---

775 Zur „Verzahnung“ von Raumordnung und Städtebau: Schmitz/Federwisch, S. 37 f.; Schmitz/Haselmann, S. 12.

Dies ergibt sich daraus, dass das interkommunale Abstimmungsgebot des § 2 Abs. 2 S. 2 BauGB und die Vorschrift des § 34 Abs. 3 BauGB auch die zentralen Versorgungsbereiche schützen.[776] Zentrale Versorgungsbereiche können sich „aus Darstellungen und Festsetzungen in den Bauleitplänen oder aus Festlegungen in den Raumordnungsplänen"[777] ergeben.[778] Damit hat jedenfalls der Gesetzgeber nachvollziehbar Verschränkungen zwischen beiden Planungsebenen bewusst bereits im Baugesetzbuch angelegt. Das Raumordnungsgesetz als „Flankenschutz für die primär städtebauliche Aufgabe"[779] der Erhaltung zentraler Versorgungsbereiche knüpft daran in den §§ 2 Abs. 2 Nr. 3 S. 2 sowie 8 Abs. 5 ROG an.[780]

Bei der Beantwortung der Frage nach der Kompetenz für gemeindeinterne Zuweisungen ist demzufolge maßgeblich nicht auf den räumlichen Gegenstand, sondern auf den Zweck der Planung abzustellen.[781]

Die Raumordnungsplanung ist zuständig, wenn der Zweck der Planung überörtlich veranlasst ist. Das ist speziell auf großflächigen Einzelhandel bezogen der Fall, wenn raumbedeutsame Auswirkungen von Einzelhandelsgroßprojekten gesteuert werden sollen.[782]

Dem Grundsatz nach sollen mit Hilfe von Integrations-, Konzentrations- und Kongruenzgeboten sowie Beeinträchtigungsverboten raumbedeutsame Auswirkungen großflächiger Einzelhandelsbetriebe gesteuert werden. Ob die in den zu untersuchenden regionalen Einzelhandelskonzepten enthaltenen Raumordnungsprinzipien auch im Einzelfall zulässig sind, wird der besseren Übersichtlichkeit halber zusammenhängend geprüft.[783]

b) Festlegung zentraler Versorgungsbereiche innerhalb von Gemeinden

Die Festlegung zentraler Versorgungsbereiche durch die Regionalplanung innerhalb von Gemeinden tangiert die kommunale Planungskompetenz in besonderem

---

776 Schmitz/Haselmann, S. 12.

777 BR-Drs. 756/03, S. 151.

778 Schmitz/Haselmann, S. 12 f.

779 Runkel in: Bielenberg/Runkel/Spannowsky, ROG, L § 2, Rn. 139.

780 Schmitz/Haselmann, S. 13 f.

781 Siehe dazu 3. Teil B. II. 1. b) aa); Schmitz/Haselmann, S. 14; Runkel in: Spannowsky/Runkel/Goppel, ROG, § 1, Rn. 67.

782 BVerwG, Urt. v. 10.11.2011 – 4 CN 9/10, zit. nach juris, Rn. 10; Schmitz/Haselmann, S. 14; Runkel in: Spannowsky/Runkel/Goppel, ROG, § 1, Rn. 67.

783 Siehe dazu 4. Teil B. I. 2.

Maße.[784] Das gilt gerade für den Fall, dass die Regionalplanung den großflächigen Einzelhandel in den von ihr selbst festgelegten zentralen Versorgungsbereichen wiederum speziell regelt.

Zu untersuchen ist daher, ob und wenn ja in welchen regionalen Einzelhandelskonzepten zentrale Versorgungsbereiche auf der Ebene der Regionalplanung festgelegt werden. Ausgeklammert werden hierbei der Flächennutzungsplan des Zweckverbandes Kassel sowie das regionale Einzelhandelskonzept für das Östliche Ruhrgebiet und angrenzende Bereiche, weil diese beiden Pläne bzw. Konzepte nicht auf regionalplanerischer sondern auf bauleitplanerischer bzw. interkommunaler Ebene anzusiedeln sind.

Das Regionale Raumordnungsprogramm Hannover übernimmt zunächst Oberzentrum und Mittelzentren nachrichtlich aus dem Landes-Raumordnungsprogramm und legt die Grundzentren selbst fest (Plansatz D 1.6.1 Abschn. 02 Abs. 2, Abschn. 03 Abs. 1 u. 4 RROP Hannover).

In der zeichnerischen Darstellung bzw. der Beikarte 1 a werden dann die zentralörtlichen Standortbereiche und innerhalb dieser die Versorgungskerne abschließend bestimmt.

Dies ist deswegen von Relevanz, weil außerhalb der zentralörtlichen Standortbereiche eine Ansiedlung großflächigen Einzelhandels unzulässig ist (vgl. Konzentrationsgebot des Plansatzes D 1.6.1 Abschn. 04 Abs. 6 RROP, Ziel der Raumordnung). Auf die weitere Festlegung, dass eine Ansiedlung großflächigen Einzelhandels auch außerhalb des zentralörtlichen Ergänzungsbereiches Oberzentrum, der herausgehobenen Nahversorgungsstandorte, der Standorte von Fach- und Verbrauchermärkten sowie der herausgehobenen Fachmarktstandorte unzulässig ist (vgl. Konzentrationsgebot des Plansatzes D 1.6.1 Abschn. 04 Abs. 6 RROP, Ziel der Raumordnung), soll im Verlauf der Untersuchung nicht näher eingegangen werden, da die zentralörtlichen Standortbereiche nach der Beikarte 1 a den weit überwiegenden Teil der für Einzelhandelsgroßprojekte vorgesehenen Bereiche einnehmen.

784 Teilweise werden entsprechende Festlegungen für unzulässig gehalten (Koch/Wahlhäuser, S. 96). Stattdessen wird diskutiert, Kongruenzgebot und Beeinträchtigungsverbot in einer Norm zusammenzufassen, um dadurch die Möglichkeit zu eröffnen, einen Verstoß gegen das – dann leichter zu handhabendes – Kongruenzgebot als Indiz für einen Verstoß gegen das Integrationsgebot zu werten (so ausdrücklich Koch/Uechtritz, S. 96).

Innerhalb der zentralörtlichen Standortbereiche bzw. sämtlicher in den verbindlichen Beikarten 1 a und b[785] festgelegten Bereiche stehen den Gemeinden grundsätzlich Spielräume für eigene Entwicklungsvorstellungen in Bezug auf Vorhaben des großflächigen Einzelhandels offen.[786]

So werden beispielsweise in der Beikarte 1 a die Versorgungskerne der zentralen Orte, die ober-, mittel- und grundzentralen Standortbereiche sowie die herausgehobenen Nahversorgungsstandorte farblich abgestuft dargestellt. Innerhalb dieser markierten Bereiche ist großflächiger Einzelhandel zulässig. Die Gemeinden können darüber entscheiden, wo innerhalb dieser Standortbereiche Einzelhandelsgroßprojekte angesiedelt werden sollen.

Die zeichnerische Abgrenzung der zentralörtlichen Standortbereiche und der Versorgungskerne erfolgt „räumlich konkret" und „in generalisierter Form",[787] das heißt nicht parzellen-, sondern gebietsscharf. Sie wird nach der Begründung/Erläuterung zum Regionalen Raumordnungsprogramm Hannover „entsprechend dem tatsächlichen Siedlungsbestand in enger Abstimmung mit den kommunalen Bau- und Planungsämtern" vorgenommen.[788]

Die Verwendung des Begriffs der „engen Abstimmung" bedeutet, dass eine intensive Zusammenarbeit – möglicherweise sogar mit (teilweiser) Konsensbildung – zwischen regionalen und kommunalen Planungsbehörden stattgefunden hat. Das bedeutet aber nicht, dass die Gemeinden die Festlegung von Versorgungskernen und –bereichen verhindern können.

Der Regionalplan Stuttgart bestimmt in Kapitel 2 (Regionale Siedlungsstruktur) zunächst in Unterkapitel 2.3 (Zentrale Orte), dass der in der Auflistung der Zentralen Orte in den Plansätzen 2.3.1 bis 2.3.4 jeweils genannte Stadt- bzw. Ortsteil den zentralörtlichen Siedlungs- und Versorgungskern des Zentralen Ortes bildet (Plansatz 2.3.5 (G) Abs. 1). Neu hinzukommende zentralörtliche Einrichtungen sollen in die zentralörtlichen Siedlungs- und Versorgungskerne der Zentralen Orte integriert werden (Plansatz 2.3.5 (G) Abs. 2).

Die Plansätze 2.3.1 bis 2.3.4 benennen dementsprechend das Oberzentrum (Stuttgart) sowie die Mittel-, Klein- und Unterzentren samt der jeweils dazugehörigen zentralörtlichen Siedlungs- und Versorgungskerne. Die zentralörtlichen Siedlungs- und Versorgungskerne sind dann entweder die Kernstadt,

785 Beikarte 1 a: Raum- und Standortkategorien sowie Fach- und Verbrauchermärkte (Maßstab 1:100.000); Beikarte 1 b: Herausgehobene Fachmarktstandorte (Maßstab 1:25.000).

786 Begründung/Erläuterung zu Plansatz D 1.6.1, RROP Hannover 2005, S. 62.

787 Begründung/Erläuterung zu Plansatz D 1.6.1, RROP Hannover 2005, S. 61.

788 Ibid.

der Hauptort, ein Stadtteil oder ein Ortsteil. Sofern sich der zentralörtliche Siedlungs- und Versorgungskern auf dieser Grundlage nicht eindeutig bestimmen lässt, gibt eine Tabelle ergänzende Hinweise zu den Ortslagen, die gegebenenfalls nicht dazu gehören.[789]

Es erfolgt hier also eine gebietsscharfe Abgrenzung der zentralen Versorgungsbereiche.

Gemäß Landesplanungsgesetz sind dabei das Oberzentrum, die Mittelzentren und ihre Verflechtungsbereiche (Mittelbereiche) nachrichtlich aus dem Landesentwicklungsplan übernommen sowie die Klein- und Unterzentren durch den Regionalplan festgelegt worden.

Nach Plansatz 2.5.3 (G) des Landesentwicklungsplans Baden-Württemberg sollen zentralörtliche Einrichtungen in den als Zentrale Orte ausgewiesenen Gemeinden grundsätzlich in den Siedlungs- und Versorgungskernen mit günstiger Anbindung an den Nahverkehr gebündelt angeboten werden. Die Begründung zu Plansatz 2.5.2 (G) des Landesentwicklungsplans Baden-Württemberg besagt, dass eine räumliche Konkretisierung der zentralörtlichen Siedlungs- und Versorgungskerne im Rahmen der Regionalplanung möglich ist.

Genau darauf beruft sich die Begründung des Regionalplans Stuttgart und leitet daraus die Befugnis her, die zentralörtlichen Siedlungs- und Versorgungskerne eigenständig zu konkretisieren.[790]

So bestimmt der Regionalplan selbst die zentralörtlichen Siedlungs- und Versorgungskerne für sämtliche Zentralen Orte, das heißt für Oberzentrum, Mittel-, Klein- und Grundzentren.

Diese Vorgehensweise rechtfertigt er mit der Argumentation, dass nur über eine solche Konkretisierung das Bündelungsprinzip Zentraler Orte insbesondere mit Blick auf jene Gemeinden, die mehrere Ortsteile umfassen, wirksam umgesetzt werden könne.[791] Die Funktionsfähigkeit Zentraler Orte soll hierüber nachhaltig gesichert werden.[792]

Zu beachten ist, dass die Festlegungen über die zentralörtlichen Siedlungs- und Versorgungskerne als Grundsätze der Raumordnung gefasst sind (Plansatz 2.3.5 (G) Regionalplan Stuttgart).

In die Form von Zielen der Raumordnung gegossen sind hingegen die Regelungen in Unterkapitel 2.4 des Regionalplans Stuttgart (Siedlungsentwicklung) bzw. 2.4.3.2 (Standorte für Einkaufszentren, großflächige Einzelhandelsbetriebe

789 Begründung zu Plansatz 2.3.5 (G), Regionalplan Stuttgart 2009, S. 43 ff.

790 Begründung zu Plansatz 2.3.5 (G), Regionalplan Stuttgart 2009, S. 43.

791 Ibid.

792 Ibid.

und sonstige großflächige Handelsbetriebe), die die zentralörtlichen Siedlungs- und Versorgungskerne den großflächigen Einzelhandel betreffend in Bezug nehmen. Konkret sind dies die Plansätze 2.4.3.2.3 (Z) und 2.4.3.2.4 (Z), nach deren jeweiligen Absätzen 1 Standorte für zentrenrelevante bzw. nicht zentrenrelevante Einzelhandelsgroßprojekte nur in den zentralörtlichen Siedlungs- und Versorgungskernen zulässig sind.

Soll ein Einzelhandelsgroßprojekt im Gebiet einer Gemeinde verwirklicht werden, kommt nach der Konzeption des Regionalplans als Standort grundsätzlich nur der jeweilige – regionalplanerisch festgelegte – zentrale Versorgungsbereich einer Gemeinde in Betracht.

Das ergibt sich aus dem Zusammenwirken der Unterkapitel 2.3 (Zentrale Orte) und 2.4.3.2 (großflächiger Einzelhandel). Die Festlegungen zu den zentralörtlichen Siedlungs- und Versorgungskernen in Plansatz 2.3.5 sind zwar nur als raumordnerische Grundsätze gefasst, die im Rahmen der bauleitplanerischen Abwägung bei entsprechender Begründung weggewogen werden können; jedoch sind die Festlegungen zu den Standorten für Vorhaben des großflächigen Einzelhandels raumordnerische Ziele, die die Gemeinde nicht im Wege der Abwägung überwinden kann. Im Prinzip „erstarken" die Grundsätze der Raumordnung durch den Verweis in den Zielfestlegungen auf sie für den Bereich des großflächigen Einzelhandels zu Zielen der Raumordnung.

Die Regionalplanung beschränkt hier die Kompetenz der Gemeinde, ihre zentralen Versorgungsbereiche selbst festzulegen.

Der Regionale Flächennutzungsplan Frankfurt/Rhein-Main regelt im Hinblick auf zentrale Versorgungsbereiche und Versorgungskerne, dass regional bedeutsame großflächige Einzelhandelsvorhaben mit zentrenrelevanten Sortimenten nur in den zentralen Versorgungsbereichen anzusiedeln sind (Plansatz Z3.4.3-4). Schon aus der Beschränkung auf *regional* bedeutsame Einzelhandelsgroßvorhaben ergibt sich eine Beschränkung des Plangebers auf zulässige *regional*planerische Festlegungen.

Der Regionale Flächennutzungsplan geht dem Grundsatz nach davon aus, dass die Gemeinden aus den gemischten Bauflächen des regionalen Flächennutzungsplans, die innerhalb der in Beikarte 2 (Maßstab 1: 50.000) gekennzeichneten zentralen Versorgungsbereiche liegen, im Rahmen der Bebauungsplanung Kerngebiete für die Ansiedlung großflächigen Einzelhandels entwickeln können (Plansatz 3.4.3). Dies lässt den Gemeinden Spielraum für eigene Entwicklungsvorstellungen.

In der Beikarte 2 werden die zentralen Versorgungsbereiche für die Mittel- und Oberzentren gebietsscharf dargestellt (Plansatz Z3.4.3-4). Rechtsgrundlage für die Bestimmung der zentralen Versorgungsbereiche und der Versorgungskerne sind dabei gemäß der Legende zum Regionalen Flächennutzungsplan die §§ 9 Abs. 4 Nr. 2 HLPG und 5 Abs. 2 Nr. 2 d) BauGB[793], das heißt die betreffenden Regelungen sind gleichzeitig regionalplanerische Festlegungen und flächennutzungsplanerische Darstellungen. Daraus ergibt sich, dass die Kompetenz der Gemeinden hier nicht in dem Maße tangiert sein kann wie bei ausschließlich regionalplanerischen Festlegungen.

Falls es den Gemeinden im Einzelfall nicht möglich sein sollte, ein Kerngebiet für großflächigen Einzelhandel zu entwickeln, kann der Regionale Flächennutzungsplan ein Sondergebiet hierfür ausweisen (Plansatz 3.4.3). Dies hat jedoch zur Voraussetzung, dass die Größe des geplanten Einzelhandelsstandortes die Darstellungsuntergrenze des regionalen Flächennutzungsplans von 0,5 ha erheblich überschreitet (Plansatz 3.4.3).

In den hier geprüften regionalen Einzelhandelskonzepten ist die Festlegung zentraler Versorgungsbereiche auf der Ebene der Raumordnung bzw. Regionalplanung daher kompetenzrechtlich gerade noch zulässig.

c) Festlegung von Vorrang- und Ausschlussgebieten

Auch durch die Festlegung von Vorrang- und Ausschlussgebieten wird die Planungskompetenz der Gemeinden berührt.

Der Regionalplan Stuttgart regelt dazu, dass Standorte für zentrenrelevante Einzelhandelsgroßprojekte nur in den in der Raumnutzungskarte dargestellten und als Vorranggebiete gebietsscharf festgelegten Standorten für zentrenrelevante Einzelhandelsgroßprojekte vorzusehen sind (Plansatz 2.4.3.2.3 (Z) Abs. 1). Nach Plansatz 2.4.3.2.3 (Z) Abs. 2 sind Standorte für zentrenrelevante Einzelhandelsgroßprojekte außerhalb dieser Vorranggebiete ausgeschlossen (Ausschlussgebiet).

Diese Festlegungen sind nur dann zulässig, wenn sie erforderlich i. S. v. § 11 Abs. 3 S. 1 LPlG BW sind, ihre Festsetzungsschärfe vom Landesplanungsgesetz

---

793 § 9 Abs. 4 Nr. 2 HLPG lautet: Der Regionalplan enthält die auf die Region bezogenen Ziele des Landesentwicklungsplans und soll insbesondere folgende weitere Festlegungen enthalten, soweit sie von überörtlicher Bedeutung sind:
1. …
2. Siedlungsstruktur einschließlich der Wohnsiedlungs- und Gewerbeflächen sowie Gebiete zur Befriedigung zusätzlichen Flächenbedarfs für diese Zwecke, …
§ 5 Abs. 2 Nr. 2 d) BauGB lautet: Im Flächennutzungsplan können insbesondere dargestellt werden … die Ausstattung des Gemeindegebiets … mit zentralen Versorgungsbereichen.

gedeckt ist, sie hinreichend bestimmbar sind und mit den Zielen des Landesentwicklungsplans in Einklang stehen.[794]

Anhaltspunkte dafür, dass die zu untersuchenden Bestimmungen nicht für die Entwicklung und Ordnung der räumlichen Struktur in der Region erforderlich und damit regionalbedeutsam sein könnten, lassen sich dem Inhalt des Planes nicht entnehmen.[795] Die Erforderlichkeit ist auch deswegen zu bejahen, weil die Schaffung der räumlichen Voraussetzungen für die Erhaltung der Innenstädte und örtlichen Zentren als zentrale Versorgungsbereiche zu den Grundsätzen der Raumordnung gem. § 2 Abs. 2 Nr. 3 S. 3 ROG gehört.[796] Dies wäre ohne innergemeindliche Festlegungen nicht möglich.[797]

Weiter entspricht die gebietsscharfe Festlegung von Vorrang- und Ausschlussgebieten den Vorgaben der landesrechtlichen Ermächtigungsgrundlage des § 11 Abs. 3 S. 2 Nr. 5 i. V. m. Abs. 7 S. 1 LPlG BW.[798] Das ergibt sich daraus, dass die Festlegung von Vorrang- und Ausschluss*gebieten* notwendigerweise eine gewisse Gebietsschärfe voraussetzt, weil eine hinreichende Bestimmtheit sonst nicht gegeben wäre.[799]

Im Hinblick auf die verfassungsrechtlich gebotene Zurückhaltung beim Detaillierungsgrad zeichnerischer raumordnerischer Festlegungen wird ein Maßstab von 1:50.000 in der Raumnutzungskarte – wie er auch in der Region Stuttgart verwendet wird – bei gebietsscharfen Festlegungen für zulässig gehalten.[800] Der Detaillierungsgrad der Festlegungen ist daher kompetenzrechtlich zulässig.

Diese Feststellungen lassen sich auf die Region Hannover übertragen, da dort gebietsscharf „Positivbereiche“ und „Tabubereiche“ für die Ansiedlung großflächigen Einzelhandels vorgesehen sind. Die Regelungstechnik entspricht im Wesentlichen der des Regionalplans Stuttgart.

Der Regionale Flächennutzungsplan Frankfurt/Rhein-Main enthält ebenfalls vergleichbare Regelungen. So sind nach dessen Plansatz Z3.4.3-4 regional bedeutsame großflächige Einzelhandelsvorhaben mit zentrenrelevanten Sortimenten nur in den – für die Mittel- und Oberzentren in der Beikarte 2 gebietsscharf dargestellten – zentralen Versorgungsbereichen anzusiedeln.

---

794 VGH Mannheim, Urt. v. 22.11.2013 – 3 S 3356/11, zit. nach juris, Rn. 43.

795 VGH Mannheim, a. a. O., Rn. 44 f.

796 VGH Mannheim, a. a. O., Rn. 45.

797 VGH Mannheim, a. a. O.

798 VGH Mannheim, a. a. O., Rn. 48 ff.

799 VGH Mannheim, a. a. O., Rn. 50.

800 OVG Bautzen, Urt. v. 03.07.2012 – 4 B 808/06, zit. nach juris, Rn. 108; VGH Mannheim, Urt. v. 22.11.2013 – 3 S 3356/11, zit. nach juris, Rn. 59.

Hinsichtlich des Kommunalen Entwicklungsplans Zentren Kassel und der interkommunalen Vereinbarung für das Östliche Ruhrgebiet und angrenzende Bereiche liegt schon kein kompetenzrechtlicher Konflikt vor, da diese regionalen Einzelhandelskonzepte nicht auf der Ebene der Raumordnung angesiedelt sind.

d) Inbezugnahme des § 11 Abs. 3 BauNVO

Die Bezugnahmen im Regionalen Raumordnungsprogramm Hannover (z.B. Plansatz D 1.6.1 Abschn. 04 Abs. 4 S. 3, Ziel der Raumordnung) und im Regionalen Flächennutzungsplan Frankfurt/Rhein-Main (Plansatz Z3.4.3-3) auf die bodenrechtliche Bestimmung des § 11 Abs. 3 BauNVO könnten den Schluss nahelegen, dass dadurch auf raumordnerischer bzw. überörtlicher Ebene kompetenzwidrig städtebauliche Regelungen getroffen werden, die eigentlich den Gemeinden vorbehalten sind.

Anknüpfungspunkt für diese Vermutung sind die Feststellungen des OVG Nordrhein-Westfalen im Fall Ochtrup, die sich allerdings noch auf § 24a LE-Pro a. F. beziehen: „Schon durch die mehrfache Anknüpfung an (…) § 11 Abs. 3 BauNVO wird deutlich, dass der Gesetzgeber mit § 24a LEPro städtebauliche Planung betreibt.“[801]

Allein die Inbezugnahme des § 11 Abs. 3 BauNVO in raumordnerischen bzw. überörtlichen Regelungswerken lässt jedoch noch nicht den Schluss zu, dass sämtliche betroffenen Regelungen als bodenrechtlich qualifiziert werden müssten.[802] Die Regelungstechnik über den Verweis auf die Baunutzungsverordnung dient im Gegenteil gerade dazu, dem Steuerungsgegenstand „großflächiger Einzelhandel“ die erforderliche Bestimmtheit zu verleihen,[803] da der Begriff im Raumordnungsrecht nicht legaldefiniert ist.

So enthalten die Plansätze D 1.6.1 des Regionalen Raumordnungsprogramms Hannover, die die Zentralen Orte, die zentralörtlichen Funktionen und den Einzelhandel betreffen, keine eigenständige Definition des Begriffs „großflächiger Einzelhandel“. Es wird hier beispielsweise nicht angegeben, ab wie vielen Quadratmetern Verkaufsfläche überhaupt großflächiger Einzelhandel vorliegen soll. Stattdessen nimmt das Regionale Raumordnungsprogramm Hannover Bezug

801 OVG Münster, Urt. v. 30.09.2009 – 10 A 1676/08, zit. nach juris, Rn. 91; Schmitz/Haselmann, S. 18.

802 Schmitz/Haselmann, S. 18.

803 BVerwG, Urt. v. 22.06.2011 – 4 CN 4/10, zit. nach juris, Rn. 28; OVG Lüneburg, Urt. v. 15.03.2012 – 1 KN 152/10, zit. nach juris, Rn. 100; Schmitz/Haselmann, S. 18.

auf „Einzelhandelsgroßprojekte im Sinne des § 11 Abs. 3 BauNVO" (Plansatz D 1.6.1 Abschn. 04 Abs. 3 S. 1, Ziel der Raumordnung).

Auch in den Plansätzen 3.4.3 des Regionalen Flächennutzungsplans Frankfurt/Rhein-Main („Einkaufszentren, großflächige Einzelhandelsbetriebe und sonstige großflächige Handelsbetriebe") findet sich keine Definition des Begriffs des großflächigen Einzelhandels. Stattdessen wird hier hinsichtlich dessen möglicher Auswirkungen auf die Begriffsbestimmungen in § 11 Abs. 3 BauNVO verwiesen (Plansatz Z3.4.3-3 S. 3, 3. Spiegelstr.).

Die Bezugnahmen auf § 11 Abs. 3 BauNVO in den beiden genannten Einzelhandelskonzepten tangieren die Zuständigkeitsverteilung zwischen Raumordnung und Bauleitplanung also nicht.

e) Einschränkung der gemeindlichen Befugnisse aus § 11 Abs. 3 BauNVO

Eine Kompetenzwidrigkeit könnte sich schließlich noch aus den konkreten Regelungskonzepten der verschiedenen regionalen Einzelhandelskonzepte ergeben.[804]

Diese Problematik ergibt sich beispielsweise dann, wenn die Raumordnungsplanung sich nicht darauf beschränkt, Vorhaben großflächigen Einzelhandels i. S. d. § 11 Abs. 3 BauNVO nur in zentralen Versorgungsbereichen für zulässig zu erklären, sondern darüber hinausgehend bestimmt, dass Kern- und Sondergebiete für diese Vorhaben nur in zentralen Versorgungsbereichen dargestellt und festgesetzt werden dürfen (vgl. Ziel 2 Landesentwicklungsplan NRW – Sachlicher Teilplan Großflächiger Einzelhandel).[805] Denn damit trifft die Raumordnungsplanung Regelungen über die Festsetzungsbefugnisse der Gemeinden, die denen der Baunutzungsverordnung nahe kommen.[806]

Eine Überprüfung der für diese Untersuchung ausgewählten Einzelhandelskonzepte auf die soeben genannte Fragestellung hin ergibt, dass diese lediglich Einzelhandelsgroßprojekte grundsätzlich nur in zentralörtlichen Standortbereichen (Plansatz D 1.6.1 Abschn. 04 Abs. 6 RROP Hannover) bzw. zentralörtlichen Siedlungs- und Versorgungskernen (Plansätze 2.4.3.2.3 (Z) Abs. 1 und 2.4.3.2.4 (Z) Abs. 1 Regionalplan Stuttgart) bzw. zentralen Orten/Ortsteilen/Versorgungsbereichen (Plansätze Z3.4.3-2 Abs. 1 S. 1 u. Abs. 2 und Z3.4.3-4 RegFNP Frankfurt/Rhein-Main) bzw. bestimmten Zentrenstufen (KEP Zentren Zweckverband Raum Kassel, S. 8 und 11) bzw. zentralen Versorgungsbereichen (Fortschreibung

804 Vgl. Schmitz/Haselmann, S. 19.

805 Schmitz/Haselmann, S. 19.

806 So ausdrücklich Schmitz/Haselmann, S. 19.

Regionales Einzelhandelskonzept für das Östliche Ruhrgebiet und angrenzende Bereiche 2013, S. 31) für zulässig erklären.

Insofern liegt hier keine unzulässige Einschränkung der gemeindlichen Befugnisse aus § 11 Abs. 3 BauNVO vor.

Insbesondere rechtfertigt die dem Regionalen Flächennutzungsplan Frankfurt/Rhein-Main zugrunde liegende Regelungstechnik keine andere Beurteilung.

Danach wird grundsätzlich angenommen, dass die verbindliche Bauleitplanung aus den gemischten Bauflächen des regionalen Flächennutzungsplans Kerngebiete für großflächigen Einzelhandel entwickeln kann.[807] Sollte dies aufgrund einzelfallspezifischer Besonderheiten nicht möglich sein, kann im Regionalen Flächennutzungsplan eines der vier mit näheren Zweckbestimmungen versehenen Sondergebiete für großflächigen Einzelhandel ausgewiesen werden.[808] Voraussetzung dafür ist aber, dass der Einzelhandelsstandort so groß ist, dass er die Darstellungsuntergrenze des regionalen Flächennutzungsplans von 0,5 ha erheblich überschreitet.[809] Speziell für das Sondergebiet Nahversorgung ist geregelt, dass die Bestimmungen der Baunutzungsverordnung hiervon unberührt bleiben.[810]

Gemäß § 11 Abs. 1 BauNVO können sonstige Sondergebiete auch in einem Flächennutzungsplan *dargestellt* werden. Da der Regionale Flächennutzungsplan Frankfurt/Rhein-Main Regionalplan und gemeinsamer Flächennutzungsplan zugleich ist, ist diese Regelungstechnik zulässig.

2. Raumordnerische Ge- bzw. Verbote

Nunmehr ist zu prüfen, ob die vier raumordnerischen Ge- bzw. Verbote, die in den fünf regionalen Einzelhandelskonzepten in unterschiedlicher Form verankert sind, unzulässigerweise in die nach Art. 28 Abs. 2 S. 1 GG gewährleistete Selbstverwaltungsgarantie eingreifen.

a) Konzentrationsgebot

Das Konzentrationsgebot könnte in Form seiner speziellen Bezugnahme auf Factory-Outlet-Center die gemeindliche Planungshoheit verletzen. Durch eine

807 Einleitung zu Plansatz 3.4.3 RegFNP Frankfurt/Rhein-Main, S. 44.

808 Ibid.

809 Ibid.

810 Einleitung zu Plansatz 3.4.3 RegFNP Frankfurt/Rhein-Main, S. 45.

Beschränkung der Ansiedlung von Factory-Outlet-Centern auf Oberzentren wird eine Planung in Mittel- und Grundzentren insoweit unmöglich gemacht.[811]

Zunächst ist zu prüfen, welche der fünf regionalen Einzelhandelskonzepte, die im Rahmen dieser Arbeit untersucht werden, ein so ausgestaltetes Konzentrationsgebot enthalten.

Das Regionale Raumordnungsprogramm Hannover regelt, dass Hersteller-Direktverkaufszentren Einzelhandelsgroßprojekte und aufgrund ihrer besonderen Ausprägung und Funktion nur in Oberzentren an städtebaulich integrierten Standorten zulässig sind (Plansatz D 1.6.1 Abschn. 07 S. 1 RROP). Diese Regelung ist inhaltsgleich aus dem Landes-Raumordnungsprogramm Niedersachsen (Plansatz C 1.6 Abschn. 03 S. 11 LROP 2002) übernommen worden, dass sie bereits abschließend als Ziel der Raumordnung festgelegt hat.

Der Regionalplan Stuttgart bestimmt zunächst ebenfalls, dass Hersteller-Direktverkaufszentren als Einkaufszentren zu behandeln und nur im Oberzentrum vorzusehen sind. Jedoch kommen hier bei Einzugsbereichen, die nicht wesentlich über einen Mittelbereich hinausgehen als Standorte auch Mittelzentren in Betracht (Plansatz 2.4.3.2.2 Abs. 2 S. 2 u. 3 (Z)).

Insofern trifft der Regionalplan Stuttgart eine nicht so strenge Regelung wie das Regionale Raumordnungsprogramm Hannover und tangiert demnach die kommunale Planungshoheit in weniger hohem Maße. Wenn also die entsprechende Regelung im Regionalen Raumordnungsprogramm Hannover bzw. Landes-Raumordnungsprogramm Niedersachsen Art. 28 Abs. 2 S. 1 GG nicht verletzt, gilt dasselbe auch für die Bestimmung im Regionalplan Stuttgart.

Der Regionale Flächennutzungsplan Frankfurt/Rhein-Main legt fest, dass Hersteller-Direktverkaufszentren überregional bedeutsame, großflächige Einzelhandelsvorhaben und aufgrund ihrer besonderen Ausprägung und Funktion nur in den zentralen Versorgungsbereichen der Oberzentren zulässig sind (Plansatz Z3.4.3-6 S. 1).

Diese Festlegung lässt Factory-Outlet-Center – wie die entsprechende Vorschrift des Regionalen Raumordnungsprogramms Hannover – nur in Oberzentren zu, wobei statt der Beschränkung auf städtebaulich integrierte Standorte eine Beschränkung auf die zentralen Versorgungsbereiche erfolgt. Im Ergebnis ist aber bei einer Vereinbarkeit der entsprechenden Vorschrift im Regionalen Raumordnungsprogramm Hannover mit der gemeindlichen Selbstverwaltungsgarantie auch von einer Verfassungsmäßigkeit der Festlegung im Regionalen

811 Vgl. dazu VerfGH NRW, Urt. v. 26.08.2009 – 18/08 (zum Factory Outlet Center Ochtrup).

Flächennutzungsplan Frankfurt/Rhein-Main im Hinblick auf Art. 28 Abs. 2 S. 1 GG auszugehen.

Nach dem Kommunalen Entwicklungsplan Zentren des Zweckverbands Raum Kassel ist eine Ansiedlung von Factory-Outlet-Centern für das Verbandsgebiet nicht vorgesehen und wird auch im regionalen und überregionalen Bezug abgelehnt (S. 12 KEP Zentren). Laut Regionalplan Nordhessen ist die Ansiedlung von Hersteller-Direktverkaufszentren mit zentrenrelevanten Sortimenten nur in den Innenstädten der Oberzentren zulässig (Plansatz 3.1.3 Ziel 5 S. 2).

Die Vorschrift im Regionalplan Nordhessen ist wiederum mit denen des Regionalen Raumordnungsprogramms Hannover und des Regionalen Flächennutzungsplans Frankfurt/Rhein-Main vergleichbar. Eine Verletzung der kommunalen Planungshoheit erscheint in diesem Fall aber deswegen fernliegend, weil der Kommunale Entwicklungsplan Zentren, den die verbandsangehörigen Städte und Gemeinden beschlossen haben, insofern über den Regelungsgehalt des Regionalplans hinausgeht, als er Factory-Outlet-Center nicht nur auf Oberzentren beschränkt, sondern vollumfänglich ablehnt.

Im regionalen Einzelhandelskonzept für das Östliche Ruhrgebiet und angrenzende Bereiche werden Factory-Outlet-Center zwar erwähnt, aber keine speziellen Regelungen für sie getroffen.

Dieses Konzept ist außerdem von den Gemeinden auf vollständig freiwilliger Basis verabschiedet worden, sodass sie sich nur schwerlich auf eine Verletzung des Art. 28 Abs. 2 S. 1 GG berufen können.

Die im Vergleich zu sonstigem großflächigen Einzelhandel strengere Bestimmung des Plansatzes C 1.6 Abschn. 03 S. 11 des LROP NDS 2002 – aufgrund dessen die entsprechende Regelung im Regionalen Raumordnungsprogramm Hannover 2005 erlassen worden ist und der wortgleich mit der Fassung des LROP 2008 übereinstimmt – kann gerechtfertigt sein, wenn „die städtebaulichen Auswirkungen von Hersteller-Direktverkaufszentren insbesondere wegen der Größe dieser Betriebe, der Zentrenrelevanz ihres Kernsortiments und der Reichweite ihres Einzugsbereichs über die Auswirkungen der üblichen Formen des großflächigen Einzelhandels hinaus[gehen]“.[812] Dies gilt jedenfalls dann, wenn – wie in der Auslegung des niedersächsischen Landesrechts durch das OVG Lüneburg – die Möglichkeit eines Zielabweichungsverfahrens besteht.[813] Obwohl die überprüfte landesplanerische Zielfestlegung die Ansiedlung von Factory-Outlet-Centern in

812 BVerwG, Beschl. v. 08.03.2006 – 4 B 75/05, zit. nach juris, Rn. 16 (DOC Soltau).

813 Vgl. BVerwG, a. a. O., Rn. 15 f.

Mittel- und Grundzentren ausschließt, verbleibt ein hinreichend substanzieller Spielraum für eine anderweitige gemeindliche Bauleitplanung.[814]

Im konkreten Fall des Designer-Outlet-Centers Soltau haben der Plangeber des Landes-Raumordnungsprogrammes und das OVG Lüneburg „besondere raumstrukturelle, die zentralörtliche Gliederung gefährdende Auswirkungen" von Factory-Outlet-Centern angenommen.[815]

Hierbei hat das OVG Lüneburg überzeugend dargelegt, dass der Plangeber seine Entscheidung ordnungsgemäß abgewogen und sich im Rahmen seines breiten Einschätzungsspielraums bewegt hat.[816]

Aus den genannten Gründen lässt sich daher die Vereinbarkeit des Plansatzes D 1.6.1 Abschn. 07 S. 1 RROP Hannover mit der grundgesetzlich gewährleisteten Garantie der kommunalen Selbstverwaltung feststellen. Diese Bewertung ist auf Plansatz Z3.4.3-6 S. 1 des Regionalen Flächennutzungsplans Frankfurt/Rhein-Main übertragbar. Plansatz 2.4.3.2.2 Abs. 2 S. 2 u. 3 (Z) des Regionalplans Stuttgart steht entsprechend auch mit Art. 28 Abs. 2 S. 1 GG in Einklang.

b) Kongruenzgebot

Das in den fünf regionalen Einzelhandelskonzepten enthaltene Kongruenzgebot könnte die gemeindliche Planungshoheit aus Art. 28 Abs. 2 S. 1 GG verletzen.

Im Rahmen der folgenden Untersuchung wird zunächst das Kongruenzgebot des Regionalplans Stuttgart (Plansatz 2.4.3.2.2 (Z) Abs. 2 S. 1) behandelt, weil die baden-württembergischen Regelungen in den letzten Jahren im Mittelpunkt juristischer Auseinandersetzungen standen[817].

So haben sich der Verwaltungsgerichtshof Mannheim und das Bundesverwaltungsgericht im IKEA-Rechtsstreit[818] mit der Frage beschäftigt, ob das landesplanerische Kongruenzgebot[819] i. V. m. dem regionalplanerischen Kongruenzgebot

814 BVerwG, a. a. O., Rn. 16.

815 BVerwG, Beschl. v. 08.03.2006 – 4 B 75/05, zit. nach juris, Rn. 16 (DOC Soltau); vgl. auch OVG Lüneburg, Urt. v. 01.09.2005 – 1 LC 107/05, zit. nach juris, Rn. 125 ff. (DOC Soltau).

816 OVG Lüneburg, Urt. v. 01.09.2005 – 1 LC 107/05, zit. nach juris, Rn. 160 f., 182.

817 VG Karlsruhe, Urt. v. 26.06.2008 – 6 K 2099/07; VGH Mannheim, Urt. v. 17.12.2009 – 3 S 2110/08; BVerwG, Urt. v. 16.12.2010 – 4 C 8/10; VGH Mannheim, Urt. v. 04.07.2012 – 3 S 351/11; BVerwG, Beschl. v. 02.05.2013 – 4 B 59/12.

818 VGH Mannheim, Urt. v. 17.12.2009 – 3 S 2110/08; BVerwG, Urt. v. 16.12.2010 – 4 C 8/10.

819 Plansatz 3.3.7.1 (Z) S. 1 LEP BW 2002 lautet: „Die Verkaufsfläche der Einzelhandelsgroßprojekte soll so bemessen sein, dass deren Einzugsbereich den zentralörtlichen Verflechtungsbereich nicht wesentlich überschreitet."

der Region Mittlerer Oberrhein[820] ein verbindliches Ziel der Raumordnung darstellt (vgl. § 3 Abs. 1 S. 2 ROG) und mit der grundgesetzlich gewährleisteten Planungshoheit der Gemeinden vereinbar ist.

Da das Kongruenzgebot des Landesentwicklungsplans Baden-Württemberg auch für die Region Stuttgart gilt und das Kongruenzgebot des Regionalplans Mittlerer Oberrhein mit dem des Regionalplans Stuttgart[821] im Wesentlichen übereinstimmt, können die Leitsätze der vorgenannten Entscheidungen auf den Regionalplan Stuttgart übertragen werden.

Im Hinblick auf eine Vereinbarkeit des landesplanerischen Kongruenzgebotes mit Art. 28 Abs. 2 S. 1 GG hat der Verwaltungsgerichtshof Mannheim anerkannt, dass die Standortplanung für großflächigen Einzelhandel als überörtliches Interesse eine Beschränkung der kommunalen Planungshoheit rechtfertigt.[822] Dabei hat er auf die Begründungserwägungen zum Landesentwicklungsplan Baden-Württemberg Bezug genommen, wonach das zentralörtliche System „als Grundgerüst der räumlichen Verflechtungen sowie als planerisches Konzept für eine nachhaltige Raumentwicklung unverzichtbar" ist.[823] Großflächiger Einzelhandel bedarf aufgrund seiner raumordnerischen Bedeutung einer koordinierenden überörtlichen Steuerung.[824]

Weiter ist der in der Literatur teilweise verfolgten Argumentationslinie, ein Kongruenzgebot sei unverhältnismäßig, weil ein Beeinträchtigungsverbot oder die Garantie einer Mindestausstattung der Zentralen Orte mit Versorgungseinrichtungen ausreiche,[825] entgegenzutreten.[826] So dient das Kongruenzgebot nicht nur dem Schutz der Innenstädte zur Gewährleistung einer wohnortnahen

---

820 Kapitel 2.5.3 Abs. 3 (Z) S. 2 des Regionalplans Mittlerer Oberrhein 2003 i. d. F. der Teilfortschreibung Einzelhandel 2006 lautet: „Die Verkaufsfläche von Einzelhandelsgroßprojekten ist auf die Einwohnerzahl des zentralen Ortes und dessen Verflechtungsbereich abzustimmen."

821 Plansatz 2.4.3.2.2 (Z) Abs. 2 S. 1 des Regionalplans Stuttgart 2009 lautet: „Verkaufsflächenumfang und Einzugsbereich entsprechender Einrichtungen sind insbesondere auf die Einwohnerzahl des Zentralen Ortes und dessen Verflechtungsbereichs abzustimmen."

822 VGH Mannheim, Urt. v. 17.12.2009 – 3 S 2110/08, zit. nach juris, Rn. 51 f.

823 VGH Mannheim, Urt. v. 17.12.2009 – 3 S 2110/08, zit. nach juris, Rn. 52; Begründung zum LEP BW 2002, S. B20.

824 VGH Mannheim, Urt. v. 17.12.2009 – 3 S 2110/08, zit. nach juris, Rn. 52.

825 So ausdrücklich VGH Mannheim, Urt. v. 17.12.2009 – 3 S 2110/08, zit. nach juris, Rn. 53; Hoppe, NVwZ 2004, 282, 287; Moench/Sandner, NVwZ 1999, 337, 341.

826 VGH Mannheim, Urt. v. 17.12.2009 – 3 S 2110/08, zit. nach juris, Rn. 53 und BVerwG, Urt. v. 16.12.2010 – 4 C 8/10, zit. nach juris, Rn. 19.

Versorgung, sondern auch der Vermeidung von unnötigem Flächen- und Ressourcenverbrauch sowie unnötigem Verkehr.[827] Das letztgenannte Ziel kann durch ein Beeinträchtigungsgebot oder eine Mindestausstattungsgarantie nicht erreicht werden.[828]

Auf weitere Problembereiche, die sich im Zusammenhang mit dem Kongruenzgebot – auch bezüglich anderer regionaler Einzelhandelskonzepte – ergeben, wird im Rahmen der Prüfung der Bestimmbarkeit raumordnerischer Zielfestlegungen näher eingegangen.[829]

c) Integrationsgebot

Weiter könnte das Integrationsgebot in seiner jeweiligen Ausprägung einen unzulässigen Eingriff in die kommunale Planungshoheit darstellen.

Ein Eingriff in Art. 28 Abs. 2 S. 1 GG liegt deswegen vor, weil die Gemeinden durch das Integrationsgebot in ihrer planerischen Entscheidung, großflächigen Einzelhandel auch außerhalb städtebaulich integrierter Standorte anzusiedeln, eingeschränkt werden.

Dieser Eingriff könnte jedoch aufgrund seines überörtlichen raumordnungsrechtlichen Bezuges verhältnismäßig bzw. verfassungsrechtlich gerechtfertigt sein.[830]

Dass eine Standortplanung für großflächigen Einzelhandel überörtliche, raumbedeutsame Auswirkungen haben *kann*, dürfte keinem Zweifel unterliegen.[831]

Zu prüfen ist deswegen, ob auch die verschiedenen Formen von Integrationsgeboten, die in den fünf im Rahmen dieser Arbeit zu untersuchenden regionalen Einzelhandelskonzepten verankert sind, im konkreten Einzelfall überörtlichen Interessen dienen.

Dies lässt sich anhand der Begründungen zu den einzelnen Plänen bzw. Konzepten untersuchen. Da jedem Plangeber ein gewisser Beurteilungsspielraum eingeräumt ist, kann seine Entscheidung nur auf ihre Vertretbarkeit bzw. Nachvollziehbarkeit hin überprüft werden.

Zweck des im Regionalen Raumordnungsprogramm Hannover enthaltenen Integrationsgebotes ist es, die städtebaulich integrierte Versorgungsfunktion der

---

827 OLG Berlin-Brandenburg, Urt. v. 12.05.2006 – 12 A 28.05, zit. nach juris, Rn. 81 und VGH Mannheim, Urt. v. 17.12.2009 – 3 S 2110/08, zit. nach juris, Rn. 53.

828 Vgl. ibid.

829 Siehe dazu 4. Teil C. I. 2.

830 VGH Mannheim, Urt. v. 04.07.2012 – 3 S 351/11, zit. nach juris, Rn. 71 ff.

831 Siehe dazu insb. 2. Teil A. III.

Zentralen Orte mit ihrem umfangreichen Angebot an Waren und Dienstleistungen zu sichern.[832]

Nach dem Regionalplan Stuttgart ist es das grundsätzliche Ziel des Integrationsgebotes, die bestehenden, günstig zu Wohngebieten und Arbeitsstätten gelegenen Stadt- und Ortskerne zu erhalten und zu fördern, um eine möglichst verbrauchernahe und umfassende Versorgung zu gewährleisten.[833] Gemäß dem Integrationsgebot des Landesentwicklungsplans Baden-Württemberg[834] soll durch die Vermeidung von dezentralen Standorten dazu beigetragen werden, dass Vorhaben nicht überörtlich wirksam werden.[835] Die Umsetzung dieses Plansatzes soll in erster Linie durch die Gemeinden selbst erfolgen.[836]

Der Regionale Flächennutzungsplan Frankfurt/Rhein-Main begründet die Verwendung des Integrationsgebotes mit dem Zweck der Sicherstellung einer flächendeckenden Versorgung der Bevölkerung mit einem differenzierten und bedarfsgerechten Warenangebot in zumutbarer Entfernung.[837]

Laut dem Kommunalen Entwicklungsplan Zentren des Zweckverbandes Kassel erfordern die Versorgungszielsetzung und die funktionale Stärkung und optische Verbesserung der Stadtteilzentren eine städtebauliche Integration.[838]

Das regionale Einzelhandelskonzept für das Östliche Ruhrgebiet und angrenzende Bereiche erwähnt das Integrationsgebot nicht explizit,[839] der mit diesem verfolgte Zweck kommt aber darin zum Ausdruck, dass großflächige Einzelhandelsvorhaben innerhalb und außerhalb städtischer Zentren städtebaulich und insbesondere auch regional verträglich zu gestalten sind, um die Versorgungsstrukturen in der Region zu sichern und zu stärken.[840]

---

832 Begründung/Erläuterung zu Plansatz D. 1.6.1, RROP Hannover 2005, S. 60.

833 Begründung zu Plansatz 2.4.3.2.1 (G), Regionalplan Stuttgart 2009, S. 106.

834 Plansatz 3.3.7.2 S. 2 u. 3 des Landesentwicklungsplans Baden-Württemberg, der als Ziel der Raumordnung ausgestaltet ist, lautet: „Einzelhandelsgroßprojekte sollen vorrangig an städtebaulich integrierten Standorten ausgewiesen, errichtet oder erweitert werden. Für nicht zentrenrelevante Warensortimente kommen auch städtebauliche Randlagen in Frage."

835 Begründung zu Plansatz 2.4.3.2.1 (G), Regionalplan Stuttgart 2009, S. 107.

836 Ibid.

837 Begründung zu Plansatz Z3.4.3-2, Regionaler Flächennutzungsplan 2010 – Allgemeiner Teil, S. 48.

838 KEP Zentren 2007, S. 4 u. 11.

839 Siehe dazu 2. Teil B. IV. 3. a).

840 Fortschreibung Regionales Einzelhandelskonzept für das Östliche Ruhrgebiet und angrenzende Bereiche 2013, S. 31.

Nach alledem wird erkennbar, dass sich die Begründungen für die Anwendung des Integrationsgebotes in seinen verschiedenen Ausprägungen nur unwesentlich voneinander unterscheiden. Dasselbe gilt im Übrigen auch für die Begründungen zu den anderen Ge-/Verboten.

Das Oberverwaltungsgericht Lüneburg hat zumindest das niedersächsische landesraumordnungsrechtliche Integrationsgebot[841] als wirksames raumordnungsrechtliches Ziel anerkannt.[842] Das Gericht ist also davon ausgegangen, dass das Integrationsgebot überörtlichen Interessen dient. Nichts anderes gilt für dasselbe Gebot auf der nachgeordneten Planungsebene des Regionalen Raumordnungsprogrammes Hannover.

Nach aktueller Rechtsprechung des Verwaltungsgerichtshofs Mannheim verfolgt auch das Integrationsgebot des dortigen Landesentwicklungsplanes einen überörtlichen Regelungszweck.[843] Der Gerichtshof führt dazu – und zu den weiteren raumordnerischen Ge- bzw. Verboten – nachdrücklich wie folgt aus: „Dem Integrationsgebot fehlt es nicht an einem es legitimierenden überörtlichen raumordnungsrechtlichen Bezug, der den Eingriff in die kommunale Planungshoheit rechtfertigt. Das Integrationsgebot ist als inhaltliche Ausgestaltung innergemeindlicher Siedlungsschwerpunkte nicht nur eine städtebauliche und rein örtliche Aufgabe. Das Integrationsgebot dient – ebenso wie das Konzentrationsgebot, das Kongruenzgebot und das Beeinträchtigungsverbot – der Sicherstellung einer raumstrukturell und -funktionell verträglichen Ansiedlung großflächiger Einzelhandelsbetriebe."[844]

Aufgrund dessen darf wiederum angenommen werden, dass das Integrationsgebot auf der nachgeordneten Planungsstufe des Regionalplans Stuttgart ebenfalls überörtlichen Interessen zu dienen bestimmt ist.

Zu den Formen des Integrationsgebotes im Regionalen Flächennutzungsplan Frankfurt/Rhein-Main, Flächennutzungsplan des Zweckverbandes Kassel und regionalen Einzelhandelskonzept für das Östliche Ruhrgebiet und angrenzende Bereiche bzw. in den diesen übergeordneten Raumordnungsplänen existiert

---

841 Plansatz 2.3 Abschnitt 03 S. 6 des Landes-Raumordnungsprogrammes Niedersachsen lautet: „Neue Einzelhandelsgroßprojekte, deren Kernsortimente innenstadtrelevant sind, sind nur innerhalb der städtebaulich integrierten Lagen zulässig (Integrationsgebot)."

842 OVG Lüneburg, Beschl. v. 17.05.2013 – 1 ME 56/13, zit. nach juris, Rn. 16; Schmitz/Haselmann, S. 15.

843 VGH Mannheim, Urt. v. 04.07.2012 – 3 S 351/11, zit. nach juris, Rn. 73; Schmitz/Haselmann, S. 15.

844 VGH Mannheim, Urt. v. 04.07.2012 – 3 S 351/11, zit. nach juris, Rn. 73.

noch keine Rechtsprechung. Es bleibt demgemäß bei der oben getroffenen Feststellung, dass auch hier der Zweck der Planung überörtlich veranlasst ist.

Erhöhte Anforderungen an die verfassungsrechtliche Rechtfertigung von Integrationsgeboten ergeben sich bei gebietsscharfen Festlegungen innerhalb des Gemeindegebiets.[845] „Die Frage, welche Nutzungsarten innerhalb des Gemeindegebietes an welcher Stelle geplant werden, berührt den Kern der gemeindlichen Planungshoheit."[846]

Wie bereits erörtert, können gebietsscharfe Flächenfunktionszuweisungen innerhalb der Gemeinde bei regional bedeutsamen Großvorhaben (Beispiel: Kraftwerke oder Flughäfen), die durch ihre geographischen Besonderheiten geprägt sind, zulässig sein.[847] Aber auch in sonstigen besonderen Planungssituationen, bei denen sich aus dem Ausstattungspotential der Gemeinde eine Situationsgebundenheit ergibt, ist eine Zulässigkeit gebietsscharfer Ausweisungen möglich.[848]

Fraglich ist nun, ob es sich bei den gebietsscharfen Festlegungen in den zu untersuchenden regionalen Einzelhandelskonzepten um einen der genannten Sonderfälle handelt.

Geographische Besonderheiten, die die Flächenfunktionszuweisungen an den entsprechenden Stellen erforderlich machen würden – wie beispielsweise bei Planungen für Talsperren, Kiesabbau- oder Wasserschutzgebiete –,[849] sind zunächst einmal nicht gegeben. Dies spricht für eine Rechtswidrigkeit der Festlegungen.

Möglicherweise kann jedoch das Ausstattungspotential der Gemeinden eine andere Bewertung rechtfertigen.

Die konkrete Ausstattung bzw. der genaue Einzelhandelsbestand in den einzelnen Gemeinden soll im Rahmen dieser Untersuchung nicht überprüft werden. Gegenstand der Arbeit ist vielmehr die Frage nach den rechtlichen Grenzen regionaler Einzelhandelskonzepte. Eine Betrachtung der tatsächlichen örtlichen Gegebenheiten ist nach dem Thema der Untersuchung nicht geboten. Es wird daher nur auf die vorgelegten Begründungen zu den jeweiligen Plänen zurückgegriffen.

---

845 Siehe dazu 3. Teil B. II. 3. b) aa) (3); Halama, S. 201 u. 219; Uechtritz, Agglomerationsregelungen in der Regionalplanung zur Steuerung des Einzelhandels, S. 25.

846 Uechtritz, Agglomerationsregelungen in der Regionalplanung zur Steuerung des Einzelhandels, S. 25.

847 Siehe dazu 3. Teil B. II. 3. b) aa) (3).

848 Siehe dazu ibid.

849 Brohm, DÖV 1989, 429, 441.

Zu berücksichtigen ist dabei, dass gebietsscharfe Festlegungen nicht nur in den Fällen, die bisher anerkannt sind (geographische Besonderheit oder Situationsgebundenheit aufgrund Ausstattungspotentials), sondern auch in anderen, vergleichbaren Konstellationen zulässig sein können.[850]

Das wirft die Frage auf, ob es sich bei Integrationsgeboten zur Steuerung großflächigen Einzelhandels um eine vergleichbare Konstellation handelt.[851]

Nach dem Integrationsgebot dürfen Einzelhandelsgroßprojekte nur an städtebaulich integrierten Standorten angesiedelt werden. Ein städtebaulich integrierter Standort wird definiert als „Standort …, der in einem baulich verdichteten Siedlungszusammenhang mit wesentlichen Wohnanteilen und einem den Gegebenheiten angepassten öffentlichen Personennahverkehr liegt."[852] Daraus ergibt sich, dass auch das Integrationsgebot an besondere siedlungsstrukturelle Gegebenheiten und damit an eine besondere Situationsgebundenheit anknüpft.[853]

Die in den regionalen Einzelhandelskonzepten enthaltenen Integrationsgebote stellen daher keine Verletzung des Art. 28 Abs. 2 S. 1 GG dar.

Ebenso wie das Kongruenzgebot wird auch das Integrationsgebot im Rahmen der Prüfung der Bestimmbarkeit raumordnerischer Zielfestlegungen näher beleuchtet.

3. *Agglomerationen*

Schließlich könnten Agglomerationsregelungen in die gemeindliche Planungshoheit eingreifen.

a) *Vorstellung der Agglomerationsregelungen*

Plansatz 2.4.3.2.8 (Z) des Regionalplans Stuttgart trifft in Bezug auf Agglomerationen folgende Regelungen:

„(1) Agglomerationen von Einzelhandelsbetrieben sind in den Ortskernen aller Gemeinden zulässig. Wird ein Bauleitplan aufgestellt oder geändert, dessen Geltungsbereich den Ortskern ganz oder teilweise erfasst, so darf die hiernach zulässige Agglomeration von Einzelhandelsbetrieben keine schädlichen, überörtlichen Wirkungen entfalten, insbesondere auf die zentralörtlichen Siedlungs- und Versorgungskerne, die wohnortnahe Versorgung der Bevölkerung anderer

---

850 Uechtritz, Agglomerationsregelungen in der Regionalplanung zur Steuerung des Einzelhandels, S. 26.

851 Ibid.

852 VGH Mannheim, Urt. v. 22.11.2013 - 3 S 3356/11, zit. nach juris, Rn. 54.

853 Ibid.

Gemeinden oder deren Ortskerne. Ansonsten gelten für Agglomerationen von Einzelhandelsbetrieben die Plansätze 2.4.3.2.2 (Z) bis 2.4.3.2.6 (Z) entsprechend.

(2) Eine Agglomeration von Einzelhandelsbetrieben entsteht, wenn räumlich nahe beieinander liegend mehrere Einzelhandelsbetriebe errichtet werden, zu einem bestehenden Einzelhandelsbetrieb ein oder mehrere neue Einzelhandelsbetriebe hinzu treten oder bestehende Einzelhandelsbetriebe erweitert oder umgenutzt werden, so dass die Summe der Verkaufsflächen der räumlich nahe beieinander liegenden Einzelhandelsbetriebe größer als 800 qm ist. Räumlich nahe beieinander liegen Einzelhandelsbetriebe, wenn die Luftlinie zwischen den Gebäudezugängen nicht länger als 150 m ist."

Die Festlegung der maximalen Distanz von 150 m zwischen den Eingängen zu den einzelnen Betrieben wird damit begründet, dass dies zur Attraktivitätssteigerung beitrage.[854] Bis zu dieser Distanz sei anzunehmen, dass die Kunden die Betriebe als zusammen gehörig wahrnehmen und die Wege zwischen den Betrieben zu Fuß zurücklegen würden.[855] Dadurch ließen sich Synergieeffekte erzielen.[856] Die gewählte Größenordnung von 150 m stelle einen im Vergleich zu den Entfernungen, die bei vorgelagerten Parkplätzen von Einkaufszentren oder innerhalb von Fußgängerzonen akzeptiert würden, relativ niedrigen Wert dar.[857]

Trotz der Tatsache, dass eine Agglomeration kein Einzelhandelsbetrieb im Sinne des § 11 Abs. 3 S. 1 Nr. 1-3 BauNVO ist und der sich daraus ergebenden möglichen Zulässigkeit der Errichtung der einzelnen Betriebe auch außerhalb von Sonder- oder Kerngebieten, könne die Bauleitplanung die Entstehung einer Agglomeration mit Hilfe des § 1 BauNVO verhindern.[858]

Auch das Regionale Raumordnungsprogramm Hannover enthält Agglomerationsregelungen: So sind zwar Einrichtungen der Nahversorgung unterhalb der Schwelle zur Großflächigkeit von den standörtlichen Beschränkungen des Regionalen Raumordnungsprogramms ausgenommen; jedoch gilt diese Ausnahme nicht für eine Agglomeration von Einzelhandelsgeschäften, deren Auswirkungen insgesamt denen eines Einkaufszentrums oder eines großflächigen Einzelhandelsbetriebs entsprechen (Plansatz D 1.6.1 Abschn. 04 Abs. 4 S. 3 u. 4 RROP).

Diese Festlegung als Ziel der Raumordnung wird zunächst damit begründet, dass die Bildung von zentrengefährdenden Fachmarktagglomerationen im Widerspruch zu der im Rahmen des regionalen Handlungsansatzes raumordnerisch

854 Begründung zu Plansatz 2.4.3.2.8 (Z), Regionalplan 2009, S. 138.
855 Ibid.
856 Ibid.
857 Ibid.
858 Ibid.

angestrebten Raum- und Siedlungsstruktur stehe.[859] Im weiteren Verlauf der Erläuterung wird nicht mehr gesondert vertieft auf die Agglomerationen eingegangen, sondern nur noch darauf hingewiesen, dass Gegenstand der standörtlichen Festlegungen auch Agglomerationen von nicht großflächigen Einzelhandelsgeschäften sind, „die in der Gesamtbewertung Auswirkungen wie ein Einkaufszentrum oder ein großflächiger Einzelhandelsbetrieb im Sinne des § 11 Abs. 3 Nr. 1 und Nr. 2 BauNVO hervorrufen".[860]

Der Regionale Flächennutzungsplan Frankfurt/Rhein-Main geht ebenfalls auf Einzelhandelsagglomerationen ein: Die Sondergebietskategorie „Einkaufszentrum" dient – neben weiterem – der planerischen Sicherung gewachsener Ansammlungen von Einzelhandelsbetrieben verschiedener Größenordnungen, worunter auch Agglomerationen zu fassen sind.[861] Als Ziel dieser Bestimmung ist die langfristige Erhaltung und Entwicklung der zentralen Versorgungsbereiche angegeben.[862]

Weiter wird festgelegt: „In den gewerblichen Bauflächen (…) bzw. den „Vorranggebieten Industrie und Gewerbe" (…) widerspricht auch die Ansiedlung von nicht großflächigen zentrenrelevanten Einzelhandelsbetrieben den Zielen der Raumordnung. (…) Die genannten Ziele gelten auch: (…) für die auch mit der Zeit gewachsene Agglomeration von mehreren kleineren Einzelhandelsbetrieben, die zwar jeder für sich nicht das Kriterium der Großflächigkeit erfüllen, aber in der Summe die Ziele der Raumordnung verletzen, beziehungsweise zu den in § 11 (3) BauNVO genannten Auswirkungen führen (Plansatz Z3.4.3-3)."

Nach der Begründung zu Plansatz Z3.4.3-3 soll durch diese Regelung der Fehlentwicklung entgegengewirkt werden, dass sich der Einzelhandel oftmals nicht mehr in der Nähe von Wohnbereichen, sondern dezentral in Industrie- und Gewerbegebieten angesiedelt hat.[863] Zur Definition der Agglomeration wird hier statt einer Verkaufsfläche von über 800 qm eine Geschossfläche von über 1.200 qm herangezogen[864], was aber im Ergebnis keinen Unterschied macht[865]. Zudem stellt die Planbegründung eine Art Beeinträchtigungsverbot auch für Agglomerationen auf, indem sie regelt, dass diese nach Lage, Umfang und Zweckbestimmung die

859 Begründung/Erläuterung zu Plansatz D 1.6.1, RROP 2005, S. 60.
860 Begründung/Erläuterung zu Plansatz D 1.6.1, RROP 2005, S. 62.
861 Regionaler Flächennutzungsplan 2010 – Allgemeiner Teil, Einleitung, S. 45.
862 Ibid.
863 Regionaler Flächennutzungsplan 2010 – Allgemeiner Teil, Begründung zu Plansatz Z3.4.3-3, S. 49.
864 Ibid.
865 Siehe dazu 2. Teil A. VI. 2. b).

Funktionsfähigkeit bereits integrierter Geschäftszentren und eine verbrauchernahe Bedarfsdeckung, auch in anderen Zentralen Orten, nicht gefährden dürfen.[866] Das wird damit begründet, dass anderenfalls vergleichbare negative Auswirkungen auf raumordnerische Ziele zu erwarten sein können wie bei raumbedeutsamen Einzelvorhaben.[867]

Der Kommunale Entwicklungsplan Zentren des Zweckverbands Raum Kassel und das regionale Einzelhandelskonzept für das Östliche Ruhrgebiet und angrenzende Bereiche verhalten sich nicht zu Agglomerationen.

Die Agglomerationsregelungen sind in den drei Plänen, in denen sie enthalten sind, allesamt als Ziele der Raumordnung formuliert. Zusammengefasst lässt sich sagen, dass nach den drei Plänen die vier Raumordnungsprinzipien, die für die Steuerung großflächiger Einzelhandelsbetriebe gelten, auch auf eine Agglomeration von Betrieben, die zwar nicht einzeln, aber der Summe ihrer Verkaufsfläche nach großflächig sind, Anwendung finden.[868]

Nach der Rechtsprechung des Bundesverwaltungsgerichts kann eine regionalplanerische Festlegung, nach der „mehrere selbstständige nicht großflächige Einzelhandelsbetriebe bei räumlicher Konzentration und raumordnerischen Wirkungen wie bei einem (regionalbedeutsamen) großflächigen Einzelhandelsbetrieb (…) als Agglomeration anzusehen sind, mit der Folge, dass die für Einzelhandelsgroßprojekte geltenden Ziele auch auf Agglomerationssachverhalte anzuwenden sind, (…) ein wirksames Ziel der Raumordnung (…) darstellen".[869] Das Bundesverwaltungsgericht hat in dem zitierten Urteil erstmalig auch landesplanerische Agglomerationsregelungen bestätigt.[870]

Auffallend ist, dass die Agglomerationsregelungen in allen drei Plänen für jede Agglomeration Geltung beanspruchen, deren Gesamtverkaufsfläche den Wert von 800 qm bzw. deren Gesamtgeschossfläche den Wert von 1.200 qm überschreitet.[871] Die Regelungen beschränken sich – anders als beispielsweise

866 Regionaler Flächennutzungsplan 2010 – Allgemeiner Teil, Begründung zu Plansatz Z3.4.3-3, S. 49.

867 Ibid.

868 Vgl. Uechtritz, Agglomerationsregelungen in der Regionalplanung zur Steuerung des Einzelhandels, S. 18.

869 BVerwG, Urt. v. 10.11.2011 – 4 CN 9/10, zit. nach juris, Leitsatz; so auch VGH Mannheim, Urt. v. 21.09.2010 – 3 S 324/08, zit. nach juris, Rn. 34.

870 Jahn, ThürVBl. 2012, 97, 99.

871 Vgl. Uechtritz, Agglomerationsregelungen in der Regionalplanung zur Steuerung des Einzelhandels, S. 19.

die entsprechenden Bestimmungen der Regionalpläne Mittlerer Oberrhein[872] und Heilbronn-Franken[873] – nicht nur auf raumbedeutsame Agglomerationen.[874] Speziell in Bezug auf den Regionalplan Stuttgart fällt die sehr detaillierte Angabe eines Grenzwertes für das Vorliegen einer Agglomeration („Luftlinie zwischen den Gebäudezugängen nicht länger als 150 m“) ins Auge.[875]

b) Rechtmäßigkeitsprüfung

Die regionalplanerischen Agglomerationsregelungen sind rechtmäßig, wenn sie auf eine ausreichende Rechtsgrundlage gestützt werden können und nicht in den Aufgabenbereich der kommunalen Planungshoheit übergreifen.[876]

aa) Rechtsgrundlagen

Im Hinblick auf die Frage nach einer Rechtsgrundlage ist für den Regionalplan Stuttgart auf § 11 Abs. 3 S. 1 u. 2 Nr. 5 LplG BW abzustellen. Nach § 11 Abs. 3 S. 1 u. 2 Nr. 5 LplG BW sind im Regionalplan – soweit es für die Entwicklung und Ordnung der räumlichen Struktur der Region erforderlich ist (Regionalbedeutsamkeit) – insbesondere Standorte für Einkaufszentren, großflächige Einzelhandelsbetriebe und sonstige großflächige Handelsbetriebe festzulegen. Aus der Verwendung der Formulierung „insbesondere“ lässt sich schließen, dass auch Einzelhandelsbetriebe unterhalb der Schwelle zur Großflächigkeit erfasst sein

---

872 Plansatz 2.5.3 Abs. 10 des Regionalplans vom 13. März 2002, Stand Juli 2006 des Regionalverbandes Mittlerer Oberrhein (Ziel der Raumordnung) lautet: „Einzelhandelsbetriebe, die aufgrund ihres räumlichen und funktionalen Zusammenhangs (Agglomeration) negative raumordnerische und städtebauliche Folgeeffekte auslösen können, sind wie ein einheitliches Vorhaben zu beurteilen.“

873 Plansatz 2.4.3.2.2 Abs. 1 Z des Regionalplans Heilbronn-Franken 2020 lautet: „Die Ausweisung, Genehmigung, Errichtung oder Erweiterung von regionalbedeutsamen Einzelhandelsgroßbetrieben und sonstigen großflächigen Handelsbetrieben für Endverbraucher (regionalbedeutsame Einzelhandelsgroßprojekte) sind in der Regel nur in Ober-, Mittel- und Unterzentren zulässig.“
Plansatz 2.4.3.2.5 Z selbigen Regionalplans lautet: „Mehrere selbstständige, je für sich nicht großflächige Einzelhandelsbetriebe sind bei einer räumlichen Konzentration als Agglomeration anzusehen und damit als großflächiger Einzelhandelsbetrieb bzw. als Einkaufszentrum zu behandeln, sofern raumordnerische Wirkungen wie bei einem großflächigen Einzelhandelsbetrieb bzw. Einkaufszentrum zu erwarten sind.“

874 Vgl. Uechtritz, Agglomerationsregelungen in der Regionalplanung zur Steuerung des Einzelhandels, S. 19.

875 Uechtritz, a. a. O., S. 19.

876 Uechtritz, a. a. O., S. 21.

sollen – zumindest dann, wenn sie Auswirkungen haben, die mit denen großflächiger Einzelhandelsbetriebe vergleichbar sind.[877]

Die Rechtsgrundlage für die Agglomerationsregelung im Regionalen Raumordnungsprogramm Hannover ergibt sich aus § 4 Abs. 1 des Niedersächsischen Raumordnungsgesetzes (NROG) i. V. m. Plansatz 2.3 Abschnitt 03 des Landes-Raumordnungsprogrammes (LROP NDS).

Zwar wird hier ausdrücklich nur auf „Einzelhandelsgroßprojekte" und „Hersteller-Direktverkaufszentren" eingegangen und keine „Insbesondere-Regelung" wie in Stuttgart getroffen; jedoch ist davon auszugehen, dass von Plansatz 2.3 Abschnitt 03 LROP NDS nach dem Willen des Verordnungsgebers neben den ebenfalls nicht genannten Einkaufszentren und sonstigen großflächigen Handelsbetrieben auch Agglomerationen erfasst sein sollen.

Für den Regionalen Flächennutzungsplan Frankfurt/Rhein-Main folgt die Rechtsgrundlage aus § 3 Abs. 2 Nr. 2 des Hessischen Landesplanungsgesetzes (HLPG), wonach der Landesentwicklungsplan insbesondere die Anforderungen an die Siedlungsstruktur, Wohn- und Gewerbeflächenentwicklung enthalten soll, i. V. m. Plansatz 4.1.2 Z, S. 17 des Landesentwicklungsplans Hessen (LEP HES). Nach diesem Plansatz gelten bestimmte Ziele „für die – auch mit der Zeit gewachsene – Agglomeration von mehreren kleineren Einzelhandelsbetrieben, die zwar jeder für sich nicht das Kriterium der Großflächigkeit erfüllen, aber in der Summe zu den in § 11 Abs. 3 BauNVO genannten Auswirkungen führen können." Der Plansatz ist wortgleich in den Regionalen Flächennutzungsplan übernommen worden.

Die Agglomerationsregelungen in den drei zu untersuchenden Plänen sind also von ausreichenden Ermächtigungsgrundlagen gedeckt.

bb) Rechtmäßigkeit

(1) Raumbedeutsamkeit

Die *raumordnerischen* Agglomerationsregelungen stehen auch nicht in Widerspruch zu der Rechtsprechung des Bundesverwaltungsgerichts zur *städtebaulichen* Beurteilung von Agglomerationen.[878]

---

877 VGH Mannheim, Urt. v. 15.11.2012 – 8 S 2525/09, zit. nach juris, Rn. 46; Knöbl, ZfBR 2014, 331 ff.; Sparwasser, VBlBW 2008, 171, 177; Uechtritz, Agglomerationsregelungen in der Regionalplanung zur Steuerung des Einzelhandels, S. 21 f.

878 Uechtritz, Agglomerationsregelungen in der Regionalplanung zur Steuerung des Einzelhandels, S. 22.

Im Rahmen der städtebaulichen Beurteilung geht es um die Frage, ob Einzelhandelsbetriebe, die nur der Summe ihrer Verkaufs-/Geschossflächen nach großflächig sind, als einheitlicher Betrieb bzw. als einheitliches Vorhaben gem. § 29 BauGB zu werten sind und damit dem Sonderregime des § 11 Abs. 3 BauNVO unterfallen.[879] Hierbei stellt das Bundesverwaltungsgericht darauf ab, ob eine Funktionseinheit zwischen Hauptbetrieb und Nebenbetrieben gegeben ist.[880]

Die regionalplanerischen Regelungen hingegen betreffen die Frage eines sachgerechten Umgangs mit den durch Agglomerationen hervorgerufenen (möglicherweise schädlichen) raumordnerischen Auswirkungen.[881] Diesbezüglich ist eine betriebsübergreifende Bewertung vorzunehmen, da zwischen großflächigem Einzelhandelsbetrieb auf der einen und Agglomeration auf der anderen Seite regelmäßig keine Unterschiede hinsichtlich der eintretenden Kaufkraftverlagerung feststellbar sind.[882] Das gilt für die sich daraus ergebenden raumordnerischen Folgewirkungen gleichermaßen.[883]

Problematisch ist jedoch im Hinblick auf die Abgrenzung der Kompetenzen von Raumordnung und gemeindlicher Bauleitplanung, ob die Regionalplanung für jede Agglomeration, deren Verkaufsfläche 800 qm bzw. deren Geschossfläche 1.200 qm überschreitet, Festlegungen treffen darf oder ob – im Sinne einer eher strengeren Betrachtungsweise – eine einzelfallspezifische Prüfung der raumordnerischen Relevanz erforderlich ist.[884]

Keine Schwierigkeiten werfen in diesem Zusammenhang solche Regelungen auf, die sich sowieso nur auf den raum- bzw. regionalbedeutsamen Einzelhandel beziehen.[885] Beispiel dafür ist die entsprechende Bestimmung im Regionalplan Mittlerer Oberrhein.[886]

---

879 Uechtritz, Agglomerationsregelungen in der Regionalplanung zur Steuerung des Einzelhandels, S. 19 u. 22.

880 Siehe dazu 2. Teil A. VI. 2. b) cc).

881 Uechtritz, Agglomerationsregelungen in der Regionalplanung zur Steuerung des Einzelhandels, S. 22.

882 Ibid.

883 VGH Mannheim, Urt. v. 27.09.2007 – 3 S 2875/06, zit. nach juris, Rn. 33; Uechtritz, Agglomerationsregelungen in der Regionalplanung zur Steuerung des Einzelhandels, S. 22.

884 Uechtritz, Agglomerationsregelungen in der Regionalplanung zur Steuerung des Einzelhandels, S. 22.

885 Ibid.

886 So lautet hier bereits die Überschrift des Kapitels 2.5.3, dessen Regelungsgegenstand auch die Agglomerationen sind: „Regionalbedeutsamer Einzelhandel“; Uechtritz,

Die Raumbedeutsamkeit der Agglomerationsregelung des Regionalplans Stuttgart wird teilweise infrage gestellt. Dies wird damit begründet, dass nach der Regelungstechnik des Regionalplans auch solche Agglomerationen unzulässig seien, deren Verkaufsfläche zwar die Schwelle der 800 qm zur Großflächigkeit überschreite, die aber keine überörtlichen Auswirkungen hätten.[887]

Strikt formulierte Regelungen, die jede Agglomeration, deren Verkaufs-/Geschossfläche über 800/1.200 qm liegt, in Bezug nehmen, seien nur rechtmäßig, wenn man davon ausgehe, dass ein einheitlicher großflächiger Einzelhandelsbetrieb in der Regel regionalbedeutsam ist.[888] Das ergebe sich aus der Rechtsgrundlage des § 11 Abs. 3 S. 1 u. 2 Nr. 5 LPlG BW („Regionalbedeutsamkeit") und dem Regelungsauftrag der Raumordnung („überörtliche Angelegenheiten").[889]

Die Frage sei also, ob dem Merkmal der Regionalbedeutsamkeit neben dem des großflächigen Einzelhandelsvorhabens überhaupt noch eine eigenständige Bedeutung zukomme.[890]

Aus dem Wortlaut des § 11 Abs. 3 S. 1 u. 2 Nr. 5 LPlG BW lasse sich keine eindeutige Lösung ableiten, da er lediglich hergebe, dass Festlegungen in Regionalplänen den großflächigen Einzelhandel betreffend Regionalbedeutsamkeit aufweisen *können*.[891] Bezüglich der Folgewirkungen von Einzelhandelsansiedlungen sei jedoch nicht nur die Verkaufs-/Geschossfläche in die Überlegungen einzubinden; vielmehr sei auch den Kriterien des Sortiments,

Agglomerationsregelungen in der Regionalplanung zur Steuerung des Einzelhandels, S. 22.

887 Knöbl, ZfBR 2014, 331, 333; Uechtritz, Agglomerationsregelungen in der Regionalplanung zur Steuerung des Einzelhandels, S. 22 f.

888 Uechtritz, Agglomerationsregelungen in der Regionalplanung zur Steuerung des Einzelhandels, S. 22 f.; vgl. Sparwasser, VBlBW 2008, 171, 178, der davon ausgeht, dass Agglomerationen, deren Gesamtverkaufsfläche 800 qm überschreitet, grundsätzlich raumbedeutsam sind, dass aber der Regionalplan den Begriff der Agglomeration so definieren sollte, dass „nur solche Vorhaben erfasst werden, die auch tatsächlich übergemeindliche Auswirkungen haben können."; a. A. Nonnenmacher, VBlBW 2008, 161, 166, der die Agglomerationsregelungen für kleinflächige Einzelhandelsbetriebe als kompetenzwidrig qualifiziert.

889 Uechtritz, Agglomerationsregelungen in der Regionalplanung zur Steuerung des Einzelhandels, S. 22.

890 VGH Mannheim, Beschl. v. 19.05.2008 – 3 S 2509/07, zit. nach juris, Rn. 10; Uechtritz, Agglomerationsregelungen in der Regionalplanung zur Steuerung des Einzelhandels, S. 23.

891 Uechtritz, Agglomerationsregelungen in der Regionalplanung zur Steuerung des Einzelhandels, S. 23.

des Einzugsbereichs und der Lage des Betriebs im Raum wesentliche Bedeutung beizumessen.[892]

Folglich müsse das jeweils in Frage stehende Vorhaben letztlich im Einzelfall geeignet sein, regionalbedeutsame Auswirkungen hervorzurufen.[893] Dementsprechend erfassten Festlegungen der Regionalplanung zu Agglomerationen nur Vorhaben, die regionalbedeutsam sein können.[894] Für den Fall, dass regionalplanerische Regelungen nicht auf die Regionalbedeutsamkeit beschränkt seien und die Möglichkeit einer gesetzeskonformen Auslegung nicht bestehe, seien sie unwirksam.[895]

Demgegenüber hat der Verwaltungsgerichtshof Mannheim die regionalplanerische Agglomerationsregelung im Regionalplan Stuttgart mit überzeugenden Argumenten für wirksam gehalten.[896]

Gemäß dem Wortlaut des § 11 Abs. 3 S. 1 LPlG BW[897] kommt es für die Frage der Raumbedeutsamkeit nur auf die regionalplanerische Festlegung an sich und nicht auf den einzelnen Betrieb an.[898] Dabei ist zu berücksichtigen, dass die Festlegung des Regionalplans Stuttgart auch bei einer Agglomeration auf deren überörtliche Wirkung abstellt.[899]

Nach der Regelungstechnik des Plansatzes 2.4.3.2.8 (Z)[900] definiert dessen Abs. 2 lediglich den Begriff der Agglomeration. Hiervon unberührt bleibt die

892 Ibid.

893 Vgl. Uechtritz, Agglomerationsregelungen in der Regionalplanung zur Steuerung des Einzelhandels, S. 23.

894 Uechtritz, a. a. O., S. 24.

895 Ibid.

896 VGH Mannheim, Urt. v. 15.11.2012 – 8 S 2525/09, zit. nach juris, Rn. 45 ff.

897 § 11 Abs. 3 S. 1 LPlG BW lautet: „Soweit es für die Entwicklung und Ordnung der räumlichen Struktur der Region erforderlich ist (Regionalbedeutsamkeit), enthält der Regionalplan Festlegungen zur anzustrebenden Siedlungsstruktur, zur anzustrebenden Freiraumstruktur und zu den zu sichernden Standorten und Trassen für die Infrastruktur der Region."

898 Knöbl, ZfBR 2014, 331, 333.

899 Ibid.

900 Plansatz 2.4.3.2.8 (Z) des Regionalplans Stuttgart lautet: „(1) Agglomerationen von Einzelhandelsbetrieben sind in den Ortskernen aller Gemeinden zulässig. Wird ein Bauleitplan aufgestellt oder geändert, dessen Geltungsbereich den Ortskern ganz oder teilweise erfasst, so darf die hiernach zulässige Agglomeration von Einzelhandelsbetrieben keine schädlichen, überörtlichen Wirkungen entfalten, insbesondere auf die zentralörtlichen Siedlungs-und Versorgungskerne, die wohnortnahe Versorgung der Bevölkerung anderer Gemeinden oder deren Ortskerne. Ansonsten

Regelung in Abs. 1 S. 2, wonach Agglomerationen von Einzelhandelsbetrieben keine schädlichen, überörtlichen Auswirkungen entfalten dürfen.[901] Eine umfassende Prüfung des Einzelfalles ist damit ohnehin gewährleistet.

Eine Unwirksamkeit des Plansatzes 2.4.3.2.8 (Z) ergibt sich auch nicht daraus, dass der Landesentwicklungsplan Baden-Württemberg keine Standortfestlegungen für Agglomerationen trifft.[902] Der Landesentwicklungsplan entfaltet diesbezüglich keine Sperrwirkung für den Regionalplan, weil der Regionalverband Plansatz 3.3.7 Z LEP[903] entsprechend konkretisieren und ausgestalten durfte.[904]

Auch § 11 Abs. 3 BauNVO, der sich nur zu großflächigen Einzelhandelsbetrieben nicht aber zu Einzelhandelsagglomerationen verhält, steht der Agglomerationsregelung nicht entgegen, da er als rein städtebauliche bzw. bodenrechtliche Vorschrift keinerlei Bindungswirkung gegenüber dem Verband Region Stuttgart als Träger der Regionalplanung entfaltet.[905]

---

gelten für Agglomerationen von Einzelhandelsbetrieben die Plansätze 2.4.3.2.2 (Z) bis 2.4.3.2.6 (Z) entsprechend.

(2) Eine Agglomeration von Einzelhandelsbetrieben entsteht, wenn räumlich nahe beieinander liegend mehrere Einzelhandelsbetriebe errichtet werden, zu einem bestehenden Einzelhandelsbetrieb ein oder mehrere neue Einzelhandelsbetriebe hinzu treten oder bestehende Einzelhandelsbetriebe erweitert oder umgenutzt werden, so dass die Summe der Verkaufsflächen der räumlich nahe beieinander liegenden Einzelhandelsbetriebe größer als 800 m^2 ist. Räumlich nahe beieinander liegen Einzelhandelsbetriebe, wenn die Luftlinie zwischen den Gebäudezugängen nicht länger als 150 m ist."

901 VGH Mannheim, Urt. v. 15.11.2012 – 8 S 2525/09, zit. nach juris, Rn. 49.

902 VGH Mannheim, a. a. O., Rn. 50.

903 Plansatz 3.3.7 Z LEP lautet: „Einkaufszentren, großflächige Einzelhandelsbetriebe und sonstige großflächige Handelsbetriebe für Endverbraucher (Einzelhandelsgroßprojekte) sollen sich in das zentralörtliche Versorgungssystem einfügen; sie dürfen in der Regel nur in Ober-, Mittel- und Unterzentren ausgewiesen, errichtet oder erweitert werden. Hiervon abweichend kommen auch Standorte in Kleinzentren und Gemeinden ohne zentralörtliche Funktion in Betracht, wenn
– dies nach den raumstrukturellen Gegebenheiten zur Sicherung der Grundversorgung geboten ist oder
– diese in Verdichtungsräumen liegen und mit Siedlungsbereichen benachbarter Ober-, Mittel- oder Unterzentren zusammengewachsen sind.
Hersteller-Direktverkaufszentren als besondere Form des großflächigen Einzelhandels sind grundsätzlich nur in Oberzentren zulässig.

904 Knöbl, ZfBR 2014, 331, 334.

905 VGH Mannheim, Urt. v. 15.11.2012 – 8 S 2525/09, zit. nach juris, Rn. 46; Knöbl, ZfBR 2014, 331, 334.

(2) Detailschärfe von Zielvorgaben

Bedenklich im Hinblick auf die Selbstverwaltungsgarantie der Gemeinden aus Art. 28 Abs. 2 GG ist die Festlegung in Plansatz 2.4.3.2.8 (Z) Abs. 2 S. 2 des Regionalplans Stuttgart, nach der eine der Voraussetzungen für das Vorliegen einer Einzelhandelsagglomeration darin besteht, dass die Luftlinie zwischen den Gebäudeeingängen nicht länger als 150 m ist.[906] Mit dem Begriff des „Gebäudezugangs" ist dabei der Kundenzugang zu dem jeweiligen Betrieb gemeint.[907]

Diese metergenaue Zielvorgabe der Regionalplanung an die Bauleitplanung wirft gerade in Bezug auf die Kompetenzabgrenzung zwischen den beiden Planungsstufen in ganz besonderem Maße die Frage nach der verfassungsrechtlichen Zulässigkeit einer solch detaillierten Regelung auf.

In diesem Kontext ist zu berücksichtigen, dass regionalplanerische Zielfestlegungen in den kommunalen Bebauungsplänen auch umsetzbar sein müssen.

Teilweise wird daraus geschlossen, dass es entscheidend ist, ob sich konkrete Entfernungen zwischen Gebäudezugängen mit den Mitteln der Bauleitplanung festsetzen lassen.[908]

Zwar stehen einer Gemeinde die Möglichkeiten der Feinsteuerung nach § 1 Abs. 4 bis 9 BauNVO zur Verfügung;[909] auch kann sie gem. §§ 9 Abs. 2 u. 2a BauGB und 23 BauNVO durch Bebauungspläne Regelungen zur Erhaltung oder Entwicklung zentraler Versorgungsbereiche treffen und die überbaubaren Grundstücksflächen durch Festsetzung von Baulinien, Baugrenzen oder Bebauungstiefen bestimmen; allerdings enthalten weder Baugesetzbuch noch Baunutzungsverordnung konkrete Festsetzungsmöglichkeiten für Gebäudezugänge bzw. deren Entfernung zueinander.[910]

Eine Kommune wird den Abstand zwischen den Gebäudezugängen in vielen Fällen demnach „mittelbar" bzw. „ungefähr" über die genannten Regelungen steuern können, muss sich im Übrigen aber an den sehr ausdifferenzierten Katalog von Festsetzungsmöglichkeiten in Baugesetzbuch und Baunutzungsverordnung halten

906 Uechtritz, Agglomerationsregelungen in der Regionalplanung zur Steuerung des Einzelhandels, S. 24.

907 Sparwasser, VBlBW 2008, 171, 178; Uechtritz, Agglomerationsregelungen in der Regionalplanung zur Steuerung des Einzelhandels, S. 24.

908 Vgl. Uechtritz, Agglomerationsregelungen in der Regionalplanung zur Steuerung des Einzelhandels, S. 24.

909 VGH Mannheim, Urt. v. 15.11.2012 – 8 S 2525/09, zit. nach juris, Rn. 52; Knöbl, ZfBR 2014, 331, 334.

910 Vgl. Uechtritz, Agglomerationsregelungen in der Regionalplanung zur Steuerung des Einzelhandels, S. 24.

und darf ihn nicht überschreiten. Dieser Katalog stellt eben keine „unmittelbaren“, metergenauen Festsetzungsmöglichkeiten für die Luftlinie zwischen den Gebäudezugänge zur Verfügung,[911] was vom Gesetzgeber auch so gewollt ist.

Zum Teil wird daraus geschlossen, dass die Agglomerationsregelung in Plansatz 2.4.3.2.8 (Z) Abs. 2 S. 2 des Regionalplans Stuttgart nicht immer umsetzbar bzw. handhabbar ist.[912]

Zweifelhaft erscheint weiter die Eignung der Distanzangabe von exakt 150 m zur Erreichung eines sachgerechten Ziels.[913]

So werden als Beispiele dafür, dass nicht-großflächige Einzelhandelsbetriebe trotz Unterschreitens der Luftlinie von 150 m zwischen den Gebäudezugängen keine Funktionseinheit bilden, die räumliche Trennung durch eine Straße/Autobahn oder topographische Zäsuren ohne Überquerungsmöglichkeit angeführt.[914]

Offen bleibt zudem, warum die Grenze bei genau 150 m gezogen wird, obwohl Konstellationen vorstellbar sind, in denen von Agglomerationen unabhängig davon, ob ihre Eingänge einen Meter mehr oder weniger voneinander entfernt liegen, dieselben raumordnerischen Auswirkungen ausgehen.[915]

Die Festlegung ist für Gemeinden und Einzelhandelsbetriebe leicht überwindbar, da sich die Abstände zwischen den Gebäudeeingängen baulich beliebig planen bzw. auf 160, 170 oder 180 m vergrößern lassen. Schon bei einem Abstand von 151 m unterfällt eine Ansammlung von Betrieben nicht mehr der Agglomerationsregelung und damit dem für großflächigen Einzelhandel geltenden strengeren Regelungsregime.

Zu beachten ist hierbei jedoch, dass die Grenze von 150 m so gewählt sein dürfte, dass bei ihrer Überschreitung das wirtschaftliche Interesse von Einzelhandel und Gemeinden an einer Ansiedlung abnimmt. Stellt man sich z.B. fünf nicht großflächige Einzelhandelsbetriebe vor, die im Abstand von jeweils 200 m zueinander auf der grünen Wiese angesiedelt werden, so ergibt sich, dass ein Kunde, der in den beiden an den äußeren Rändern des Gebiets gelegenen Geschäften einkaufen möchte, eine Entfernung von 1 km zurücklegen müsste. Eine solche Distanz mag zwar in Innenstadtlagen aufgrund attraktiver Schaufenstergestaltungen entlang des Weges akzeptiert werden, dürfte jedoch im Übrigen als eher unpraktisch und unbequem wahrgenommen werden. Zumindest einige der

911 Vgl. ibid.

912 Uechtritz, a. a. O.

913 Ibid.

914 Ibid.

915 Uechtritz, Agglomerationsregelungen in der Regionalplanung zur Steuerung des Einzelhandels, S. 24, Fn. 17.

Kunden würden die Entfernung mit dem Pkw bewältigen und das vermehrte Ein- und Aussteigen sowie die damit einhergehende Parkplatzsuche als nicht zufriedenstellend empfinden. In der Konsequenz würden sie diese Situation nicht mehr hinnehmen und sich einer anderen Geschäftslage zuwenden.

Allerdings ergibt sich der Zusammenhang zwischen verschiedenen Gebäuden nicht nur aus der Entfernung der Eingänge zueinander, sondern kann auch durch vielfältige architektonische Maßnahmen hergestellt werden, die die jeweiligen Betriebe als zusammengehörig erscheinen lassen. Zu denken wäre hier beispielsweise an eine gärtnerische Einbindung, überdachte Fußwege zwischen den Geschäften oder Rolltreppen bzw. „Fließbänder" ähnlich wie an Flughafenterminals, um größere Distanzen leichter und schneller überwinden zu können.

Erforderlich wäre daher eine über den bloß zahlenmäßig festgelegten Abstand zwischen den Gebäudeeingängen hinausgehende Definition der Zusammengehörigkeit bzw. fehlenden Zusammengehörigkeit von Einzelhandelsgeschäften, die auf die Wahrnehmung durch den Kunden abstellt. Es geht also um eine Gesamtbewertung des örtlich bereits vorhandenen und geplanten Einzelhandelsbestandes und nicht um eine Reduktion der Prüfung auf einen numerisch festgelegten Wert.

Ein möglicher Lösungsansatz besteht darin, die Agglomerationsregelungen auf regionalbedeutsame Einzelhandelsansiedlungen zu beschränken – wie dies bereits in den Regionalplänen Mittlerer Oberrhein und Heilbronn-Franken geschehen ist. Das hätte den Vorteil, dass die Kompetenzen zwischen Regional- und Bauleitplanung eindeutiger voneinander abgegrenzt wären und eine stärker einzelfallspezifische Betrachtung erfolgen könnte.

Unter Abwägung aller Gesichtspunkte ist im Ergebnis jedoch davon auszugehen, dass Plansatz 2.4.3.2.8 (Z) des Regionalplans Stuttgart zulässig ist.[916]

Der Plansatz zwingt die Gemeinden nicht zur metergenauen Festsetzung von Gebäudezugängen.[917] „Denn mit den nach dem Baugesetzbuch und der Baunutzungsverordnung verfügbaren städtebaulichen Planungsinstrumenten lassen sich Verstöße gegen Konzentrations-, Kongruenz- und Integrationsgebote sowie Beeinträchtigungsverbote durch eine Anhäufung mehrerer nicht großflächiger Einzelhandelsbetriebe wenn nicht ganz verhindern, so doch in einem Maße minimieren, dass das Planungsergebnis noch im Einklang mit den genannten

---

916 VGH Mannheim, Urt. v. 15.11.2012 – 8 S 2525/09, zit. nach juris, Rn. 45 ff.; zustimmend Knöbl, ZfBR 2014, 331 f.

917 VGH Mannheim, Urt. v. 15.11.2012 – 8 S 2525/09, zit. nach juris, Rn. 52.

Raumordnungszielen steht."[918] Die Vereinbarkeit der Agglomerationsregelung mit Art. 28 Abs. 2 GG scheitert also nicht an der Umsetzbarkeit.[919]

Darüber hinaus kann einzelfallspezifisch ein Zielabweichungsverfahren durchgeführt werden.[920] „Der Grundsatz der Verhältnismäßigkeit verlangt nicht, dass für Vorhaben, die in atypischen Fällen raumverträglich sind, Ausnahmen im Raumordnungsplan selbst festgelegt werden müssen."[921]

Insoweit ist ein unverhältnismäßiger Eingriff in die kommunale Planungshoheit nicht gegeben.[922]

4. *Beteiligung der Gemeinden*

In die kommunale Planungshoheit könnte dadurch eingegriffen werden, dass nicht alle Gemeinden bei der Aufstellung und Anwendung der jeweiligen Pläne bzw. Einzelhandelskonzepte in ausreichendem Maße beteiligt werden.

Die Untersuchung soll insoweit im Hinblick auf den Gegenstand der Arbeit auf die grundsätzlich bestehenden Beteiligungsmöglichkeiten – die Beteiligung bei der Aufstellung der regionalen Einzelhandelskonzepte sowie die Beteiligung bei ihrer Anwendung unter dem Gesichtspunkt des Zielabweichungsverfahrens – begrenzt werden.

a) *Beteiligung bei der Aufstellung*

aa) Regionales Raumordnungsprogramm Hannover

Das Regionale Raumordnungsprogramm Hannover wird von der Regionsversammlung, deren Mitglieder die wahlberechtigten Einwohner auf fünf Jahre wählen, als Satzung beschlossen (vgl. § 5 Abs. 5 S. 1 NROG i. V. m. §§ 34 ff. Regionsgesetz).[923] Die Regionsversammlung entspricht dabei einem Kreistag (§ 3 Abs. 3 S. 2 Nr. 1 Regionsgesetz).

Bei der Aufstellung des Regionalen Raumordnungsprogrammes beteiligt die Region Hannover als Trägerin der Regionalplanung (§ 20 Abs. 1 NROG i. V. m. § 8 Abs. 2 Regionsgesetz) sowohl die Landeshauptstadt Hannover (vgl. § 3 Abs. 2 S. 1 Nr. 1a) 2. Alt. NROG i. V. m. § 4 Abs. 1 Regionsgesetz) als auch die anderen regionsangehörigen Gemeinden (vgl. § 3 Abs. 2 S. 1 Nr. 1b) NROG i. V. m. § 5 Regionsgesetz).

---

918 VGH Mannheim, a. a. O., Rn. 51.

919 Knöbl, ZfBR 2014, 331, 335.

920 VGH Mannheim, Urt. v. 15.11.2012 – 8 S 2525/09, zit. nach juris, Rn. 52.

921 Ibid.

922 Ibid.

923 Siehe hierzu und im Folgenden 2. Teil B. I. 1. a).

Sie übersendet diesen frühzeitig den Entwurf des Raumordnungsplans zur Stellungnahme, wenn sie von den Planungen betroffen sein können (§ 3 Abs. 2 S. 1 NROG). Die Region Hannover muss Anregungen oder Bedenken mit der Landeshauptstadt und den anderen regionsangehörigen Gemeinden erörtern, wenn sich die Anregungen und Bedenken auf wesentliche Inhalte der Planung beziehen (vgl. § 5 S. 1 Nr. 1, 1. Alt. u. Nr. 3, 1. Alt. NROG).

Die Trägerin der Regionalplanung ist hier also nur zur Einräumung einer Möglichkeit zur Stellungnahme und gegebenenfalls zur Erörterung verpflichtet. Daraus folgt, dass einzelne Gemeinden eine konkrete Planung im Ergebnis nicht verhindern können.

Prinzipiell kann eine unmittelbare Einwirkung auf – mehr oder minder konkrete – regionalplanerische Entscheidungen den großflächigen Einzelhandel betreffend somit lediglich über die Wahlen zur Regionsversammlung erfolgen.

In die Erwägungen einzustellen sind in diesem Zusammenhang auch die Beteiligungsmöglichkeiten der Gemeinden bei konkreten Ansiedlungs- und Erweiterungsvorhaben.

So regelt das Regionale Raumordnungsprogramm, dass bei strittigen Projekten vor Abgabe der landesplanerischen Stellungnahme ein gemeinsames Moderationsverfahren der Region Hannover und der betroffenen Städte und Gemeinden durchgeführt werden soll und dass die Region Hannover auf Wunsch von Städten und Gemeinden auch für weitere Fälle Moderationsverfahren zur Klärung örtlicher Problemlagen durchführen kann (Plansatz D 1.6.1 Abschn. 08 Abs. 1 S. 1 u. 2 RROP). Gemeindliche Einzelhandelskonzepte sind bei der raumordnerischen Beurteilung heranzuziehen (Plansatz D 1.6.1 Abschn. 08 Abs. 4 RROP).

Da diese Bestimmungen nur als Grundsätze der Raumordnung bzw. Soll-/ Kann-Vorschriften bzw. bloße Heranziehungspflicht ausgestaltet sind, weisen sie ebenfalls keinen zwingenden Charakter auf.

Grundsätzlich ist aber festzuhalten, dass die Beteiligung der Gemeinden bei der Aufstellung des Regionalen Raumordnungsprogramms Hannover den Anforderungen des Art. 28 Abs. 2 S. 1 GG entspricht.

bb) Regionalplan Stuttgart

Ganz ähnlich stellt sich die Rechtslage in der Region Stuttgart dar.

Träger der Regionalplanung ist der Verband Region Stuttgart (§ 31 Abs. 1 Nr. 1 LPlG BW i. V. m. § 3 Abs. 1 Nr. 1 GVRS).[924] Auch hier beschließt die

924 Siehe hierzu und im Folgenden 2. Teil B. I. 2. a).

Regionalversammlung den Regionalplan als Satzung (vgl. § 12 Abs. 10 i. V. m. § 31 Abs. 3 LPlG BW sowie §§ 5 Abs. 1 und 7 Abs. 1 S. 1 GVRS).

Ebenso wie in der Region Hannover werden die Mitglieder der Regionalversammlung von den wahlberechtigten Einwohnern des Verbandgebietes gewählt (§§ 8 ff. GVRS).

An der Aufstellung des Regionalplans beteiligt der Verband Region Stuttgart wiederum die Gemeinden, die übrigen Träger der Bauleitplanung und die Landkreise, soweit sie berührt sein können, durch Zuleitung des Planentwurfs und seiner Begründung (§ 12 Abs. 2 S. 1 Nr. 1 i. V. m. § 31 Abs. 3 LPlG BW). Der Regionalverband muss die fristgerecht übermittelten Stellungnahmen prüfen und den Gemeinden das Ergebnis mitteilen (vgl. § 12 Abs. 4 S. 1 i. V. m. § 31 Abs. 3 LPlG BW).

Die Regionalplanung trifft also auch hier lediglich eine Verpflichtung zur Gewährung einer Stellungnahmemöglichkeit sowie eine Prüfungs- und Mitteilungspflicht.

Eine Änderung der Mehrheitsverhältnisse in der Regionalversammlung und eine Einflussnahme auf Ansiedlungsentscheidungen im Hinblick auf den großflächigen Einzelhandel können damit auch in diesem Fall meist nicht kurz-, sondern nur mittelfristig sowie nicht durch einzelne Gemeinden, sondern nur über demokratische Legitimationsketten erreicht werden.

Der Regionalplan Stuttgart sieht – anders als das Regionale Raumordnungsprogramm Hannover – kein Moderationsverfahren o. ä. in konfliktträchtigen Ansiedlungsfällen vor.

Dennoch bleibt festzuhalten, dass eine den Anforderungen Art. 28 Abs. 2 S. 1 GG genügende Beteiligung der Gemeinden bei der Aufstellung des Regionalplans gewährleistet ist.

cc) Regionaler Flächennutzungsplan Frankfurt/Rhein-Main

(1) Grundsatz

Hinsichtlich der im Regionalen Flächennutzungsplan des Ballungsraumes Frankfurt/Rhein-Main enthaltenen einzelhandelsbezogenen Festlegungen ergeben sich in Bezug auf die Beteiligungsrechte der Gemeinden leichte Abweichungen, weil hier Regional- und Flächennutzungsplan in einem Plan zusammengefasst werden.

Das regionale Einzelhandelskonzept, dessen wesentliche Inhalte in den Regionalen Flächennutzungsplan Frankfurt/Rhein-Main integriert worden sind, ist sowohl von der Regionalversammlung Südhessen, deren Mitglieder von den Vertretungskörperschaften der Landkreise, der kreisfreien Städte, der kreisangehörigen

Gemeinden mit mehr als 50 000 Einwohnern und des Regionalverbandes FrankfurtRheinMain gewählt werden (§§ 14 ff. HPlG), als regionales Entwicklungskonzept als auch von der Verbandskammer, deren Mitglieder die Mitgliedsstädte- und Gemeinden sind (§ 11 MetropolG[925]), als städtebauliches Entwicklungskonzept beschlossen worden.[926]

Die Städte und Gemeinden haben den einzelhandelsbezogenen Festlegungen im Regionalen Flächennutzungsplan also in ihren Kerninhalten mehrheitlich selbst zugestimmt.

Darüber hinaus ist zu berücksichtigen, dass der Regionale Flächennutzungsplan Frankfurt/Rhein-Main – wie das Regionale Raumordnungsprogramm Hannover – ein informelles Abstimmungsverfahren vorsieht. Hiernach soll bei strittigen Vorhaben mit regionaler oder überregionaler Bedeutung – vor Beantwortung einer landesplanerischen Anfrage, Einleitung eines Änderungs- oder Zielabweichungsverfahrens – ein informelles Verfahren vom Planungsverband Ballungsraum Frankfurt/Rhein-Main und der Oberen Landesplanungsbehörde unter Einbeziehung der betroffenen Städte und Gemeinden durchgeführt werden (Plansatz G3.4.3-8 RegFNP).

(2) Entzug der Kompetenz zur Flächennutzungsplanung

Ein Verstoß gegen Art. 28 Abs. 2 S. 1 GG bzw. Art. 137 der Hessischen Landesverfassung (LVerf HE)[927] könnte sich noch aus der Übertragung der Kompetenz zur Flächennutzungsplanung für das Gebiet des Ballungsraums auf den Planungsverband Ballungsraum Frankfurt/Rhein-Main – jetzt Regionalverband FrankfurtRheinMain[928] – ergeben.[929] Dadurch wird den Gemeinden die Flächennutzungsplanung entzogen.[930] Sie können so in ihren Flächennutzungsplänen beispielsweise keine eigenständigen Darstellungen zum großflächigen Einzelhandel mehr treffen (vgl. § 5 Abs. 2 Nr. 2 d) BauGB).

---

925 Früher: Gesetz zur Stärkung der kommunalen Zusammenarbeit im Ballungsraum Frankfurt/Rhein-Main (BallrG).

926 Siehe dazu 2. Teil B. II. 1.

927 Art. 37 Abs. 1 LVerf HE lautet: „Die Gemeinden sind in ihrem Gebiet unter eigener Verantwortung die ausschließlichen Träger der gesamten örtlichen öffentlichen Verwaltung. Sie können jede öffentliche Aufgabe übernehmen, soweit sie nicht durch ausdrückliche gesetzliche Vorschrift anderen Stellen im dringenden öffentlichen Interesse ausschließlich zugewiesen sind."

928 § 7 Abs. 1 S. 1 MetropolG.

929 StGH Hessen, Urt. v. 04.05.2004 – P.St. 1713, zit. nach juris, Rn. 249.

930 StGH Hessen, a. a. O., Rn. 250.

Nach § 8 Abs. 1 Nr. 1 MetropolG hat der Regionalverband die Aufgabe, den Flächennutzungsplan für das Gebiet des Ballungsraums mit der Maßgabe aufzustellen, zu ändern und aufzuheben, dass die Darstellungen nach § 5 BauGB, die zugleich Festlegungen nach § 9 Abs. 4 HPlG sind, im Zusammenwirken mit der Regionalversammlung Südhessen entwickelt und nach näherer Bestimmung des § 13 HPlG gemeinsam beschlossen werden (Regionaler Flächennutzungsplan).[931]

Der Entzug der Flächennutzungsplanung im Ballungsraum Frankfurt/Rhein-Main stellt zwar einen Eingriff in die Selbstverwaltungsgarantie dar, weil Art. 28 Abs. 2 S. 1 GG mit der Planungshoheit auch die Flächennutzungsplanung umfasst; der Kernbereich des Selbstverwaltungsrechts bleibt davon aber unangetastet.[932]

So hat das Bundesverfassungsgericht es für zulässig erachtet, die Flächennutzungsplanung unter den Voraussetzungen des § 4 Abs. 8 BBauG, der § 205 Abs. 6 BauGB entspricht, auf einen Verband zu übertragen.[933]

Im Fall des Planungsverbandes Frankfurt/Rhein-Main wird der Kernbereich des Art. 28 Abs. 2 S. 1 GG nicht angetastet, da den Gemeinden ein ausreichender Spielraum zur Verwirklichung ihrer Entwicklungsvorstellungen im Rahmen der Bebauungsplanung verbleibt und Voraussetzung für den Erlass des Regionalen Flächennutzungsplanes die Zustimmung der Verbandskammer ist, in der alle Gemeinden vertreten sind.[934]

Dies lässt sich damit begründen, dass der Regionale Flächennutzungsplan im Maßstab von 1:50.000 erlassen wird und der gemeindlichen Bebauungsplanung aufgrund dessen mehr Spielraum gewährt als ein Flächennutzungsplan im Maßstab von 1:10.000.[935]

Außerdem darf die Verbandskammer Planungen gegen den Willen einer einzelnen Gemeinde nur vornehmen, wenn und soweit dies durch überörtliche

---

931 Früher: § 2 Abs. 1 Nr. 1 des Gesetzes über den Planungsverband Ballungsraum Frankfurt/Rhein-Main (PlanvG) .

932 StGH Hessen, Urt. v. 04.05.2004 – P.St. 1713, zit. nach juris, Leitsatz 4a, Rn. 250 ff. Ob die Flächennutzungsplanung überhaupt zum unantastbaren Kernbereich des Art. 28 Abs. 2 S. 1 GG gehört, ist bereits umstritten (vgl. dazu Nierhaus in: Sachs, GG, Art. 28, Rn. 56 m. w. N.).

933 BVerfG, Beschl. v. 09.12.1987 – 2 BvL 16/84, zit. nach juris, Rn. 67 (Bauleitplanung, kommunale Planungshoheit); StGH Hessen, Urt. v. 04.05.2004 – P.St. 1713, zit. nach juris, Rn. 253.

934 StGH Hessen, Urt. v. 04.05.2004 – P.St. 1713, zit. nach juris, Rn. 257 ff.

935 StGH Hessen, a. a. O., Rn. 259.

Interessen, das heißt Belange des Gesamtraums gerechtfertigt ist.[936] Letztlich besteht das „Wesen der gemeindlichen Selbstverwaltung … nicht darin, daß jede Gemeinde nach ihren engen Kommunalegoismen frei schalten kann, sondern darin, daß sie verantwortlich waltet und bei ihren Maßnahmen auch ihre Stellung innerhalb des sie umgebenden Raumes und die sich daraus ergebende Notwendigkeit zu Zusammenarbeit und Ausgleich in Betracht zieht."[937]

Aus dem Umstand, dass die Verbandskammer bei Unstimmigkeiten zwischen ihr und der Regionalversammlung hinsichtlich der regionalplanerischen Festlegungen nach § 5 Abs. 4 HPlG n. F., die zugleich flächennutzungsplanerische Darstellungen nach § 5 BauGB sind, letztlich allein, jedoch *nach Maßgabe des Regionalplanes* entscheidet (§ 5 Abs. 2 HPlG), ergibt sich ebenfalls keine Verletzung des Art. 28 Abs. 2 S. 1 GG: Die Gemeinden wären auch bei Aufstellung eines „normalen" Flächennutzungsplans an regionalplanerische Festlegungen gebunden.[938]

Die Mitwirkungsrechte der einzelnen Gemeinden bei der Flächennutzungsplanung sind auch angemessen ausgestaltet.[939] So entsenden die Mitglieder des Regionalverbandes FrankfurtRheinMain je eine Vertreterin oder einen Vertreter in die Verbandskammer (§ 11 Abs. 1 MetropolG). Das Stimmengewicht der Vertreter bemisst sich nach der Einwohnerstärke der jeweils vertretenen Gemeinde (§ 11 Abs. 2 MetropolG). Diese Regelung ist zulässig (vgl. Art. 51 Abs. 2 GG).[940]

Die Übertragung der Kompetenz zur Flächennutzungsplanung ist mit dem Aufgabenverteilungsprinzip des Art. 137 Abs. 1 S. 2 LVerf HE vereinbar, weil sie wegen der Standortausweitung von großflächigem Einzelhandel im dringenden öffentlichen Interesse liegt.[941]

(3) Planaufstellung gem. § 205 BauGB

Schwierigkeiten ergeben sich allerdings dann, wenn die Möglichkeit besteht, dass einzelne Gemeinden, die in einen gemeinsamen (regionalen) Flächennutzungsplan einbezogen sind, bei der Beschlussfassung über den Plan überstimmt werden. In der Folge könnten sie ihre durch Art. 28 Abs. 2 GG gewährleistete

936 StGH Baden-Württemberg, Urt. v. 08.05.1976 – 2/75, 8/75, zit. nach juris, Leitsatz 7 und StGH Hessen, Urt. v. 04.05.2004 – P.St. 1713, zit. nach juris, Rn. 261.

937 BVerfG, Beschl. v. 03.11.1981 – 2 BvR 827/80, zit. nach juris, Rn. 3.

938 StGH Hessen, Urt. v. 04.05.2004 – P.St. 1713, zit. nach juris, Rn. 262; vgl. dazu Hendler, ZfBR 2005, 229, 235.

939 StGH Hessen, Urt. v. 04.05.2004 – P.St. 1713, zit. nach juris, Rn. 264.

940 StGH Hessen, ibid.

941 StGH Hessen, a. a. O., Rn. 265 ff.

Planungshoheit in Bezug auf die Ansiedlungssteuerung großflächigen Einzelhandels verlieren.

Bei einer Aufstellung des Plans nach § 204 BauGB ist die Zustimmung jeder beteiligten Gemeinde erforderlich, sodass die Planungshoheit hier nicht tangiert wird.[942]

Bei einer Aufstellung nach § 205 BauGB hingegen, das heißt im Falle eines Zusammenschlusses zu einem Planungsverband durch Vereinbarung oder Gesetz, können Nachbargemeinden die Bauleitplanung für das Gebiet anderer Gemeinden direkt beeinflussen.[943] Sie können einzelne Gemeinden in Mehrheitsentscheidungen überstimmen.[944] Zwar war im Regierungsentwurf zu § 4 Abs. 3 Nr. 2 BBauG noch ein einstimmiger Beschluss der Verbandsversammlung für die Verabschiedung von Bauleitplänen vorgesehen; diese Vorschrift wurde aber später nicht in das Bundesbaugesetz übernommen.[945]

Daran unmittelbar anschließend stellt sich die Frage, ob dies wirklich einen Verlust der Planungshoheit der betroffenen Kommunen zur Folge hat.[946]

Im Fall des § 205 Abs. 1 BauGB ist zu berücksichtigen, dass die Gemeinde sich ihrer Planungshoheit freiwillig begibt.[947] Zum Zeitpunkt seiner Entscheidung kennt der Gemeinderat die Verbandssatzung und weiß, welche anderen Gemeinden Mitglieder des Verbandes werden und in welchem Umfang sie ihre Planungskompetenz weitergeben.[948]

Wollte man bei Überstimmung einer Gemeinde eine Beeinträchtigung ihrer Planungshoheit annehmen, so wäre dies jedenfalls nur eine geringfügige Beeinträchtigung.[949] Im Übrigen ist ein Bauleitplan, der keine gerechte Abwägung der öffentlichen und privaten Belange vornimmt (§ 1 Abs. 7 BauGB) unzulässig.[950] § 205 Abs. 7 BauGB gewährleistet schlussendlich – quasi als Ausgleich für entstandene Beeinträchtigungen – eine über die „normale" Behördenbeteiligung hinausreichende Beteiligung der Gemeinden, für deren Gebiet der Bauleitplan aufgestellt werden soll.[951] Diese Norm stellt also eine qualifizierte Beteiligung

942 Schmidt-Eichstaedt, Der Regionale Flächennutzungsplan, S. 57.
943 Durinke, LKV 2012, 343, 347.
944 Schmidt-Eichstaedt, Der Regionale Flächennutzungsplan, S. 57.
945 Durinke, LKV 2012, 343, 347.
946 Schmidt-Eichstaedt, Der Regionale Flächennutzungsplan, S. 57.
947 Durinke, LKV 2012, 343, 347.
948 Ibid.
949 Ibid.
950 Ibid.
951 Ibid.

sicher[952] bzw. konkretisiert das Beteiligungsrecht der Gemeinden aus Art. 28 Abs. 2 GG[953].

Im sog. hessischen Lupenmodell, welches im Ballungsraum Frankfurt/Rhein-Main praktiziert wird, muss eine doppelte Beschlussfassung über den Plan erfolgen, einerseits – wie dargestellt – durch die Verbandsversammlung („kommunale Seite“) und andererseits durch den Regionalversammlung („regionale Seite“).[954] Dieses Modell wird als eine „Art von Hoheitsteilung“ beschrieben, die die Entscheidungsgewalt der Kommunen einschränkt.[955]

Entscheidend gegen eine Verletzung der Planungshoheit der Gemeinden spricht jedoch, dass die Regionalversammlung auch bei Nichtbestehen eines regionalen Flächennutzungsplanes Ziele der Raumordnung aufstellen kann, die über die Anpassungspflicht der Gemeinden aus § 1 Abs. 4 BauGB rechtliche Verbindlichkeit erlangen.[956] Hierfür braucht sie die Gemeinden nur anzuhören.[957] Diese werden also nicht schlechter gestellt, sondern im Gegenteil sogar besser, da der Plan zwar nicht ohne die Zustimmung der Regionalversammlung, aber auch nicht ohne die der Verbandsversammlung als der kommunalen Seite verabschiedet werden kann.[958] Dies gilt auch für Zwangsverbände nach § 205 Abs. 6 BauGB wie den Regionalverband FrankfurtRheinMain[959].

Die Beteiligung der Gemeinden bei der Aufstellung des Regionalen Flächennutzungsplans Frankfurt/Rhein-Main genügt daher den Anforderungen des Art. 28 Abs. 2 S. 1 GG.

dd) Kommunaler Entwicklungsplan Zentren des Zweckverbands Raum Kassel

Der Kommunale Entwicklungsplan Zentren des Zweckverbands Raum Kassel als weiterer zu untersuchender Plan ist von der Verbandsversammlung, die durch die verbandsangehörigen Gebietskörperschaften besetzt wird, beschlossen worden (§§ 7 ff. der Satzung des Zweckverbandes Raum Kassel).[960]

---

952 Battis in: B/K/L, BauGB, § 205, Rn. 14; Durinke, LKV 2012, 343, 349.

953 Battis in: B/K/L, BauGB, § 205, Rn. 1; Hornmann in: BeckOK, BauGB, Vorbemerkung zu § 205.

954 Schmidt-Eichstaedt, Der Regionale Flächennutzungsplan, S. 54, 57.

955 Schmidt-Eichstaedt, a. a. O., S. 57.

956 Schmidt-Eichstaedt, a. a. O., S. 58.

957 Ibid.

958 So ausdrücklich Schmidt-Eichstaedt, Der Regionale Flächennutzungsplan, S. 58.

959 § 1 Abs. 1 u. 2 PlanvG; Runkel in: E/Z/B/K, BauGB, § 205, Rn. 100 (Zusammenschluss durch Gesetz nach Landesrecht).

960 Siehe dazu 2. Teil B. III. 1.

Die Gemeinden können also auch hier über demokratische Legitimationsketten Einfluss auf den Inhalt des Kommunalen Entwicklungsplans Zentren und damit den Flächennutzungsplan nehmen. Dies entspricht den Anforderungen des Art. 28 Abs. 2 S. 1 GG.

ee) Regionales Einzelhandelskonzept für das Östliche Ruhrgebiet und angrenzende Bereiche

Das Regionale Einzelhandelskonzept für das Östliche Ruhrgebiet und angrenzende Bereiche schließlich ist im Wege der Selbstbindung durch interkommunale Vereinbarung zustande gekommen.[961] Ein Eingriff in Art. 28 GG bzw. kommt hier schon deswegen nicht in Betracht, weil die Gemeinden die Vereinbarung in Form eines öffentlich-rechtlichen bzw. koordinationsrechtlichen Vertrages nach den §§ 54 ff. BauGB[962] von sich aus eingegangen sind. Bei einem Verstoß gegen die sich aus dem Konzept ergebenden Ziele drohen auch keine Sanktionen. In letzter Konsequenz ist daher eine Einschränkung der kommunalen Planungshoheit nicht gegeben.

Allein aus der Tatsache, dass eine Beteiligung der Gemeinden bei der Aufstellung eines Raumordnungsplans erfolgt ist, lässt sich allerdings nicht der Schluss ziehen, dass kein Eingriff in ihre Selbstverwaltungsgarantie vorliegt.[963] Als Beispiel dafür kann der Fall des Factory-Outlet-Centers Ochtrup angeführt werden.[964] Hier hatte die Stadt Ochtrup im Gesetzgebungsverfahren zu § 24a Abs. 1 S. 4 LEPro NRW a. F. eingewendet, dass sie die Regelung für willkürlich halte.[965] Dieser Einwand wurde zurückgewiesen, die Bestimmung aber später vom Verfassungsgerichtshof des Landes Nordrhein-Westfalen – neben weiterem – wegen Verstoßes gegen das Willkürverbot für nichtig erklärt.[966]

Eine Kompensation möglicher Eingriffe in die gemeindliche Planungshoheit durch ein „Mehr“ an Verfahren, das heißt durch eine erhöhte – über die Anforderungen des Raumordnungsgesetzes hinausgehende – verfahrensmäßige Beteiligung der Gemeinden ist mit Art. 28 Abs. 2 GG ebenfalls nicht vereinbar.[967]

---

961 Regionales Einzelhandelskonzept für das Östliche Ruhrgebiet und angrenzende Bereiche 2013, S. 10.

962 Siehe dazu 2. Teil B. IV. 1.

963 Kaltenborn/Würtenberger, NVwZ 2010, 236, 238.

964 Ibid.

965 Vgl. VerfGH NRW, Urt. v. 26.08.2009 – 18/08, zit. nach juris, Rn. 24 u. 50; so Kaltenborn/Würtenberger, NVwZ 2010, 236, 238.

966 VerfGH NRW, Urt. v. 26.08.2009 – 18/08, zit. nach juris, Rn. 65; Kaltenborn/Würtenberger, NVwZ 2010, 236, 238.

967 Siehe dazu 3. Teil B. II. 3. c).

Nach Prüfung der Beteiligungsmöglichkeiten der Gemeinden bei der Aufstellung der jeweiligen Pläne bzw. Konzepte ist festzustellen, dass – abstrakt betrachtet – in keinem der untersuchten Fälle eine Verletzung der kommunalen Planungshoheit gegeben ist.

b) Zielabweichungsverfahren

Fraglich ist weiter, ob sich ein Eingriff in Art. 28 Abs. 2 GG mit dem Verweis auf die grundsätzliche Möglichkeit der Durchführung eines Zielabweichungsverfahrens rechtfertigen lässt.[968]

Dies dürfte nicht der Fall sein, weil eine Zielabweichung zur Voraussetzung hat, dass sie unter raumordnerischen Gesichtspunkten vertretbar ist und die Grundzüge der Planung nicht berührt (vgl. § 6 Abs. 2 ROG).[969] Die Grundzüge der Planung werden aber bereits auf raumordnerischer Ebene festgelegt, sodass die Gemeinden hierauf keinen – zumindest keinen direkten – Einfluss haben.[970] Zwar sind zielförmig festgelegte raumordnerische Ansiedlungsverbote nicht gleichzeitig auch Grundzüge der Planung; jedoch begründen die Träger der Raumordnungsplanung „die Ansiedlungsverbote für Einzelhandel mit der Stärkung der Zentren und der Sicherung der Nahversorgung. Sie heben die Bedeutung dieser Belange in der Regel ganz besonders in den Raumordnungsplänen hervor. So nähern die Planungsträger die Ansiedlungsverbote den Grundzügen der Planung an."[971]

c) Recht auf ermessensfehlerfreie Abwägung

Jedenfalls aber sind die verfahrensmäßigen Beteiligungsrechte der Gemeinden zusätzlich auch materiell-rechtlich durch das Recht auf ermessensfehlerfreie Abwägung ihrer Belange abgesichert (Rechtsschutzmöglichkeit).[972]

Die geprüften einzelhandelsbezogenen Festlegungen des Regionalen Raumordnungsprogramms Hannover, des Regionalplans Stuttgart, des Regionalen Flächennutzungsplans Frankfurt/Rhein-Main, des Flächennutzungsplans des Zweckverbands Kassel und des Regionalen Einzelhandelskonzepts für das Östliche Ruhrgebiet und angrenzende Bereiche stehen daher mit der Selbstverwaltungsgarantie aus Art. 28 Abs. 2 GG in Einklang.

---

968 Kaltenborn/Würtenberger, NVwZ 2010, 236, 238.

969 Ibid.

970 Dies., a. a. O., 236, 239.

971 Ibid.

972 Brohm, DÖV 1989, 429, 436 m. w. N.

II. Eigentum gem. Art. 14 GG

Die in den fünf regionalen Einzelhandelskonzepten enthaltenen Standortbeschränkungen für großflächigen Einzelhandel könnten Art. 14 GG verletzen, weil sie Grundstückseigentümer an der Realisierung von Projekten auf deren Grundeigentum hindern.

Standorte für großflächigen Einzelhandel können durch raumordnerischen Zielfestlegungen – wie im Regionalen Raumordnungsprogramm Hannover, im Regionalplan Stuttgart und im Regionalen Flächennutzungsplan Frankfurt/ Rhein-Main – und Darstellungen in Flächennutzungsplänen – wie dem des Zweckverbands Kassel – beschränkt werden. Das Regionale Einzelhandelskonzept für das Östliche Ruhrgebiet und angrenzende Bereiche nimmt in diesem Zusammenhang eine Sonderstellung ein. Hier kommt eine Verletzung des Art. 14 GG nicht schon durch die interkommunale Vereinbarung in Betracht, da diese lediglich auf die Herstellung eines regionalen Konsens bei der Ansiedlung großflächigen Einzelhandels abzielt, sondern erst durch Regelungen, die bei Ablehnung des Vorhabens auf dieser Grundlage von mehreren Gemeinden bzw. in der Folge von einer Gemeinde getroffen werden.

1. Eingriff in den Schutzbereich

Die infrage stehenden Standortbeschränkungen greifen in Art. 14 GG ein, wenn sie die „Innehabung, Nutzung und Verwendung vorhandener Vermögensgüter“ beschränken.[973]

Beschränkungen der Standortwahl greifen grundsätzlich nicht in eine bereits vorhandene Eigentumsposition ein.[974] Zu dem Zeitpunkt, in dem der Projektträger die Standortwahl für ein Ansiedlungs- bzw. Erweiterungsvorhaben trifft, liegt noch kein eingerichteter und ausgeübter Gewerbebetrieb i. S. d. Art. 14 GG vor.[975] Zwar kann die Ansiedlung bzw. Erweiterung großflächigen Einzelhandels auch Ausdruck einer schon vorhandenen Eigentumsposition sein, jedoch dient sie vielmehr der Ausweitung einer solchen Position.[976] Es steht dann nicht mehr der Schutz des Eigentumsbestandes, sondern die durch Art. 12 GG geschützte „Erwerbs- und Leistungstätigkeit des Unternehmens“ im Mittelpunkt.[977]

973 Ernst, S. 103; vgl. Papier in: Maunz/Dürig, GG, Art. 14, Rn. 222.
974 Ernst, S. 103 in Bezug auf das Kongruenzgebot.
975 Dies., S. 103.
976 So ausdrücklich Ernst, S. 103.
977 Ernst, S. 103; vgl. Papier in: Maunz/Dürig, GG, Art. 14, Rn. 222.

Der bloße Plan eines Investors, ein Einzelhandelsgroßprojekt an einem bestimmten Standort zu realisieren, ist nicht vom Schutzbereich des Art. 14 GG umfasst.[978] Das folgt daraus, dass sich der Inhalt der Baufreiheit – vergleicht man die Rechtslage vor und nach Erlass der jeweiligen standortbeschränkenden Regelungen – (fast) nicht ändert.[979]

Vor Erlass richtet sich die Bebaubarkeit des Grundstücks mit großflächigem Einzelhandel entweder – im Falle einer Kern- oder Sondergebietsausweisung durch die Gemeinde – nach den §§ 7 und 11 Abs. 3 BauGB oder nach den §§ 34 und 35 BauGB.[980]

Auch nach Erlass bedarf der Grundstückseigentümer einer positiven Bauleitplanung durch die Gemeinde, um sein Vorhaben verwirklichen zu können.[981] Hierauf hat er aber keinen Anspruch, weil auf die Aufstellung von Bauleitplänen kein Anspruch besteht und ein solcher auch nicht durch Vertrag begründet werden kann (vgl. § 1 Abs. 3 S. 2 BauGB).[982] Die bloße Erwartung, dass „das Grundstück durch eine entsprechende Bauleitplanung der Standortgemeinde Bauland für den großflächigen Einzelhandel wird",[983] unterfällt als nur zukünftige Rechtsposition nicht dem Schutzbereich des Art. 14 GG.[984] Raumordnerische Zielfestlegungen sind für die Frage der Zulässigkeit eines Vorhabens im unbeplanten Innenbereich gem. § 34 BauGB mangels Raumordnungsklausel nicht berücksichtigungsfähig.[985]

Zu dem durch Art. 14 GG geschützten Bestand gehört allerdings auch „die Rechtsposition des Grundeigentümers, dass über die Frage, ob Grundeigentum Baulandqualität für den großflächigen Einzelhandel erlangt oder nicht, nur durch eine abwägende, nicht aber durch eine lediglich vollziehende Bauleitplanung (…) entschieden wird".[986]

Wenn der Detaillierungsgrad raumordnerischer Zielfestlegungen so hoch ist, dass bereits auf landes- bzw. regionalplanerischer Ebene eine abschließende Entscheidung über die Nutzungsmöglichkeit eines Grundstücks getroffen wird und der Bauleitplanung damit kein substantieller Gestaltungsspielraum bei der

---

978 Martic, S. 210 in Bezug auf Kongruenz- und Konzentrationsgebote.
979 El Bureiasi, S. 291 ff.; Martic, S. 210.
980 El Bureiasi, S. 292; Martic, S. 210.
981 Ibid.
982 Vgl. Martic, S. 210.
983 El Bureiasi, S. 292.
984 El Bureiasi, S. 292; Martic, S. 210.
985 Martic, S. 210.
986 El Bureiasi, S. 292.

Umsetzung mehr verbleibt, stellt sich die Frage nach der unmittelbaren Außenwirkung und Eigentumsrelevanz der entsprechenden Ziele der Raumordnung.[987]

Zwar richten sich raumordnerische Ziele gem. § 4 Abs. 1 ROG eigentlich nur an öffentliche Stellen und werden gegenüber Privaten nur durch vermittelnde Bauleitplanung verbindlich; wenn sie aber aufgrund ihrer Detailschärfe genauso wie bauleitplanerische Festsetzungen auf das Eigentum einwirken und deswegen ebenso wie diese „geeignet sein können, Inhalt und Schranken des Eigentums unmittelbar zu bestimmen", könnten sie ausnahmsweise auch gegenüber dem Bürger unmittelbare Außenwirkung entfalten.[988]

Dies lässt sich insofern diskutieren, als im Regionalen Raumordnungsprogramm Hannover, im Regionalplan Stuttgart und im Regionalen Flächennutzungsplan Frankfurt/Rhein-Main gebietsscharfe Ausweisungen den großflächigen Einzelhandel betreffend vorgenommen werden (vgl. insbesondere die „Tabuzonen" in Hannover). Die Grundstücke, die sich innerhalb eines Bereiches befinden, in dem großflächiger Einzelhandel ausgeschlossen ist, sind in ihrer Nutzbarkeit beschränkt.

Bei einem so hohen räumlichen und sachlichen Konkretisierungsgrad liegt es nahe, ausnahmsweise von einer bodenrechtlichen Durchgriffswirkung und somit unmittelbaren Außenwirkung der betreffenden raumordnerischen Zielfestlegungen auszugehen.[989]

Ob die Rechtsprechung in diesen Fallkonstellationen demnach zukünftig Eingriffe in Art. 14 GG annimmt, bleibt aber abzuwarten.

2. *Verfassungsrechtliche Rechtfertigung*

Die verfassungsrechtliche Rechtfertigung ist unabhängig davon, ob Eingriffe auf der Ebene der Raumordnung (Hannover, Stuttgart und Frankfurt/Rhein-Main) oder der Bauleitplanung (Kassel) vorgenommen werden, am selben Maßstab zu prüfen.[990]

Regelungen, die Standorte für großflächige Einzelhandelsbetriebe begrenzen, sind verfassungsgemäß, wenn sie nach Art. 14 Abs. 1 S. 2 GG zulässige Inhalts- und Schrankenbestimmungen des Eigentums darstellen.[991] Für die Prüfung dieser

987 Siehe dazu 3. Teil B. III. 1. b) bb).

988 El Bureiasi, S. 293 f.

989 Vgl. Bartram, S. 249 f.; Heemeyer, S. 142.
Eine Vergleichbarkeit mit der Festlegung von Konzentrationszonen für Windenergieanlagen im Außenbereich ist insoweit gegeben.

990 Bartram, S. 251.

991 BVerwG, Urt. v. 03.02.1984 – 4 C 54/80, zit. nach juris, Rn. 19.

Frage ist der Grundsatz der Verhältnismäßigkeit maßgeblich. Die Belange der Privatnützigkeit des Eigentums nach Art. 14 Abs. 1 S. 1 GG und der Sozialpflichtigkeit nach Art. 14 Abs. 2 GG müssen in einen angemessenen Ausgleich gebracht werden.[992] In diese Abwägung ist einzustellen, „welche privatnützlichen Verwendungsarten dem Eigentümer (…) unter Berücksichtigung der Situationsgebundenheit des Grundstücks (Lage, Beschaffenheit, Ortsgebundenheit, Einbettung in Natur und Landschaft und die sich daraus ergebenden Nutzungsmöglichkeiten bzw. Nutzungsbeschränkungen)" noch offenstehen und ob diese Verwendungsmöglichkeiten noch sinnvoll und wirtschaftlich vertretbar sind.[993]

In den Fällen, in denen für ein Gebiet lediglich die Nutzung der Grundstücke für großflächigen Einzelhandel ausgeschlossen ist, verbleibt den betroffenen Eigentümern in der Regel – vorausgesetzt es liegen keine sonstigen Beschränkungen der Bebaubarkeit vor – eine Vielzahl anderer Verwendungsmöglichkeiten.

Geht man also von einem Eingriff der in den regionalen Einzelhandelskonzepten enthaltenen Standortbeschränkungen aus, so überwiegt im Rahmen der verfassungsrechtlichen Rechtfertigung regelmäßig das öffentliche Interesse an der Erhaltung der zentralörtlichen Funktionen das private Interesse eines Grundeigentümers an der Nutzung seines Grundstücks für die Ansiedlung von Einzelhandelsgroßprojekten.

Eine Verletzung des Art. 14 GG lässt sich daher nicht feststellen.

III. Berufsfreiheit gem. Art. 12 GG

Die regionalen Einzelhandelskonzepte könnten aufgrund ihrer standortbeschränkenden Wirkung das Grundrecht der Berufsfreiheit verletzen, das Art. 12 GG für Deutsche gewährleistet.

Hinsichtlich der zu prüfenden Einzelhandelskonzepte ergeben sich keine Unterschiede zu Art. 14 GG, das heißt, dass nur die Zielfestlegungen in Regionalem Raumordnungsprogramm Hannover, Regionalplan Stuttgart und Regionalem Flächennutzungsplan Frankfurt/Rhein-Main sowie die Darstellungen im gemeinsamen Flächennutzungsplan des Zweckverbandes Kassel untersucht werden sollen.[994]

992 Bartram, S. 252; Hendler, DVBl. 2001, 1233, 1238.

993 Vgl. BVerfG, Beschl. v. 02.03.1999 – 1 BvL 7/91 (Denkmalschutz); Bartram, S. 252; vgl. Just in: Hoppe/Bönker/Grotefels, § 2, Rn. 69.

994 Siehe dazu 4. Teil B. II.

Den Schwerpunkt der Untersuchung bildet die Prüfung der Rechtmäßigkeit der Bestimmungen zu Factory-Outlet-Centern, da diese Betriebsform teilweise vollständig – jedenfalls der Sache nach – ausgeschlossen wird.

Die zu untersuchenden regionalen Einzelhandelskonzepte treffen in Bezug auf Factory-Outlet-Center folgende Regelungen:

Nach dem Regionalen Raumordnungsprogramm Hannover sind Hersteller-Direktverkaufszentren Einzelhandelsgroßprojekte und aufgrund ihrer besonderen Ausprägung und Funktion nur in Oberzentren an städtebaulich integrierten Standorten zulässig (Plansatz D 1.6.1 Abschn. 07 S. 1 RROP). Die Regelung ist aus dem Landes-Raumordnungsprogramm Niedersachsen (Plansatz C 1.6 Abschn. 03 S. 11 LROP 2002) übernommen worden, das sie bereits abschließend als Ziel der Raumordnung festgelegt hat.

Der Regionalplan Stuttgart bestimmt, dass Hersteller-Direktverkaufszentren/Fabrikverkaufszentren als Einkaufszentren zu behandeln und nur im Oberzentrum vorzusehen sind. Bei Einzugsbereichen, die nicht wesentlich über einen Mittelbereich hinausgehen, kommen hierfür auch Mittelzentren in Betracht (Plansatz 2.4.3.2.2 Abs. 2 S. 2 u. 3 (Z)).

Der Regionale Flächennutzungsplan Frankfurt/Rhein-Main legt fest, das Hersteller-Direktverkaufszentren überregional bedeutsame, großflächige Einzelhandelsvorhaben und aufgrund ihrer besonderen Ausprägung und Funktion nur in den zentralen Versorgungsbereichen der Oberzentren zulässig sind (Plansatz Z3.4.3-6 S. 1).

Der Kommunale Entwicklungsplan Zentren des Zweckverbands Raum Kassel definiert Factory-Outlet-Center zunächst als großflächige Einzelhandelsbetriebe, die in der Regel 10.000 qm und größer sind und die über eine größere Anzahl von kleinen Fachgeschäften verfügen, welche vorwiegend hochwertige Waren der zentrenrelevanten Sortimente preisgünstig (Vorjahresware) anbieten.[995] Eine Ansiedlung ist für das Verbandsgebiet nicht vorgesehen und wird auch im regionalen und überregionalen Bezug abgelehnt (S. 12 KEP Zentren). Gemäß Regionalplan Nordhessen ist die Ansiedlung von Hersteller-Direktverkaufszentren mit zentrenrelevanten Sortimenten nur in den Innenstädten der Oberzentren zulässig (Plansatz 3.1.3 Ziel 5 S. 2).

Im regionalen Einzelhandelskonzept für das Östliche Ruhrgebiet und angrenzende Bereiche werden Factory-Outlet-Center zwar erwähnt, aber keine speziellen Regelungen für sie getroffen.

995 KEP Zentren 2007, S. 12.

1. *Eingriff in den Schutzbereich*

Betreiber großflächigen Einzelhandels werden durch diese Regelungen in der freien Wahl von Standort und Größe des geplanten Vorhabens beschränkt. Sie können ihre Projekte gegebenenfalls nicht an dem von ihnen gewünschten Ort bzw. nicht in dem von ihnen gewünschten Umfang verwirklichen. Art. 12 GG ist auch auf inländische juristische Personen des Privatrechts seinem Wesen nach anwendbar (vgl. Art. 19 Abs. 3 GG).[996]

Eingriffe in die Berufs-, Gewerbe- und Wettbewerbsfreiheit – letztere i. V. m. Art. 14 GG – werden insbesondere in Bezug auf Konzentrations- und Kongruenzgebote diskutiert,[997] dürften aber auch im Hinblick auf das Integrationsgebot und das Beeinträchtigungsverbot von Belang sein, da alle vier Ge- bzw. Verbote ineinandergreifen und großflächige Einzelhandelsbetriebe in ihrem Zusammenwirken an Standorte lenken oder – und das ist der relevante Eingriff – von Standorten ausschließen. Integrationsgebot und Beeinträchtigungsverbot sind indes nur einschlägig, wenn eine Ansiedlung außerhalb städtebaulich integrierter Lagen erfolgen soll bzw. die verbrauchernahe Versorgung (wesentlich) beeinträchtigt wird.

2. *Verfassungsrechtliche Rechtfertigung*

a) *Abgrenzung Berufswahl-/Berufsausübungsregelung*

Die Bestimmungen in den regionalen Einzelhandelskonzepten, die eine „unkontrollierte" Ansiedlung verhindern, zielen prinzipiell nicht unmittelbar auf eine Beeinträchtigung der beruflichen bzw. gewerblichen Tätigkeit, sondern bezwecken eine raumverträgliche Einzelhandelssteuerung, sodass nicht eine Beschränkung mit subjektiv, sondern mit objektiv berufsregelnder Tendenz gegeben ist.[998]

Die vier Raumordnungsprinzipien bzw. die Darstellungen im Flächennutzungsplan sind daher grundsätzlich lediglich als Berufsausübungsregelungen zu qualifizieren. Eingriffe sind hier zulässig, soweit vernünftige Erwägungen des Gemeinwohls diese zweckmäßig erscheinen lassen.[999]

Etwas anderes könnte sich allerdings ergeben, wenn die infrage stehenden Standortbeschränkungen zur Folge hätten, dass Factory- und Designer-Outlet-Center

---

996 Remmert in: Maunz/Dürig, GG, Art. 19, Rn. 102.

997 Martic, S. 222 ff.

998 Siehe dazu 3. Teil B. IV. 1. b).

999 Siehe dazu 3. Teil B. IV. 2.

(Hersteller-Direktverkaufszentren) sowie diesen ähnliche Betriebsformen großflächigen Einzelhandels aus betriebswirtschaftlichen Gründen gar keine Realisierungschance an den raumordnungsrechtlich zugelassenen Standorten hätten.[1000]

Die Wirkungen der Standortbeschränkungen könnten Betreiber und Investoren von Einzelhandelsgroßprojekten dann zur Aufgabe ihres Berufes zwingen.[1001] Folge wäre eine faktische Berufswahlregelung,[1002] an die hinsichtlich der verfassungsrechtlichen Rechtfertigung ein strengerer Maßstab anzulegen ist.

Voraussetzung hierfür ist jedoch, dass der Beruf des „Factory-Outlet-Center-Betreibers" ein eigenständiges Berufsbild und nicht nur eine Berufsmodalität darstellt.[1003] Von einem eigenständigen Berufsbild dürfte trotz der strukturellen Besonderheiten von Factory-Outlet-Centern (FOC) nicht auszugehen sein, weil der Beruf des „FOC-Betreibers" im Vergleich zum „normalen" Betreiber großflächigen Einzelhandels nicht durch spezielle, zusätzliche Merkmale, sondern nur durch ein dem Umfang nach erweitertes, individuell anderes Unternehmenskonzept gekennzeichnet ist.[1004]

Dies gilt auch für die Hersteller der in Factory-Outlet-Centern vertriebenen Waren.[1005] Neben dem Sortiment für den herkömmlichen Facheinzelhandel produzieren die Hersteller zwar spezielle Sortimente nur für Direktverkaufszentren, um eine gewisse Unterscheidbarkeit zu gewährleisten; dennoch dürfte die Produktion der Waren für den „normalen" Einzelhandel den größeren Teil des Umsatzes ausmachen.[1006] Konsequenz der Annahme „nur" einer Berufsausübungsregelung durch Standortbeschränkungen für Factory-Outlets – vor allem durch ihre Anbindung ausschließlich an Oberzentren – ist demnach, dass Hersteller bloß von einzelnen Vertriebskanälen ausgeschlossen, nicht aber zur vollständigen Aufgabe ihres Berufes bzw. Unternehmens gezwungen werden.[1007]

1000 El Bureiasi, S. 279.

1001 El Bureiasi, S. 279; vgl. Schneider, S. 122.

1002 El Bureiasi, S. 279 f.; vgl. Schneider, S. 122; vgl. Scholz in: Maunz/Dürig, GG, Art. 12, Rn. 266 u. 342.

1003 El Bureiasi, S. 280; vgl. Pieroth/Schlink/Kingreen/Poscher, Rn. 879, 906.

1004 El Bureiasi, S. 280 f.

1005 Ernst, S. 108.

1006 Vgl. Ernst, S. 108.

1007 Ernst, S. 108.

b) Verhältnismäßigkeit

Maßgeblich ist damit die Frage, ob vernünftige Erwägungen des Gemeinwohls den Eingriff durch die Regelungen in den betreffenden regionalen Einzelhandelskonzepten zweckmäßig erscheinen lassen.

Im Hinblick auf Geeignetheit und Erforderlichkeit des Eingriffs in die Berufsausübungsfreiheit wird dem Grundsatz nach auf die Erwägungen zu den Art. 28 Abs. 2 und 14 GG Bezug genommen.[1008] So können die jeweiligen Eingriffe einer verbrauchernahen Versorgung der Bevölkerung dienen, die nicht durch gleich wirksame, aber weniger belastende Maßnahmen sichergestellt werden könnte. Besondere, gegenüber „normalem" großflächigem Einzelhandel schärfere Regelungen sind nötig, weil Factory-Outlet-Center ein sehr hohes raumordnerisches Konfliktpotential aufweisen.

Im Rahmen der Verhältnismäßigkeit im engeren Sinne ist abzuwägen zwischen der Schwere des Eingriffs in Art. 12 GG und dem öffentlichen Interesse, welches mit den Bestimmungen in den Einzelhandelskonzepten verfolgt wird.

Dabei stehen sich das öffentliche Interesse an ausgewogenen Versorgungsstrukturen als sachgerechte und infolgedessen vernünftige Erwägung des Gemeinwohls und das Interesse der Betreiber großflächiger Einzelhandelseinrichtungen an einer unbeschränkten Standortwahl gegenüber.[1009]

Bei der Güterabwägung ist der Gewährleistung ausgeglichener Versorgungsstrukturen für alle Teile der Bevölkerung ein hohes Gewicht beizumessen.[1010] So ist die Sicherung der Versorgung als Gemeinschaftsgut höchsten Ranges anerkannt.[1011]

Von vornherein scheiden alle Argumente aus, die davon ausgehen, dass sich Eingriffe in Art. 12 Abs. 1 GG damit rechtfertigen lassen, dass kleinflächiger Einzelhandel – wegen seiner besonderen Relevanz für die verbrauchernahe Versorgung – eines gegenüber großflächigen Betriebsformen des Einzelhandels verstärkten Schutzes bedarf.[1012]

Das deutsche Raumordnungsrecht schützt seinem Regelungszweck nach nicht vor Konkurrenz und ist wettbewerbsneutral.[1013]

1008 Siehe dazu 4. Teil B. I. 2. und 4. Teil B. II. 2.

1009 El Bureiasi, S. 282 f.

1010 Ders., S. 284.

1011 Vgl. BVerfG, Beschl. v. 18.12.1968 – 1 BvL 5/64, 1 BvL 14/64, 1 BvL 5/65, 1 BvL 11/65, 1 BvL 12/65, (Mühlengesetz), zit. nach juris, Rn. 35; El Bureiasi, S. 284.

1012 Vgl. Martic, S. 225 m. w. N.

1013 Martic, S. 225 m. w. N.; Schneider, S. 122; vgl. zu § 34 Abs. 3 BauGB: Wiggers, NJW-Spezial 2011, 556.

Zwar geht mit einer Einzelhandelssteuerung, die darauf ausgerichtet ist, die öffentliche Infrastruktur zu bündeln sowie Zersiedelung und unnötigen Verkehr zu vermeiden, gleichzeitig auch eine Stärkung der Wirtschaftsstruktur in den zentralen Versorgungsbereichen einher; jedoch ist der Auftrag, den die Raumordnung in der Bundesrepublik Deutschland als rechtlich verbindliche Maßgabe, Orientierungsrahmen und Leitbild für die Steuerung großflächigen Einzelhandels zu erfüllen hat, gerade nicht durch die Förderung wirtschaftlicher Belange gekennzeichnet.[1014] Eine nur mittelbare Einflussnahme auf die Wettbewerbssituation, beispielsweise durch Einschränkung der Standortwahl für großflächigen Einzelhandel, ist jedweder Planung als Neben- bzw. Folgewirkung immanent.[1015] Standortbeschränkungen für großflächigen Einzelhandel führen naturgemäß zu einer Begünstigung der bereits ortsansässigen Betriebe. Unter dem Gesichtspunkt der Verhältnismäßigkeit ist eine solche Einflussnahme auf den Wettbewerb aber als zulässige Nebenfolge hinzunehmen.

Mit einem vorrangigen Argument des Wettbewerbsschutzes begründete Planungen wären demgegenüber jedenfalls nach deutschem Recht unzulässig. Derartige Intentionen lassen sich den zu untersuchenden regionalen Einzelhandelskonzepten deshalb zu Recht auch nicht entnehmen.[1016]

Im Rahmen der Prüfung der Verhältnismäßigkeit ist ferner zu berücksichtigen, dass die auf dem Zentrale-Orte-System aufbauenden Standortbeschränkungen Betreiber von Einzelhandelsgroßprojekten im Prinzip nicht übermäßig stark belasten, da das Vorhaben entsprechend der Standortbeschränkungen geplant bzw.

Dieser Gesichtspunkt gilt für das Recht der Bauleitplanung entsprechend. So wäre es nach der Rechtsprechung des Bundesverwaltungsgerichts – insbesondere im Hinblick auf das Verbot der Aufstellung nicht für die städtebauliche Entwicklung und Ordnung erforderlicher Bauleitpläne (vgl. § 1 Abs. 3 S. 1 BauGB) – sachfremd, wenn eine Gemeinde durch ihre Planung unmittelbar den Wettbewerb des ortsansässigen Handels schützen wollte (BVerwG, Urt. v. 03.02.1984 – 4 C 54/80, zit. nach juris, Rn. 17).

Die grundsätzliche Wettbewerbsneutralität des deutschen Planungsrechts gilt auch für das Unionsrecht, da eine strikte Trennung von städtebaulichen und wirtschaftlichen Gründen praktisch nicht durchführbar ist (Dziallas, NZBau 2010, 618, 620).

1014 Kment, EuR 2011, 269, 278.

1015 BVerwG, Urt. v. 03.02.1984 – 4 C 54/80, zit. nach juris, Rn. 19.

1016 Vgl. dazu z. B. Regionalplan Stuttgart, Begründung zu Plansatz 2.4.3.2.2, S. 108: „Damit wird zwar Wettbewerb zwischen Standorten ausgeschlossen, nicht jedoch der Wettbewerb zwischen Einzelhandelsunternehmen; letzterer wird an bestimmten Standorten konzentriert."

an diese angepasst werden kann.[1017] Einen vollständigen Verzicht auf das Projekt erzwingen die Regelungen in den regionalen Einzelhandelskonzepten also in aller Regel nicht.[1018]

Deswegen ist die Verhältnismäßigkeit im engeren Sinne vielleicht nicht stets[1019], aber doch in aller Regel gewährleistet. Das gilt gerade aufgrund der generellen Zulässigkeit großflächigen Einzelhandels in Oberzentren, denen hier eine Auffangfunktion zukommt.[1020] Eine Verletzung der Berufsausübungsfreiheit aus Art. 12 Abs. 1 GG durch die in den untersuchten regionalen Einzelhandelskonzepten enthaltenen Regelungen lässt sich insoweit nicht feststellen.

Eine andere Beurteilung könnte jedoch wiederum für Factory-Outlet-Center in Betracht kommen.[1021]

Erstens lässt die in Oberzentren anzutreffende hohe Siedlungsdichte eine Ansiedlung großflächiger Betriebe, speziell von Factory-Outlet-Centern, deren Verkaufsfläche meist mehrere tausend Quadratmeter beträgt, oftmals nicht zu.[1022]

Zweitens sind Oberzentren insbesondere für Betreiber von Factory-Outlet-Centern meist nicht sonderlich attraktiv, weil die entsprechenden Marken auch in den Innenstädten angeboten werden und man sich durch ein weiteres – ebenfalls zentrales, aber günstigeres – Angebot (marken-)eigener Konkurrenz um Kunden und Preise aussetzen würde.[1023]

Schließlich kann der Einzugsbereich eines Factory-Outlet-Centers sogar den Verflechtungsbereich eines Oberzentrums überschreiten.[1024] Bei Vorliegen eines strikt gefassten Kongruenzgebotes hätte das automatisch eine Verletzung dieses Gebotes zur Folge.

Fraglich ist daher – und das gilt insbesondere im Hinblick auf Konzentrations- und Kongruenzgebot –, ob die Standortbeschränkungen in den zu untersuchenden Einzelhandelskonzepten faktisch einen Totalausschluss von Factory-Outlet-Centern bewirken.[1025] Wäre dies der Fall, dürften Factory-Outlet-Center praktisch

1017 El Bureiasi, S. 285; Spannowsky, NdsVBl. 2001, 32, 39.
1018 El Bureiasi, S. 285.
1019 So aber Spannowsky, NdsVBl. 2001, 32, 39.
1020 El Bureiasi, S. 287; Spannowsky, NdsVBl. 2001, 32, 39.
1021 El Bureiasi, S. 285.
1022 Martic, S. 225.
1023 El Bureiasi, S. 285 f.; Hoppe/Otting, Der Landkreis 2000, 376, 378; Kopf, S. 37; Martic, S. 225.
1024 El Bureiasi, S. 286.
1025 Vgl. El Bureiasi, S. 287 und Hoppe/Otting, Der Landkreis 2000, 376, 378.

nirgendwo mehr angesiedelt werden, sodass für diese Betriebsform keinerlei Verwirklichungschancen mehr bestünden.

Das Planungsrecht will indes nicht eine bestimmte Betriebsform von vornherein verbieten, sondern die verschiedenen Betriebsformen nur an die für sie unter raumplanerischen Gesichtspunkten jeweils geeigneten Standorte lenken.[1026] Dem Grundsatz nach sind Oberzentren wegen ihrer großen Einzugsbereiche zur Ansiedlung von Factory-Outlet-Centern geeignet.[1027] Problematisch ist nur, in wessen Risikosphäre es fällt, wenn Waren derselben Marke bereits vom Facheinzelhandel in den Innenstädten angeboten werden.[1028] Hier dürfte der Risikobereich des Unternehmers und nicht der des Planungsrechts betroffen sein, weil sich kein Unternehmer im Bereich großflächigen Einzelhandels darauf berufen kann, „dass es ihm aufgrund eines gesättigten Markts unmöglich sei, ein weiteres Einzelhandelsgroßprojekt zu verwirklichen."[1029] Das Planungsrecht stellt mit den Oberzentren überhaupt Standorte für Factory-Outlet-Center zur Verfügung und erfüllt damit an sich seine Verpflichtung zur Bereitstellung von Flächen für alle Betriebsformen.[1030]

Factory-Outlet-Center unterscheiden sich jedoch von sonstigem großflächigen Einzelhandel dadurch, dass sie nicht auf die allgemeine Versorgung der Bevölkerung ausgerichtet sind, sondern vielmehr ein spezialisiertes Sortiment führen.[1031] Deswegen können sie ausgeglichene Versorgungsstrukturen zumindest nicht in dem Maße wie beispielsweise Warenhäuser oder Verbrauchermärkte gefährden.[1032] Sie ziehen nicht so viel Kaufkraft ab.[1033] Eine direkte Konkurrenz zum Einzelhandel in den Innenstädten entsteht nur dann, wenn infolge der Ansiedlung eines Factory-Outlet-Centers auch Betriebe mit anderen, nicht derart spezialisierte Warensortimenten angesiedelt werden.[1034] Ein solches „Umkippen" eines Hersteller-Direktverkaufszentrums in ein Einkaufszentrum kann aber auf der Ebene des Bauplanungsrechts durch Sortimentsfestsetzungen verhindert werden.[1035]

1026 El Bureiasi, S. 287.
1027 Ibid.
1028 Ders., S. 287 f.
1029 Ders., S. 288.
1030 Ibid.
1031 Bartram, S. 257 f.; Ernst, S. 111.
1032 Bartram, S. 257; Ernst, S. 111.
1033 Ernst, S. 111.
1034 Bartram, S. 258; Ernst, S. 111.
1035 Ernst, S. 111.

Fraglich ist weiter, ob der Grundsatz der Verhältnismäßigkeit als Schranke des Kongruenzgebotes gewahrt ist bzw. ob nicht eine sachgerechte Steuerung der Ansiedlung von Factory-Outlet-Centern allein durch ein Beeinträchtigungsverbot ohne Zuhilfenahme eines Kongruenzgebotes erreicht werden kann.[1036]

So wird für strikte Kongruenzgebote teilweise angenommen, dass – neben dem Beeinträchtigungsverbot auf raumordnerischer Ebene – das Abwägungsgebot des § 1 Abs. 7 BauGB und das interkommunale Abstimmungsgebot des § 2 Abs. 2 S. 2 BauGB auf bauleitplanerischer Ebene als sachgerechte und infolgedessen letztlich ausreichende Steuerungsinstrumente zur Verfügung stünden.[1037] Deswegen verletzten strikt gefasste Standortbeschränkungen in verfassungsrechtlich nicht zu rechtfertigender Weise das Grundrecht der Betreiber von Factory-Outlet-Centern aus Art. 12 GG.[1038] Diese Meinung ist im Ergebnis nicht vollständig überzeugend, da auch strikt gefasste Kongruenzgebote bei Einhaltung der an sie zu stellenden Bestimmtheitsanforderung nicht zwangsläufig gegen die Berufsausübungsfreiheit verstoßen.

Etwas anderes kann für Kongruenzgebote in Form von Soll-Zielen gelten.[1039] So werden zumindest solche Soll-Ziele zu Recht als zulässig erachtet, die – vergleichbar dem Beeinträchtigungsverbot – eine Ansiedlung von Hersteller-Direktverkaufszentren im Wege einer Ausnahme zulassen, wenn dadurch die Versorgungsfunktion des jeweiligen höherstufigen zentralen Ortes nicht beeinträchtigt wird.[1040]

Bezüglich der vier im Rahmen dieser Arbeit relevanten Einzelhandelskonzepte ergibt sich, dass keine der darin enthaltenen Regelungen zu Factory-Outlet-Centern als raumordnerisches Soll-Ziel ausgestaltet ist.

Im Ergebnis sind die Regelungen im Regionalen Raumordnungsprogramm Hannover und Regionalen Flächennutzungsplan Frankfurt/Rhein-Main – trotz der weiteren Beschränkungen auf städtebaulich integrierte Standorte (Plansatz D 1.6.1 Abschnitt 07 S. 1 RROP) bzw. zentrale Versorgungsbereiche (Plansatz Z3.4.3-6 S. 1) – aufgrund der generellen Bereitstellung von Flächen für Factory-Outlet-Center in Oberzentren als zulässig zu erachten.

Die Bestimmung zu Hersteller-Direktverkaufszentren im Regionalplan Stuttgart (Plansatz 2.4.3.2.2 Abs. 2 S. 2 u. 3 (Z)) dürfte als verfassungsgemäße Einschränkung des Art. 12 GG anzusehen sein, da sie nicht nur auf Oberzentren

1036 Dies., S. 111 ff.
1037 Dies., S. 112 f.
1038 Dies., S. 113.
1039 Ibid.
1040 Ibid.

beschränkt ist, sondern eine Ansiedlung von Factory-Outlet-Centern bei Einzugsbereichen, die nicht wesentlich über einen Mittelbereich hinausgehen, auch in Mittelzentren möglich bleibt.

Fraglich ist, ob der Kommunale Entwicklungsplan Zentren den Regionalplan in zulässiger Art und Weise konkretisiert, weil er einen vollständigen Ausschluss von Factory-Outlet-Centern – auch in den Oberzentren – zum Inhalt hat. Der Regionalplan (Plansatz 3.1.3 Ziel 5 S. 2) nimmt jedoch lediglich eine Positivregelung in dem Sinne vor, dass Hersteller-Direktverkaufszentren nur in den Innenstädten der Oberzentren zulässig sind.[1041] Er verbietet es den verbandsangehörigen Städten und Gemeinden umgekehrt nicht, im Rahmen ihrer Planungshoheit Factory-Outlet-Center komplett auszuschließen.

Die Regelung im Kommunalen Entwicklungsplan stellt aber insoweit einen besonders intensiven Eingriff in die Berufsfreiheit der Betreiber und Investoren von Factory-Outlet-Centern dar, als sie eine Ansiedlung der entsprechenden Betriebe im Verbandsgebiet in vollem Umfang ohne Ausnahme unterbindet.

Es wird hier nicht nur – wie im Regionalen Raumordnungsprogramm Hannover und im Regionalen Flächennutzungsplan Frankfurt/Rhein-Main – eine im Hinblick auf Art. 12 GG schon kritische Beschränkung auf Oberzentren vorgenommen; vielmehr erfolgt sogar ein Ausschluss der Betriebsform „Factory-Outlet-Center" für das gesamte Verbandsgebiet.

Eine Verhältnismäßigkeit dieses Eingriffs dürfte nur schwer zu begründen sein. Sie könnte mit dem Argument in Betracht kommen, dass eine Ansiedlung außerhalb des Verbandsgebiets schließlich noch möglich ist. Das hindert allerdings nicht die Feststellung, dass bezüglich des Verbandsgebiets eine Verletzung des Grundrechts der Berufsfreiheit gegeben ist. Wenn Hersteller-Direktverkaufszentren in sämtlichen Planungsregionen flächendeckend ausgeschlossen werden, kommt dies faktisch einem Verbot dieser Betriebsform gleich.

C. Einfaches Bundesrecht

Abschließend ist die Vereinbarkeit der regionalen Einzelhandelskonzepte mit dem Bundesrecht zu prüfen.

Fraglich ist, ob die in den regionalen Einzelhandelskonzepten getroffenen Regelungen den an raumordnerische Zielfestlegungen zu stellenden gesetzlichen Anforderungen – unter den Gesichtspunkten ihrer grundsätzlichen

---

1041 Dabei sind Factory-Outlet-Center negativ in Mittel- und Grundzentren ausgeschlossen.

Bindungswirkung sowie ihrer räumlichen und sachlichen Bestimmtheit bzw. Bestimmbarkeit – Rechnung tragen (vgl. § 3 Abs. 1 Nr. 2 ROG).

Die Untersuchung beschränkt sich dabei auf das Regionale Raumordnungsprogramm Hannover, den Regionalplan Stuttgart und den Regionalen Flächennutzungsplan Frankfurt/Rhein-Main. Der Flächennutzungsplan des Zweckverbandes Raum Kassel und das Regionale Einzelhandelskonzept für das Östliche Ruhrgebiet und angrenzende Bereiche können schon ihrer Rechtsnatur nach keine Ziele der Raumordnung beinhalten.

I. Raumordnerische Ge- bzw. Verbote

Die Zielqualität raumordnerischer Ge- bzw. Verbote muss einzelfallspezifisch geprüft werden.

Gegenstand gerichtlicher Auseinandersetzung waren zuletzt Konzentrations-, Kongruenz- und Integrationsgebot sowie das Beeinträchtigungsverbot des Landes-Raumordnungsprogrammes Niedersachsen 2008 (LROP NDS).[1042]

„Die Frage nach der hinreichenden Bestimmbarkeit des Kongruenzgebotes kann nur für die jeweilige konkrete Ausgestaltung dieses Gebotes in einem Raumordnungsplan oder im Zusammenwirken mehrerer konkreter Pläne entschieden werden."[1043] Dieser Grundsatz gilt für die übrigen Ge-/Verbote bzw. regionalen Einzelhandelskonzepte entsprechend.

1. Konzentrationsgebote

In Bezug auf das Konzentrationsgebot des Regionalen Raumordnungsprogramms Hannover ergeben sich zunächst keine Schwierigkeiten.

Auf landesplanerischer Ebene sind in Niedersachsen neue Einzelhandelsgroßprojekte nach dem Konzentrationsgebot nur innerhalb des zentralen Siedlungsbereiches des jeweiligen Zentralen Ortes zulässig (Ziffer 2.3 03 S. 5 LROP NDS).[1044] Das Regionale Raumordnungsprogramm Hannover (RROP) setzt dieses landesplanerische Gebot auf regionaler Ebene durch die Ausweisung zentralörtlicher Standortbereiche um.[1045]

Für einen dieser zentralörtlichen Standortbereiche hat das Oberverwaltungsgericht Lüneburg entschieden, dass die Festlegung dieses Bereiches durch das

1042 OVG Lüneburg, Urt. v. 15.03.2012 – 1 KN 152/10; OVG Lüneburg, Beschl. v. 17.05.2013 – 1 ME 56/13.

1043 OVG Lüneburg, Urt. v. 15.03.2012 – 1 KN 152/10, zit. nach juris, Rn. 99.

1044 Vgl. OVG Lüneburg, a. a. O., Rn. 44 f.

1045 Vgl. OVG Lüneburg, a. a. O., Rn. 45.

RROP „aufgrund der Berücksichtigungsfähigkeit gemeindlicher Zielsetzungen und der besonderen Siedlungsstruktur der Antragsgegnerin mit dem LROP vereinbar" ist.[1046] Prüfungsgegenstand des genannten Verfahrens war der Bebauungsplan 1/30 G „Sondergebiet Garbsen-Mitte".[1047]

Im Rahmen dieser Untersuchung können weder die Eignung einzelner Standorte bzw. Bebauungspläne für die Ansiedlung großflächigen Einzelhandels noch die Festlegung sämtlicher zentralörtlicher Standortbereiche im Regionalen Raumordnungsprogramm überprüft werden. Es genügt hier die Feststellung, dass das Oberverwaltungsgericht Lüneburg die Zielqualität des Konzentrationsgebotes in dem dargestellten Fall nicht in Zweifel gezogen hat.

Als problematisch im Hinblick auf die Bindungswirkung des Landesraumordnungsplans gegenüber dem Regionalplan erweist sich jedoch das Konzentrationsgebot des Regionalplans Stuttgart.

Nach § 4 Abs. 1 S. 1 Nr. 1 ROG sind Ziele der Raumordnung u.a. bei raumbedeutsamen Planungen öffentlicher Stellen zu beachten. So muss ein Regionalplan die in einem Landesentwicklungsplan festgelegten Ziele der Raumordnung ausformen (vgl. § 11 Abs. 2 S. 2 LPlG BW).[1048] Er darf „nur den durch dieses Ziel für das ganze Land vorgegebenen Rahmen regionalmaßstäblich verfeinern[,] … nicht [aber] verändern … ."[1049]

Die Frage, ob das Konzentrationsgebot in Plansatz 2.4.3.2.2 (Z) Abs. 1 des Regionalplans Stuttgart, wonach Einzelhandelsgroßprojekte bis auf eine Ausnahme (Grundversorgung, vgl. Plansatz 2.4.3.2.2 (Z) Abs. 4) nur im Oberzentrum bzw. den Mittel- und Unterzentren zulässig sind, diese Anforderung erfüllt, ist Gegenstand des Normenkontrollantrages der als Kleinzentrum ausgewiesenen Stadt Wendlingen gegen den Verband Region Stuttgart als Träger der Regionalplanung gewesen.[1050]

Plansatz 3.3.7 Z S. 1 LEP BW bestimmt u.a., dass Einzelhandelsgroßprojekte sich in das zentralörtliche Versorgungssystem einfügen sollen und in der Regel nur in Ober-, Mittel- und Unterzentren ausgewiesen, errichtet oder erweitert werden dürfen. Plansatz 3.3.7 Z S. 2 LEP BW lässt zwei Abweichungen von dieser Regel zu: So kommen auch Standorte in Kleinzentren und Gemeinden ohne zentralörtliche Funktion in Betracht, wenn dies nach den raumstrukturellen Gegebenheiten zur Sicherung der Grundversorgung geboten ist oder diese in

1046 OVG Lüneburg, a. a. O., Rn. 45.
1047 OVG Lüneburg, a. a. O., Rn. 1.
1048 VGH Mannheim, Urt. v. 15.11.2012 – 8 S 2525/09, zit. nach juris, Rn. 28.
1049 VGH Mannheim, a. a. O., Rn. 30.
1050 VGH Mannheim, Urt. v. 15.11.2012 – 8 S 2525/09.

Verdichtungsräumen liegen und mit Siedlungsbereichen benachbarter Ober-, Mittel- oder Unterzentren zusammengewachsen sind.

Der landesweite Raumordnungsplan enthält also in Plansatz 3.3.7 Z LEP BW eine Regel-Ausnahme-Festlegung. Im Gegensatz dazu ist Plansatz 2.4.3.2.2 (Z) Abs. 1 des Regionalplans als Muss-Vorschrift („sind nur") formuliert.

Grundsätzlich darf der Regionalplan keinen „im Landesentwicklungsplan verbindlich als Ausnahme von der Regel festgelegten Tatbestand ausschließen".[1051] Etwas anderes gilt allerdings, wenn und soweit die Regel-Ausnahme-Festlegung im Landesentwicklungsplan selbst einen Ausgestaltungsspielraum für die nachfolgende Regionalplanung eröffnet.[1052]

Im vorliegenden Fall hat der Verwaltungsgerichtshof jedoch – unter Berücksichtigung von Wortlaut, Kontext und Planbegründung des Landesentwicklungsplans – keine Anhaltspunkte für die Zulässigkeit einer strengeren Ausformung durch den Regionalplan gesehen. Die Wendung „kommen auch … in Betracht" in Plansatz 3.3.7 Z S. 2 LEP BW deutet nicht darauf hin, dass bei Vorliegen der Abweichungsvoraussetzungen ein regionalplanerischer Spielraum, die Abweichung in Betracht zu ziehen, erst eröffnet ist, da Zieladressaten nicht allein die Träger der Regionalplanung sind.[1053] Insoweit hat der Verwaltungsgerichtshof seine bisherige Rechtsprechung zu dieser Frage aufgegeben.[1054]

Plansatz 2.4.3.2.2 (Z) Abs. 1 des Regionalplans Stuttgart verengt daher die Regel-Vorschrift in Plansatz 3.3.7 Z S. 1, 2. HS des Landesentwicklungsplans Baden-Württemberg unzulässigerweise in eine Muss-Vorschrift.[1055] Unzulässig ist es auch, eine der beiden in Plansatz 3.3.7 Z S. 2 LEP BW genannten Abweichungsmöglichkeiten von der Regel (Zusammenwachsen mit Siedlungsbereichen benachbarter Ober-, Mittel- oder Unterzentren in Verdichtungsräumen) auf der Ebene des Regionalplans stillschweigend auszuschließen und diese somit von der Durchführung eines Zielabweichungsverfahrens abhängig zu machen.[1056]

Hinsichtlich der Zielqualität des Konzentrationsgebotes im Regionalen Flächennutzungsplan Frankfurt/Rhein-Main bestehen keine Bedenken.

1051 VGH Mannheim, Urt. v. 15.11.2012 – 8 S 2525/09, zit. nach juris, Rn. 30.
1052 Ibid.
1053 VGH Mannheim, a. a. O., Rn. 38.
1054 Vgl. VGH Mannheim, Beschl. v. 09.12.2005 – 8 S 1754/05.
1055 VGH Mannheim, Urt. v. 15.11.2012 – 8 S 2525/09, zit. nach juris, Rn. 42.
1056 Ibid.

2. *Kongruenzgebote*

Fraglich ist weiter, ob das in den jeweiligen Plänen verankerte Kongruenzgebot Zielqualität aufweist.

So wird teilweise angenommen, dass Kongruenzgeboten nur dann Zielqualität zukomme, wenn die Mindestausstattung an Versorgung mit Dienstleistungen und Infrastrukturen der Daseinsvorsorge gefährdet sei.[1057] Dies wird damit begründet, dass das System der Zentralen Orte lediglich der Gewährleistung einer Mindestausstattung an Versorgung mit Dienstleistungen und Infrastrukturen der Daseinsvorsorge, etc. diene (vgl. § 2 Abs. 2 Nr. 1 S. 1, Nr. 3 S. 1-3 ROG).[1058]

Dieser Argumentation lässt sich aber entgegenhalten, dass sich die Funktion der Zentralen Orte nach den Vorgaben des Raumordnungsgesetzes nicht nur auf die Bereitstellung einer Mindestausstattungsgarantie beschränkt (vgl. § 2 Abs. 2 Nr. 3 S. 3 ROG).[1059]

Dem Grundsatz nach kann Kongruenzgeboten also Zielqualität zukommen.

Speziell in Bezug auf die hier zu untersuchenden Kongruenzgebote stellt sich allerdings die Frage, ob diese der an ein Ziel der Raumordnung zu stellenden Anforderung hinreichender Bestimmtheit bzw. Bestimmbarkeit genügen.

Das Kongruenzgebot des Landesraumordnungsprogrammes Niedersachsen lautet wie folgt: „Verkaufsfläche und Warensortiment von Einzelhandelsgroßprojekten müssen der zentralörtlichen Versorgungsfunktion und dem Verflechtungsbereich des jeweiligen Zentralen Ortes entsprechen (Kongruenzgebot). Der Umfang neuer Flächen bestimmt sich auch aus den vorhandenen Versorgungseinrichtungen und der innergemeindlichen Zentrenstruktur (Ziffer 2.3 03 S. 1 u. 2 LROP NDS).“ Es stimmt inhaltlich mit dem Kongruenzgebot des Regionalen Raumordnungsprogrammes überein.[1060]

Das Problem der hinreichenden Bestimmbarkeit stellt sich insbesondere im Hinblick auf den im Kongruenzgebot enthaltenen Begriff des „Verflechtungsbereiches“.[1061]

Dieser Begriff ist zunächst zu definieren und von dem des „Einzugsbereiches“ abzugrenzen. Einzugsbereich ist der Bereich, „aus dem das planerisch ermögliche Vorhaben mit seiner Verkaufsfläche voraussichtlich Kaufkraft abziehen

1057 Schmitz in: Bielenberg/Runkel/Spannowsky, ROG, L § 6, Rn. 65.

1058 Hoppe, DVBl. 2000, 293, 295 f.; Schmitz in: Bielenberg/Runkel/Spannowsky, ROG, L § 6, Rn. 65; Schneider, S. 117 m. w. N.

1059 Schmitz in: Bielenberg/Runkel/Spannowsky, ROG, L § 6, Rn. 66.

1060 Vgl. OVG Lüneburg, Urt. v. 15.03.2012 – 1 KN 152/10, zit. nach juris, Rn. 52.

1061 OVG Lüneburg, a. a. O., Rn. 98 ff.

wird."[1062] Verflechtungsbereich ist im Gegensatz dazu der Bereich, der „jeder Gemeinde in Abhängigkeit von ihrem Zentralitätsstatus (…) zugewiesen sein" soll.[1063]

In der Literatur ist umstritten, ob der Begriff hinreichend bestimmbar ist. Dies wird einerseits bezüglich Zielsatz 3.3.7.1 S. 1 des Landesentwicklungsplanes Baden-Württemberg 2002 (LEP BW) verneint, andererseits bezüglich § 24 Abs. 3 LEPro NRW a. F. bejaht.[1064] Die letztgenannte Auffassung argumentiert u.a. damit, dass zur Abgrenzung von Verflechtungsbereichen auf die Einzugsbereiche öffentlicher Einrichtungen abgestellt werden könne, da diese „noch ein relativ konsistentes Netz dezentraler Versorgungsbeziehungen" aufwiesen.[1065]

Grundsätzlich darf der Raumordnungsplangeber Verflechtungsbereiche wahlweise zeichnerisch – wie beispielsweise in Karte 2 des Landesentwicklungsplanes Baden-Württemberg – oder textlich festlegen.[1066]

Bei zeichnerischer Festlegung ist die hinreichende Bestimmtheit gegeben.[1067] Bei textlicher Festlegung ist eine direkte Nennung der Verflechtungsbereiche dann nicht notwendig, wenn der unbestimmte Rechtsbegriff des „Verflechtungsbereiches" selbst hinreichend bestimmbar ist.[1068]

Da im Landes-Raumordnungsprogramm Niedersachsen und im Regionalen Raumordnungsprogramm weder eine kartographische noch eine ausdrückliche textliche Abgrenzung der Verflechtungsbereiche erfolgt, wird eine Auslegung des Begriffs aus der textlichen Festlegung des Kongruenzgebots erforderlich.[1069]

1062 OVG Lüneburg, a. a. O., Rn. 120.

1063 OVG Lüneburg, a. a. O., Rn. 121.

1064 OVG Lüneburg, Urt. v. 15.03.2012 – 1 KN 152/10, zit. nach juris, Rn. 102; verneinend Kuschnerus, ZfBR 2010, 324, 330; bejahend El Bureiasi, S. 183.
Plansatz 3.3.7.1 S. 1 LEP BW lautet: „Die Verkaufsfläche der Einzelhandelsgroßprojekte soll so bemessen sein, dass deren Einzugsbereich den zentralörtlichen Verflechtungsbereich nicht wesentlich überschreitet."
§ 24 Abs. 3 LEPro NRW a. F. lautete: „Kerngebiete sowie Sondergebiete für Einkaufszentren, großflächige Einzelhandelsbetriebe und sonstige großflächige Handelsbetriebe sollen nur ausgewiesen werden, soweit die in ihnen zulässigen Nutzungen nach Art, Lage und Umfang der angestrebten zentralörtlichen Gliederung sowie der in diesem Rahmen zu sichernden Versorgung der Bevölkerung entsprechen und wenn sie räumlich und funktional den Siedlungsschwerpunkten zugeordnet sind."

1065 El Bureiasi, S. 183; vgl. dazu Schöller, S. 69.

1066 OVG Lüneburg, Urt. v. 15.03.2012 – 1 KN 152/10, zit. nach juris, Rn. 106, 111.

1067 OVG Lüneburg, a. a. O., Rn. 106.

1068 OVG Lüneburg, a. a. O., Rn. 107.

1069 OVG Lüneburg, a. a. O., Rn. 109 ff.

Nach der Rechtsprechung des Oberverwaltungsgerichts Lüneburg scheitert die hinreichende Bestimmbarkeit daran, dass anhand von LROP und RROP nicht geklärt werden kann,

1. ob der Verflechtungsbereich für Grundversorgung, mittel- und oberzentrale Versorgung getrennt oder gemeinsam zu bestimmen ist,
2. ob der Verflechtungsbereich eines Mittelzentrums gegenüber benachbarten Grundzentren und Mittel-/Oberzentren einheitlich abgegrenzt werden soll und
3. ob die Verflechtungsbereiche trennscharf abgegrenzt werden oder sie sich überlappen sollen, sodass aus verschiedenen Zentren Kaufkraft abgezogen werden darf.[1070]

Nach dem Urteil des Oberverwaltungsgerichts hätte der Landesraumordnungsgesetzgeber im Bereich um das Oberzentrum Hannover die Verflechtungsbereiche der Mittelzentren selbst festlegen müssen, sodass deutlich wird, ob bzw. inwieweit sich diese überlappen dürfen ohne das Kongruenzgebot zu verletzen.[1071] Einer solchen Festlegung würde die verfassungsrechtlich in Art. 28 Abs. 2 GG gewährleistete Planungshoheit der Gemeinden vor allem deswegen nicht entgegenstehen, weil diese das Kongruenzgebot sonst nicht rechtssicher handhaben können.

Demnach vermögen weder das LROP NDS auf Ebene der Landesplanung, noch das RROP auf Ebene der Regionalplanung noch das Einzelhandelskonzept der Region Hannover eine Bestimmbarkeit des Begriffes des „Verflechtungsbereiches" herzustellen.[1072]

Auch der im Kongruenzgebot des Landesraumordnungsprogramms Niedersachsen enthaltene Begriff des „Entsprechens" ist nicht hinreichend bestimmbar.[1073]

1070 OVG Lüneburg, a. a. O., Rn. 116 ff.

1071 OVG Lüneburg, a. a. O., Rn. 142.

1072 OVG Lüneburg, Urt. v. 15.03.2012 – 1 KN 152/10, zit. nach juris, Rn. 112 ff.; Anschluss bezüglich des Kongruenzgebotes im LROP: VG Osnabrück, Beschl. v. 13.03.2013 – 2 B 29/11 zit. bei OVG Lüneburg, Beschl. v. 17.05.2013 – 1 ME 56/13, zit. nach juris, Rn. 12.

1073 OVG Lüneburg, Urt. v. 15.03.2012 – 1 KN 152/10, zit. nach juris, Rn. 146 ff. Das Kongruenzgebot in Ziffer 2.3 Abschn. 03 S. 1 LROP NDS lautet: „Verkaufsfläche und Warensortiment von Einzelhandelsgroßprojekten müssen der zentralörtlichen Versorgungsfunktion und dem Verflechtungsbereich des jeweiligen Zentralen Ortes entsprechen."

Zwar ergibt sich aus der Begründung des Landesraumordnungsprogrammes, dass ein Verstoß gegen das Kongruenzgebot besteht, wenn der Einzugsbereich eines Einzelhandelsgroßprojektes den zentralörtlichen Verflechtungsbereich der Ansiedlungsgemeinde wesentlich überschreitet und von einer wesentlichen Überschreitung in jedem Fall auszugehen ist, wenn zu erwarten ist, dass mehr als 30 % des Umsatzes aus Räumen außerhalb des jeweiligen zentralörtlichen Verflechtungsbereichs erzielt werden; jedoch ist die 30 %-Grenze nicht - was erforderlich wäre - im festsetzenden Teil des LROP angelegt.[1074]

Demgegenüber wird der Begriff des „Entsprechens“ im Landesentwicklungsplan Baden-Württemberg als bestimmbar angesehen.[1075] So ist bereits im Text des Plansatzes 3.3.7.1 Z LEP BW die Regelung enthalten, dass die Verkaufsfläche der Einzelhandelsgroßprojekte so bemessen sein soll, dass deren Einzugsbereich den zentralörtlichen Verflechtungsbereich nicht *wesentlich* überschreitet.[1076]

Der Begriff des „Entsprechens“ im Regionalen Flächennutzungsplan Frankfurt/Rhein-Main ist ebenfalls bestimmbar. Auch hier ist die Verkaufsfläche von Einzelhandelsprojekten so zu bemessen, dass der angestrebte Einzugsbereich des Vorhabens den zentralörtlichen Verflechtungsbereich der Standortgemeinde nicht *wesentlich* überschreitet (Plansatz Z3.4.3-2 Abs. 1 S. 2).

Schwierigkeiten bereitet schließlich noch die Frage der hinreichenden Bestimmbarkeit des Begriffs des „Warensortiments“ im Landes-Raumordnungsprogramm Niedersachsen und Regionalen Raumordnungsprogramm Hannover.[1077]

Das basiert auf folgender Überlegung: Wenn großflächiger Einzelhandel z.B. in einem Oberzentrum angesiedelt werden soll, ergeben sich in Bezug auf das Warensortiment keine Probleme, weil die Orte höheren Zentralitätsgrades für ihre Bevölkerung die Versorgungsaufgaben von Orten niederrangiger Zentralitätsstufen miterfüllen.[1078] Somit sind in einem Oberzentrum unproblematisch auch Vorhaben zulässig, die Waren bzw. Dienstleistungen der Grundversorgung anbieten. Wenn nun aber umgekehrt großflächiger Einzelhandel in einem Grundzentrum angesiedelt werden soll, müssen die Warensortimente des allgemeinen täglichen

1074 Erläuterungen zum LROP NDS 2008, S. 89; OVG Lüneburg, Urt. v. 15.03.2012 - 1 KN 152/10, zit. nach juris, Rn. 146 ff.

1075 OVG Lüneburg, Urt. v. 15.03.2012 - 1 KN 152/10, zit. nach juris, Rn. 150.

1076 Ibid.

1077 OVG Lüneburg, a. a. O., Rn. 151 ff.

1078 OVG Lüneburg, a. a. O., Rn. 151.

(Grundzentrum), des gehobenen (Mittelzentrum) und des spezialisierten höheren (Oberzentrum) Bedarfs bestimmbar sein.[1079]

Nach der Rechtsprechung ist der Begriff der „Grundversorgung" hinreichend bestimmbar.[1080] Hiervon umfasst sind insbesondere die Güter „Lebensmittel, Drogerieartikel und Haushaltswaren".[1081]

Teilweise werden Warensortimente in Raumordnungsplänen jedoch auch konkret bestimmt.[1082] Dies ist beispielsweise im Regionalplan Südhessen in der Begründung zum als Grundsatz der Raumordnung ausgestalteten Plansatz 3.4.3 i. V. m. der Sortimentsliste der Fall.[1083] Eine solche Festlegung genügt jedenfalls auch dem an Ziele der Raumordnung zu stellenden Bestimmtheitserfordernis.

Das Landes-Raumordnungsprogramm Niedersachsen und das Regionale Raumordnungsprogramm Hannover hingegen bestimmen nicht, welche Güter in welcher Versorgungsstufe angeboten werden sollen.[1084]

Der Problematik der mangelnden Bestimmtheit des Kongruenzgebotes sowohl im Landes-Raumordnungsprogramm als auch im Regionalen Raumordnungsprogramm hat sich die Landesregierung aktuell mit dem „Entwurf einer Verordnung zur Änderung der Verordnung über das Landes-Raumordnungsprogramm Niedersachsen" angenommen. Dieser Entwurf befindet sich derzeit im Beteiligungsverfahren, welches am 24.06.2014 eröffnet worden ist. Die Stellungnahmefrist hat am 14.11.2014 geendet.

Die Landesregierung schlägt in dem Entwurf – in Reaktion auf die Rechtsprechung des OVG Lüneburg – drei wesentliche Änderungen vor.

Erstens erfolgt – neben der Definition grundzentraler Verflechtungsbereiche – eine Festlegung mittelzentraler Erreichbarkeitsräume.

So wird zum Verflechtungsbereich eines Grundzentrums das jeweilige Gemeinde- oder Samtgemeindegebiet bestimmt (Abschnitt 2.2 Ziffer 03 S. 7 Entwurf LROP). Werden in einer Gemeinde oder Samtgemeinde mehrere Grundzentren festgelegt, sind von S. 7 abweichend die entsprechenden teilörtlichen Verflechtungsbereiche in den Regionalen Raumordnungsprogrammen festzulegen (Abschn. 2.2 Ziffer 03 S. 8 Entwurf LROP).

1079 So ausdrücklich OVG Lüneburg, Urt. v. 15.03.2012 – 1 KN 152/10, zit. nach juris, Rn. 151.

1080 OVG Lüneburg, a. a. O., Rn. 152.

1081 Ibid.

1082 OVG Lüneburg, a. a. O., Rn. 152 ff.

1083 Ibid.

1084 Vgl. OVG Lüneburg, a. a. O., Rn. 162.

Hier wird also die Entscheidung über den konkreten räumlichen Zuschnitt der teilörtlichen Verflechtungsbereiche – auch in Bezug auf den großflächigen Einzelhandel (vgl. Abschn. 2.3 Ziffer 03 S. 2 Entwurf LROP) – auf die regionalplanerische Ebene verlagert.

Als mittelzentrale Verflechtungsbereiche für die Versorgungsfunktion Einzelhandel gelten die in Anhang 7 des Entwurfs des LROP festgelegten Erreichbarkeitsräume der Mittelzentren innerhalb Niedersachsens (Abschn. 2.3 Ziffer 01 S. 2 Entwurf LROP).

Die Erreichbarkeitsräume sind anhand des Kriteriums der Erreichbarkeit eines bestimmten zentralen Punktes in Ober- bzw. Mittelzentrum mittels motorisierten Individualverkehrs hergeleitet worden.[1085] Die ausschließliche Ausrichtung der mittelzentralen Verflechtungsbereiche am Kriterium der Erreichbarkeit begründet die Landesregierung mit dem Interesse der Gewährleistung einer flächendeckenden Versorgungsstruktur mit möglichst kurzen Wegen.[1086]

Zweitens wird das Kongruenzgebot neu festgelegt.

Nunmehr darf das Einzugsgebiet eines neuen Einzelhandelsgroßprojekts den maßgeblichen Verflechtungsbereich des Vorhabensstandortes nicht *wesentlich* überschreiten (Abschn. 2.3 Ziffer 03 S. 1 Entwurf LROP). Dabei liegt eine wesentliche Überschreitung vor, wenn mehr als 30 % des Vorhabensumsatzes mit Kaufkraft von außerhalb des maßgeblichen Verflechtungsbereiches (...) erzielt würde (Abschn. 2.3 Ziffer 03 S. 6 Entwurf LROP). Die Prüfung der 30-%-Schwelle setzt regelmäßig die Vorlage eines Verträglichkeitsgutachtens voraus.[1087]

Drittens erfolgt eine Unterscheidung zwischen periodischen und aperiodischen Sortimenten (Abschn. 2.3 Ziffer 03 S. 3, 4, 7 u. 8 Entwurf LROP).

Diese Vorgehensweise rechtfertigt die Landesregierung mit dem Argument, dass eine sortimentsbezogene Differenzierung – wie sie im Urteil des OVG Lüneburg vom 15.03.2012 Anklang gefunden hat – im Hinblick auf die Deckung des gehobenen bzw. spezialisierten höheren Bedarfs „weder zweckmäßig noch möglich" ist.[1088]

1085 Begründung zur Verordnung zur Änderung der Verordnung über das Landes-Raumordnungsprogramm Niedersachsen, S. 12.

1086 Begründung zur Verordnung zur Änderung der Verordnung über das Landes-Raumordnungsprogramm Niedersachsen, S. 15.

1087 Begründung zur Verordnung zur Änderung der Verordnung über das Landes-Raumordnungsprogramm Niedersachsen, S. 18.

1088 Begründung zur Verordnung zur Änderung der Verordnung über das Landes-Raumordnungsprogramm Niedersachsen, S. 12.

Die zukünftige Entwicklung bzw. die endgültige Fassung des Landes-Raumordnungsprogrammes bleibt abzuwarten.

3. *Integrationsgebote*

Bedenken gegen die Zielqualität von Integrationsgeboten werden unter Hinweis darauf geltend gemacht, dass der Kompetenzbereich der Raumordnung sich nicht auf die innergemeindlichen Siedlungsschwerpunkte erstrecke[1089] und das Integrationsgebot ohne das Kongruenzgebot keinerlei Bindungswirkung entfalte[1090].

Überzeugend dagegen spricht allerdings, dass sich die Frage nach der Kompetenz auf die Rechtmäßigkeit und nicht auf die Zielqualität der Festlegung bezieht und die Bindungswirkung des Integrationsgebotes abhängig von der konkreten Festlegung ist.[1091]

Das Integrationsgebot im Landesraumordnungsprogramm Niedersachsen lautet: „Neue Einzelhandelsgroßprojekte, deren Kernsortimente innenstadtrelevant sind, sind nur innerhalb der städtebaulich integrierten Lagen zulässig (Integrationsgebot). Diese Flächen müssen in das Netz des öffentlichen Personennahverkehrs eingebunden sein (Ziffer 2.3 03 S. 6 u. 7 LROP NDS)."

Nachdem das Oberverwaltungsgericht Lüneburg zunächst offen lassen konnte, ob diesem Integrationsgebot in Verbindung mit dem Integrationsgebot des Regionalen Raumordnungsprogrammes Hannover Zielcharakter beizumessen ist,[1092] hat es in späteren Entscheidungen keine durchgreifenden Bedenken an der Zielqualität des Integrationsgebotes im LROP geäußert.[1093]

Zweifel an der Zielqualität der Integrationsgebote im Regionalplan Stuttgart und im Regionalen Flächennutzungsplan Frankfurt/Rhein-Main bestehen ebenfalls nicht.

1089 Hoppe, NWVBl. 1998, 461, 466; Schmitz in: Bielenberg/Runkel/Spannowsky, ROG, L § 6, Rn. 72.

1090 Hoppe, NWVBl. 1998, 461, 466; Schmitz in: Bielenberg/Runkel/Spannowsky, ROG, L § 6, Rn. 72; Schneider, S. 127.

1091 So ausdrücklich Schmitz in: Bielenberg/Runkel/Spannowsky, ROG, L § 6, Rn. 72.

1092 OVG Lüneburg, Urt. v. 15.03.2012 – 1 KN 152/10, zit. nach juris, Rn. 49.

1093 OVG Lüneburg, Beschl. v. 17.05.2013 – 1 ME 56/13, zit. nach juris, Rn. 33; OVG Lüneburg, Beschl. v. 10.01.2014 – 1 ME 158/13, zit. nach juris, Rn. 8 ff.; OVG Lüneburg, Beschl. v. 20.03.2014 – 1 MN 7/14, zit. nach juris, Rn. 66.

4. Beeinträchtigungsverbote

Von Teilen der Literatur wird gegen die Zielqualität des Beeinträchtigungsverbotes der Einwand erhoben, es sei zu unbestimmt, da nicht allein aus den entsprechenden Raumordnungsplänen herzuleiten sei, ob eine Gefährdung der wohnortnahen Versorgung vorliege oder nicht.[1094]

Dieses Argument wird aber dadurch widerlegt, dass Verträglichkeitsgutachten über großflächige Einzelhandelsvorhaben belastbare Ergebnisse liefern.[1095] Die Zielqualität kann also bereits dann bejaht werden, wenn zur Bestimmung des Inhalts der Festlegungen in Raumordnungsplänen in tatsächlicher Hinsicht noch Gutachten nötig sind.[1096]

Ein weiterer Punkt, der gegen die Zielqualität des Beeinträchtigungsverbotes vorgebracht wird, ist die Abwägung von Vor- und Nachteilen des jeweils geplanten großflächigen Einzelhandelsbetriebes für das System der Zentralen Orte, zu der die Gemeinden verpflichtet würden.[1097] Die Gemeinde müsste prüfen, ob und inwieweit die Funktionsfähigkeit der Zentralen Orte durch die Neuansiedlung beeinträchtigt würde.

Überzeugend dagegen spricht jedoch, dass Probleme einer raumordnerischen Funktionsverschiebung nicht auf örtlicher, sondern auf überörtlicher Ebene zu lösen sind, weil die Bauleitplanung nur städtebauliche, nicht aber raumordnerische und landesplanerische Aufgaben wahrnehmen darf.[1098] Die Bauleitplanung ist mithin gar nicht zur Abwägung der oben aufgeworfenen Fragestellung verpflichtet.

Das Beeinträchtigungsverbot des Regionalen Raumordnungsprogrammes Hannover, wonach ausgeglichene Versorgungsstrukturen und deren Verwirklichung, die Funktionsfähigkeit der Zentralen Orte und integrierter Versorgungsstandorte sowie die verbrauchernahe Versorgung der Bevölkerung nicht wesentlich beeinträchtigt werden dürfen (Plansatz D 1.6.1 Abschn. 04 Abs. 3 S. 2 RROP), weist Zielcharakter auf.[1099]

1094 Moench/Sandner, NVwZ 1999, 337, 342; Schmitz in: Bielenberg/Runkel/Spannowsky, ROG, L § 6, Rn. 70.

1095 Erbguth, NVwZ 2000, 969, 974; vgl. Kopf, S. 264 ff.; so Schmitz in: Bielenberg/Runkel/Spannowsky, ROG, L § 6, Rn. 70; Schneider, S. 125 m. w. N.

1096 Schmitz in: Bielenberg/Runkel/Spannowsky, ROG, L § 6, Rn. 70.

1097 Hoppe, DVBl. 2000, 293, 299 f.; so ausdrücklich Schmitz in: Bielenberg/Runkel/Spannowsky, ROG, L § 6, Rn. 71; Schneider, 125.

1098 Schmitz in: Bielenberg/Runkel/Spannowsky, ROG, L § 6, Rn. 71.

1099 OVG Lüneburg, Urt. v. 15.03.2012 – 1 KN 152/10, zit. nach juris, Rn. 172; so auch zum LROP: OVG Lüneburg, Beschl. v. 17.05.2013 – 1 ME 56/13, zit. nach juris, Rn. 36 ff.

Dasselbe gilt für die Beeinträchtigungsverbote des Regionalplans Stuttgart und des Regionalen Flächennutzungsplans Frankfurt/Rhein-Main.

II. Soll-Vorschriften

Eine eigenständige Problematik liegt vor, wenn die überörtliche Einzelhandelssteuerung Regelungen durch Soll-Vorschriften trifft.

Auf dem Prüfstand hinsichtlich ihrer Bestimmtheit bzw. Bestimmbarkeit standen in jüngerer Zeit auch das Kongruenz- und das Integrationsgebot des Landesentwicklungsplans Baden-Württemberg im Rechtsstreit um die Ansiedlung des geplanten IKEA-Einrichtungshauses in Rastatt.

Das in Plansatz 3.3.7.1 Z S. 1 LEP BW enthaltene Kongruenzgebot bestimmt, dass die Verkaufsfläche der Einzelhandelsgroßprojekte so bemessen sein soll, dass deren Einzugsbereich den zentralörtlichen Verflechtungsbereich nicht wesentlich überschreitet. Auch der Regionalplan Mittlerer Oberrhein, der für Rastatt gilt, verwendet für das Kongruenzgebot eine Soll-Formulierung. Danach soll die Verkaufsfläche von Einzelhandelsgroßprojekten auf die Einwohnerzahl des zentralen Ortes und dessen Verflechtungsbereich abgestimmt werden (Kapitel 2.5.3 Abs. 3 S. 2 (Z)).

Im Regionalplan Stuttgart ist das Kongruenzgebot nicht als Soll-, sondern als Muss-Vorschrift formuliert,[1100] sodass die Entscheidung über das Kongruenzgebot im Fall IKEA Rastatt nicht auf das Kongruenzgebot des Regionalplans Stuttgart übertragbar ist. Wohl aber ist sie auf andere Soll-Vorschriften in Regionalplänen anwendbar.

Nach der Rechtsprechung des Bundesverwaltungsgerichts erfüllen landesplanerische Aussagen in Gestalt einer Soll-Vorschrift „dann die Merkmale eines Ziels der Raumordnung, wenn die Voraussetzungen, bei deren Vorliegen die Vorschrift auch ohne förmliches Zielabweichungsverfahren eine Ausnahme von der Zielbindung zulässt, im Wege der Auslegung auf der Grundlage des Plans hinreichend bestimmt oder doch bestimmbar sind.“[1101]

Das Regionale Raumordnungsprogramm Hannover enthält – bis auf den nicht als Ziel sondern nur als Grundsatz der Raumordnung gefassten Plansatz

1100 Plansatz 2.4.3.2.2 (Z) Abs. 2 S. 1 des Regionalplans Stuttgart lautet: „Verkaufsflächenumfang und Einzugsbereich entsprechender Einrichtungen sind insbesondere auf die Einwohnerzahl des Zentralen Ortes und dessen Verflechtungsbereichs abzustimmen.“

1101 BVerwG, Urt. v. 16.12.2010 – 4 C 8/10, zit. nach juris, Rn. 10.

D 1.6.1 Abschn. 08, dessen Regelungsgegenstand das gemeinsame Moderationsverfahren bei strittigen Einzelhandelsprojekten ist – keine Soll-Vorschriften.

Der Regionalplan Stuttgart verwendet Soll-Formulierungen ebenfalls nur im Zusammenhang mit Grundsätzen der Raumordnung (Plansätze 2.4.3.2.1 (G) Gewährleistung der verbrauchernahen Versorgung und 2.4.3.2.6 (G) Anbindung an den öffentlichen Personennahverkehr).

Dasselbe gilt für den Regionalen Flächennutzungsplan Frankfurt/Rhein-Main (Plansätze G3.4.3-8 (Informelle Abstimmung) und G3.4.3-9 S. 2 (Bebauungspläne und kommunale Einzelhandelskonzepte)).

III. Regel-Ausnahme-Vorschriften

Eng verwandt mit den Soll-Vorschriften sind die Regel-Ausnahme-Vorschriften, die in hier zu untersuchenden regionalen Einzelhandelskonzepten verschiedentlich anzutreffen sind.

Anhaltspunkte dafür, dass die jeweiligen Plan- bzw. Konzeptgeber die Ausnahmen von der Regel vorliegend nicht hinreichend bestimmt bzw. bestimmbar gefasst haben könnten, bestehen indes nicht.

5. Teil: Konklusion

In Reaktion auf den Strukturwandel des Einzelhandels seit den 1960-er Jahren hat sich seit den 1990-er Jahren das Steuerungsinstrument der regionalen Einzelhandelskonzepte entwickelt.

Sinn und Zweck der Einzelhandelskonzepte bestehen darin, Konflikte mit Nachbargemeinden und Investoren bei der Ansiedlung insbesondere großflächigen Einzelhandels durch vorausschauende, ausgewogene und überörtliche Planung möglichst zu vermeiden. Dadurch soll eine Stärkung der Zentrenstruktur erreicht werden.

Die Steuerung gerade großflächigen Einzelhandels mit einer Verkaufsfläche von mindestens 800 qm ist deswegen von besonderer Relevanz, weil dieser im Hinblick auf Einzugsbereich und Kaufkraftabzug deutlich intensivere Auswirkungen auf die Region hat als kleinflächige Nutzungsarten. Bezüglich Agglomerationen zeichnet sich neuerdings die Tendenz ab, dass für die Annahme der Großflächigkeit die von der Rechtsprechung entwickelte Grenze von 800 qm nicht mehr ausreicht. Die Auffassung, dass diese Grenze höher angesetzt werden sollte, lässt sich damit begründen, dass ein einzelner großflächiger Betrieb hinsichtlich Marketing und Flächenausnutzung eher in der Lage ist, Kaufkraft an sich zu binden als mehrere kleine Betriebe.[1102]

Regionale Einzelhandelskonzepte können in verschiedenen Rechtsformen errichtet werden.

Exemplarisch sind für diese Untersuchung die Integration in ein Regionales Raumordnungsprogramm (Region Hannover) bzw. einen Regionalplan (Region Stuttgart), die Einbindung in einen regionalen Flächennutzungsplan (Ballungsraum Frankfurt/Rhein-Main), die Einbeziehung in einen „normalen" Flächennutzungsplan (Zweckverband Raum Kassel) sowie die Form der interkommunalen Vereinbarung am Beispiel des Östlichen Ruhrgebiets und angrenzender Bereiche ausgewählt und – abgestuft nach dem Grad ihrer rechtlichen Verbindlichkeit – dargestellt worden.

So weisen die Einzelhandelskonzepte der Regionen Hannover und Stuttgart wegen der Anpassungspflicht der gemeindlichen Bauleitplanung an die in den Konzepten enthaltenen Ziele der Raumordnung (vgl. § 1 Abs. 4 BauGB) einen hohen Grad an rechtlicher Verbindlichkeit auf. Der regionale Flächennutzungsplan des Ballungsraums Frankfurt/Rhein-Main, der auch das Einzelhandelskonzept

1102 OVG Lüneburg, Urt. v. 10.07.2014 – 1 KN 121/11, zit. nach juris, Rn. 37.

beeinhaltet, ist Regionalplan und gemeinsamer Flächennutzungsplan zugleich (vgl. § 8 Abs. 4 S. 1 ROG). Daran anschließend folgt das Konzept des Zweckverbands Raum Kassel, welches lediglich im dortigen Flächennutzungsplan verankert ist (vgl. §§ 5 ff. BauGB). Die interkommunale Vereinbarung im Östlichen Ruhrgebiet als koordinationsrechtlicher öffentlich-rechtlicher Vertrag im Sinne der §§ 54 ff. VwVfG ist mit dem geringsten Grad an rechtlicher Verbindlichkeit ausgestattet. Zwar ist hier die Möglichkeit einer politischen Selbstverpflichtung auf die Vereinbarung durch Ratsbeschluss gegeben; der Rat kann seinen Beschluss jedoch jederzeit wieder abändern.

Die Notwendigkeit einer ausgeglichenen Steuerung der Ansiedlung großflächigen Einzelhandels ist grundsätzlich anerkannt. Verlässliche Grundlagen hierfür lassen sich allein mit Hilfe informeller Planungsinstrumente nicht langfristig, sondern nur bis zum Eintreten des sog. Sündenfalls schaffen.[1103] Sie sind im Ergebnis lediglich durch rechtsverbindliche Kooperation zwischen Nachbargemeinden bzw. der Ebene der Raumordnung und der Ebene der kommunalen Bauleitplanung zu erreichen.[1104] Je enger die Abstimmung und Zusammenarbeit im Sinne einer gemeinsamen Zielvorstellung und wechselseitigen Verpflichtung zwischen Gemeinden und Raumordnungsplanung ist, umso eher gelingt ein Ausgleich der divergierenden Belange von Nachbarkommunen.

Bei der Aufstellung regionaler Einzelhandelskonzepte sind rechtliche Grenzen einzuhalten.

Weder der europäische noch der deutsche Gesetzgeber regeln die überörtliche Einzelhandelssteuerung als solche. Der relevante Rechtsrahmen hängt vielmehr auch von der individuellen Ausgestaltung eines regionalen Einzelhandelskonzeptes ab. Ein Blick auf die unterschiedlichen Rechtsformen überörtlicher Einzelhandelssteuerung verdeutlicht dies: So dürfen zum Beispiel (auch) in Raumordnungsplänen verankerte Einzelhandelskonzepte – wie in den Regionen Hannover und Stuttgart sowie im Ballungsraum Frankfurt/Rhein-Main – nur Festlegungen auf der Ebene der Raumordnung, nicht aber auf der Ebene der kommunalen Bauleitplanung treffen. In Flächennutzungsplänen verankerte Einzelhandelskonzepte – wie im Zweckverband Raum Kassel – sind bereits originär auf der Ebene der kommunalen Bauleitplanung angesiedelt und demzufolge nicht an die vorgenannten Beschränkungen gebunden. Rein interkommunale Vereinbarungen – wie im Östlichen Ruhrgebiet und angrenzenden Bereichen – sind schon ihrem Anwendungsbereich nach auf die zwischengemeindliche

1103 Spannowsky, UPR 1999, 241, 245.
1104 Ibid.

Ebene beschränkt und können infolge der gewählten Rechtsform mit den an raumordnerische (Ziel-)Festlegungen zu stellenden Anforderungen nicht in Konflikt geraten.

Die Untersuchung hat aber gezeigt, dass es unabhängig von der individuellen Ausgestaltung regionaler Einzelhandelskonzepte sowohl auf europäischer als auch auf nationaler Ebene „typische" normative Grenzen für die überörtliche Einzelhandelssteuerung gibt.

Bezugnehmend auf das Recht der Europäischen Union ergeben sich aus der Raumordnungskompetenz der Europäischen Union i. S. v. Art. 192 Abs. 2 b) 1. Spiegelstrich AEUV und den Zielen der Union i. S. v. Art. 3 EUV keine relevanten Steuerungsgrenzen, da im Untersuchungszeitpunkt keine auf diesen Kompetenzen und Zielen aufbauenden Maßnahmen getroffen worden sind. Maßgeblich wirken als Steuerungsgrenzen auf europäischer Ebene vielmehr die Niederlassungsfreiheit (Art. 49 AEUV) und – nachrangig – die Dienstleistungsfreiheit (Art. 56 AEUV).

Im Hinblick auf die Niederlassungsfreiheit hat sich herausgestellt, dass jedenfalls nach Auffassung des Europäischen Gerichtshofs eine Beschränkung von Standort und Umfang großflächigen Einzelhandels – beispielsweise durch in regionalen Einzelhandelskonzepten enthaltene raumordnerische Zielfestlegungen in Form von Konzentrations-, Kongruenz- und Integrationsgeboten sowie Beeinträchtigungsverboten – gleichzeitig auch als Beschränkung der Niederlassungsfreiheit zu bewerten ist.[1105] Für die verfassungsrechtliche Rechtfertigung kommt es darauf an, ob diese Eingriffe aus zwingenden Allgemeininteressen wie Umweltschutz, Raumordnung oder Verbraucherschutz vorgenommen worden sind.[1106] Das ist bei den hier geprüften Einzelhandelskonzepten der Fall, weil sie insbesondere der Gewährleistung einer verbrauchernahen Versorgung, dem Schutz der Innenstädte und zentralen Versorgungsbereiche sowie der Vermeidung unnötigen Verkehrs dienen.

Vor diesem Hintergrund erscheint der im zurzeit anhängigen Vertragsverletzungsverfahren der Kommission der Europäischen Union gegen die Bundesrepublik erhobene Vorwurf, einzelne Vorschriften des deutschen Raumordnungsrechts verletzten Art. 49 AEUV, in einer ersten Einschätzung eher nicht begründbar. Abzuwarten bleibt aber noch die nähere Begründung der erhobenen Vorwürfe im weiteren Verfahrensverlauf.

1105 Siehe dazu 4. Teil A. I. 2.

1106 Siehe dazu 4. Teil A. I. 3.

In Bezug auf die Dienstleistungsfreiheit hat die Untersuchung ergeben, dass die überörtliche Einzelhandelssteuerung nicht die wirtschaftliche Betätigung ohne Niederlassung, sondern die wirtschaftliche Betätigung mit Niederlassung betrifft. Aus diesem Grund ist die Niederlassungsfreiheit die gegenüber der Dienstleistungsfreiheit speziellere Rechtsgrenze.

Auf der Ebene des nationalen Verfassungsrechts gibt es mit der Garantie der kommunalen Selbstverwaltung (Art. 28 Abs. 2 GG), dem Grundrecht auf Eigentum (Art. 14 GG) und der Berufsfreiheit (Art. 12 GG) bedeutsame Steuerungsgrenzen für regionale Einzelhandelskonzepte.

Hinsichtlich der kommunalen Selbstverwaltungsgarantie war zunächst die Frage klärungsbedürftig, welche Aspekte der überörtlichen Einzelhandelssteuerung in den Kompetenzbereich der Gemeinde fallen. Hierfür ist die erforderliche Abgrenzung zum Zuständigkeitsbereich der Raumordnung durchgeführt worden. Diese Abgrenzung hat im Wesentlichen ergeben, dass raumordnerische Zielfestlegungen der Gemeinde in der Regel einen hinreichenden Gestaltungsspielraum „für eigene, substantiell gewichtige planerische Entscheidungen“[1107] belassen müssen.

So sind übergemeindliche und gemeindescharfe Festlegungen unproblematisch zulässig.

Verletzungen des Art. 28 Abs. 2 GG kommen indes bei gebiets- bzw. bereichsscharfen regionalplanerischen Festlegungen, wie sie im Regionalen Raumordnungsprogramm Hannover, Regionalplan Stuttgart sowie im regionalen Flächennutzungsplan Frankfurt/Rhein-Main enthalten sind, in Betracht. Die Regionalplanung muss in diesem Zusammenhang berücksichtigen, dass sie räumliche Zielfestlegungen nicht so konkret fassen darf wie sachliche.[1108] Das ergibt sich daraus, dass die regionalplanerische Festlegung eines ganz bestimmten Standortes für großflächigen Einzelhandel („räumlich“) die betreffende Gemeinde stärker bindet als die bloße Festlegung, „irgendwo“ innerhalb des gesamten Gemeindegebietes einen solchen Standort selbst festzulegen („sachlich“).[1109] Die Festlegung bestimmter Standorte für großflächigen Einzelhandel erlegt einer Kommune eine weitreichendere Vorgabe auf und weist eine höhere „Eingriffsintensität“ auf als die Festlegung, innerhalb des Plangebiets Standorte für großflächigen Einzelhandel festzulegen.[1110]

1107 Runkel in: E/Z/B/K, BauGB, § 1, Rn. 56.
1108 Bunzel/Hanke, S. 33.
1109 Ibid.
1110 Runkel in: Bielenberg/Runkel/Spannowsky, ROG, L § 3, Rn. 49; ders. in: Spannowsky/Runkel/Goppel, ROG, § 3, Rn. 33.

Hier hat die Untersuchung gezeigt, dass Einschränkungen der kommunalen Planungshoheit hinzunehmen sind, wenn die regionale Planung durch ein überörtliches Interesse gerechtfertigt und insbesondere verhältnismäßig ist. Denn Art. 28 Abs. 2 GG schützt die gemeindliche Planungshoheit nur im Rahmen der Gesetze. Unter Zugrundelegung dieses Maßstabes, der eine umfangreiche Abwägung sämtlicher betroffenen Belange gewährleistet, haben sich die gebietsscharfen Standortzuweisungen für großflächigen Einzelhandel in den geprüften Einzelhandelskonzepten als zulässig erwiesen.

Das gilt im Ergebnis auch für die Festlegung zentraler Versorgungsbereiche innerhalb von Gemeinden sowie für die Festlegung von Vorrang- und Ausschlussgebieten bzw. „Positivbereichen" und „Tabuzonen" für die Ansiedlung großflächigen Einzelhandels durch die Regionalplanung. Der Detaillierungsgrad der in den untersuchten Konzepten getroffenen regionalplanerischen Festlegungen steht daher auch insoweit mit Art. 28 Abs. 2 GG in Einklang.

Parzellenscharfe Festlegungen finden sich in den untersuchten regionalen Einzelhandelskonzepten nicht.

Die Abgrenzung der Kompetenzen von Raumordnung und Bauleitplanung ist auch unter dem Gesichtspunkt der Zulässigkeit von regionalplanerischen Agglomerationsregelungen von Bedeutung. Dabei ist der Regelung im Regionalplan Stuttgart, wonach für die Annahme einer Einzelhandelsagglomeration die Luftlinie zwischen den Gebäudeeingängen der Betriebe maximal 150 m betragen darf, zu Unrecht vorgeworfen worden[1111], sie sei mit den Mitteln der Bauleitplanung nicht umsetzbar. Dies folgt daraus, dass die Gemeinde zu einer metergenauen Festlegung der Gebäudezugänge durch die Raumordnung nicht verpflichtet wird. Die strenge Vorgabe eines Abstandes von 150 m zwischen den Gebäudeeingängen bedeutet jedoch, dass bei Abständen von bis zu 150 m eine Agglomeration entstehen kann. Größere Abstände (z. B. 151 m) unterliegen ganz anderen Gesetzmäßigkeiten.

Bezüglich der Beteiligungsmöglichkeiten von Gemeinden bei der Aufstellung der Einzelhandelskonzepte hat die Prüfung ergeben, dass eine ausreichende Beteiligung jeweils sichergestellt ist. Grundsätzlich hat die überörtliche Einzelhandelssteuerung aber zu beachten, dass eine Kompensation möglicher Eingriffe in die Garantie der kommunalen Selbstverwaltung durch eine über die Anforderungen des Raumordnungsgesetzes hinausgehende verfahrensmäßige Beteiligung der Gemeinden mit Art. 28 Abs. 2 GG nicht vereinbar ist.[1112]

1111 Siehe dazu 4. Teil B. I. 3. b) bb) (2).

1112 Siehe dazu 4. Teil B. I. 4. a).

Im weiteren Gang der Untersuchung ist Art. 14 GG als Rechtsgrenze für regionale Einzelhandelskonzepte geprüft worden. Dabei war zu berücksichtigen, dass Inhalt und Schranken des Eigentums durch die Gesetze bestimmt werden. Wenn für ein Gebiet nur die Nutzung der Grundstücke für großflächigen Einzelhandel ausgeschlossen wird, verbleiben den betroffenen Eigentümern regelmäßig – vorbehaltlich der wirtschaftlichen Vertretbarkeit – verschiedene andere Verwendungsmöglichkeiten. Eine Verletzung der Eigentumsgarantie liegt insoweit nicht vor.

Im Hinblick auf die Frage, wann ein überörtlicher Ausschluss von Herstellerdirektverkaufszentren in die Berufsfreiheit nach Art. 12 GG eingreift, hat die Untersuchung ergeben, dass ein unzulässiger Eingriff jedenfalls dann vorliegt, wenn durch einen flächendeckenden Ausschluss in sämtlichen Planungsregionen eine bestimmte Betriebsform faktisch verboten wird. Unterhalb dieser Schwelle dürfte über die Zulässigkeit eines Ausschlusses nur einzelfallabhängig entschieden werden können. Dabei ist der Umfang des Ausschlusses ins Verhältnis zum Planungsgebiet insgesamt zu setzen.

Die prinzipielle Beschränkung der Ansiedlung von Factory-Outlet-Centern auf Oberzentren in regionalen Einzelhandelskonzepten ist deswegen gerechtfertigt, weil sie nicht aus Gründen des Konkurrenzschutzes bzw. der Wettbewerbssteuerung, sondern aus Gründen der Raumordnung vorgenommen wird.

Schließlich war auf die Vereinbarkeit der überörtlichen Einzelhandelssteuerung mit den Vorschriften des Raumordnungsgesetzes und dessen Anforderungen an raumordnerische Zielfestlegungen einzugehen (vgl. §§ 4 Abs. 1 S. 1 Nr. 1 und 3 Abs. 1 Nr. 2 ROG).

Hierbei ist festgestellt worden, dass ein Regionalplan eine verbindliche Regel-Ausnahme-Vorschrift in einem Landesraumordnungsplan grundsätzlich nicht in eine Muss-Vorschrift verengen darf[1113]. Dies ist aber in Plansatz des 2.4.3.2.2 (Z) Abs. 1 des Regionalplans Stuttgart, der ein raumordnerisches Konzentrationsgebot enthält, geschehen.[1114] Folge davon ist die Unzulässigkeit des genannten Plansatzes.

Bezugnehmend auf die erforderliche Bestimmtheit bzw. Bestimmbarkeit von raumordnerischen Ge- bzw. Verboten hat die Untersuchung ergeben, dass das Kongruenzgebot im Landesraumordnungsprogramm Niedersachsen und im Regionalen Raumordnungsprogramm Hannover – u.a. mangels tauglicher

1113 VGH Mannheim, Urt. v. 15.11.2012 – 8 S 2525/09, zit. nach juris, Rn. 30.

1114 VGH Mannheim, a. a. O., Rn. 42.

Festlegung der Verflechtungsbereiche – nicht hinreichend bestimmbar[1115] und damit ebenfalls unzulässig ist.

Darauf hat die Landesregierung aktuell mit dem „Entwurf einer Verordnung zur Änderung der Verordnung über das Landes-Raumordnungsprogramm Niedersachsen" reagiert. Sie schlägt darin neben einer Neufassung des Kongruenzgebotes auch eine Festlegung von sog. Erreichbarkeitsräumen vor.[1116] Die weitere Entwicklung bleibt hier abzuwarten.

Eine Gesamtbetrachtung der Rechtsgrenzen überörtlicher Einzelhandelssteuerung durch regionale Einzelhandelskonzepte zeigt, dass die raumordnerischen Steuerungsmöglichkeiten für großflächigen Einzelhandel dem Grundsatz nach ausreichend sind.

Dabei können im Einzelfall Rechtsverstöße auftreten.[1117] Erinnert sei in diesem Zusammenhang nur an die Schwierigkeiten im Land Nordrhein-Westfalen, zulässige landesplanerische Zielfestlegungen zu formulieren (vgl. § 24a LEPro NRW a. F.).

Die Beachtung der Steuerungsgrenzen aus dem Recht der Europäischen Union, dem nationalen Verfassungsrecht und dem einfachen Bundesrecht wird aber von der Rechtsprechung kontrolliert, sodass eine Überprüfung sämtlicher raumplanerischer Vorschriften sichergestellt ist.[1118] Die bestehenden Rechtsgrenzen reichen also zur Beherrschung interkommunaler Konflikte aus.

Dem Steuerungsinstrument der regionalen Einzelhandelskonzepte kommt hier eine zentrale Bedeutung zu. So hat die Untersuchung ergeben, dass die Steuerung der Ansiedlung großflächigen Einzelhandels wegen seiner „Bedeutung für die Verkehrs-, Siedlungs-, Landschafts- und Wirtschaftsentwicklung" nur noch auf regionaler Ebene zu bewältigen ist[1119].

Die Aufgabe der regionalen Einzelhandelskonzepte wird auch weiterhin darin bestehen, eine ausgewogene Versorgungsstruktur, die von öffentlichen Interessen geprägt ist, zu gewährleisten.

1115 OVG Lüneburg, Urt. v. 15.03.2012 – 1 KN 152/10.

1116 Abschn. 2.3 Ziffer 01 S. 2 Entwurf LROP.

1117 Spannowsky in: Spannowsky/Holl, S. 47.

1118 Vgl. ders., Die Niederlassungsfreiheit und die Einzelhandelsentwicklung in den Städten im Recht der Europäischen Union, S. 24.

1119 Specht, S. 38.

www.ingramcontent.com/pod-product-compliance
Ingram Content Group UK Ltd.
Pitfield, Milton Keynes, MK11 3LW, UK
UKHW021235031026
15588UKWH00001B/90

9 783631 721100